AF610220

ÉTUDE

SUR

NAPOLÉON III

Imprimerie de COSSE et J. DUMAINE, rue Christine, 2.

ÉTUDE

SUR

NAPOLÉON III

PAR

E. FOURMESTRAUX.

« Quand on a l'honneur d'être à la
« tête du peuple français, il y a un moyen
« infaillible de faire le bien.... c'est de
« le vouloir.

« Napoléon III. »

PARIS

LIBRAIRIE MILITAIRE.

J. DUMAINE, LIBRAIRE-ÉDITEUR DE L'EMPEREUR,

Rue et passage Dauphine, 30.

1862

INTRODUCTION.

Notre *Étude sur Napoléon III* tend à un seul but : vulgariser, sous une forme aussi sommaire, aussi concise que possible, les grands actes qui, de la France humiliée et faible de 1848, ont fait la France glorieuse et forte de 1862.

Nous avons cherché à recueillir les généreux et utiles enseignements que la voix inspirée du chef de l'État a semés sur le sol fécond de notre pays, en s'adressant à tous les sentiments nobles et honnêtes.

Quelles belles pages l'histoire offrira à l'écrivain assez sûr de lui-même pour toucher cette merveilleuse épopée qui commence au donjon de Ham et s'achève au palais des Tuileries !

Quel portrait à tracer que celui de cette volonté persévérante, inébranlable, ne déviant pas un seul instant de la route frayée à travers toutes les vicissitudes du sort !

A Arenenberg, à Strasbourg, à Boulogne, au fort de Ham, à l'hôtel du Rhin, à l'Élysée, aux Tuileries, Napoléon III n'a jamais eu qu'un seul vœu, qu'une seule pensée : LA FRANCE ! et la France lui a répondu par un triple vote, par une triple acclamation.

Les actes, les paroles, les écrits de l'Empereur, depuis sa jeunesse jusqu'à ce jour, se relient entre eux par une logique invincible, celle du cœur. Aussi, en les rapprochant les unes des autres, on peut reconstruire, pas à pas, les jalons qui indiquent d'une manière ineffaçable les phases mémorables de la nouvelle ère impériale.

C'est aux sources les plus authentiques que nous avons puisé les documents qui forment la base de notre travail. Nous mentionnerons notamment la *Revue de l'Empire*, qui, de 1842 à 1848, a été l'un des recueils les plus dévoués à la cause napoléonienne.

Si nous nous sommes plu à rappeler les jours de la jeunesse de Sa Majesté, c'est que ces premières étapes de la vie, en projetant une vive lumière sur le passé, éclairent aussi l'avenir. Au faîte de la puissance, l'Empereur n'a rien oublié. Il a appris de bonne heure à être homme, c'est-à-dire à souffrir ; aussi son âme est-elle liée étroitement à celle de son peuple.

Heureux d'avoir apporté notre humble pierre à l'édifice qui attend son historien, nous espérons que ce livre sera accueilli avec sympathie par tous ceux qui, dans les événements accomplis depuis 1848, ont vu comme nous la manifeste intervention de la main de Dieu.

ÉTUDE

SUR

NAPOLÉON III

CHAPITRE PREMIER.

LE FORT DE HAM.

I

Assis devant un bureau, le fils de la reine Hortense, le petit-fils de l'impératrice Joséphine médite et écrit. La pièce dans laquelle il travaille est éclairée par deux fenêtres dont les barreaux sont masqués par des fleurs que le prince cultive.

Des livres sont rangés sur des planches fixées au mur.

Un buste de l'empereur Napoléon Ier, celui de

l'impératrice Joséphine, un portrait de son père, le roi Louis, quelques petites lithographies, une table en sapin, quatre chaises en paille, enfin un canapé et un fauteuil faits par le prince lui-même, tel est le mobilier de la prison où il est resté six ans.

La deuxième pièce sert de chambre à coucher ; elle est garnie d'un lit en bois peint, d'un poêle en faïence et de deux tablettes en sapin, où sont placés quelques objets de toilette en argent portant les armes impériales. C'est là que repose le fils d'un roi, l'homme que près de huit millions d'électeurs devaient, dans un avenir prochain, placer à la tête des destinées de la France.

« Le caractère distinctif des traits du prince Napoléon-Louis est la noblesse et la sévérité — dit l'auteur *des Lettres de Ham*. — Une teinte indéfinissable de mélancolie répandue dans toute sa personne révèle les douleurs de l'exil. Son front élevé et découvert, son nez droit, ses yeux bleus, voilés lorsqu'il médite, brillants comme l'éclair lorsque quelque pensée forte le remue, sa manière d'incliner la tête en parlant, lui donnent au plus haut degré le type napoléonien. Ses moustaches blondes et son impériale impriment à sa physionomie un caractère militaire. Un képi rouge, garni de ganses d'or, une redingote bleue boutonnée, voilà sa mise la plus habituelle.

« Son regard vif et penseur dénote en lui une de ces natures fortes et exceptionnelles, qui tendent aux grandes choses, et ont toute l'énergie suffisante pour les accomplir. »

Voici un autre portrait du prince que tous ceux qui l'ont approché, à cette époque, s'accordent à regarder comme très-ressemblant.

« Le prince — dit l'auteur des *Lettres de Londres* — est d'une physionomie agréable, d'une taille moyenne, d'une tournure militaire. Il joint à la distinction de toute sa personne la distinction plus séduisante de ses manières simples, naturelles, pleines d'aisance et de bon goût qui semblent l'apanage des races supérieures. Au premier abord, j'ai été frappé de sa ressemblance avec le prince Eugène et avec l'impératrice Joséphine, sa grand'mère ; mais je n'ai pas remarqué une égale ressemblance avec l'Empereur. Il est vrai que n'ayant ni l'ovale de la figure, ni les joues pleines, ni le teint bilieux de son oncle, l'ensemble de la figure est privé de quelques-unes des particularités qu'on remarque dans la tête de l'Empereur, et qui suffisent pour donner aux portraits les plus infidèles et les plus informes une certaine ressemblance avec Napoléon. Les moustaches qu'il porte avec une impériale sous la lèvre inférieure impriment d'ailleurs à sa physionomie un caractère militaire d'une nature trop spéciale pour ne pas nuire à sa ressemblance avec son oncle. Mais en observant attentivement les traits essentiels, c'est-à-dire ceux qui ne tiennent pas au plus ou moins d'embonpoint et au plus ou moins de barbe, on ne tarde pas à découvrir que le type napoléonien est reproduit avec une étonnante fidélité. C'est, en effet, le même front élevé, large et droit, le même nez aux belles proportions et les mêmes yeux gris, quoique l'expression en soit adoucie ; ce sont surtout les mêmes contours et la même inclinaison de tête, tellement empreinte du caractère napoléonien, que quand le prince se retourne, c'est à faire frissonner un soldat de la vieille garde ; et si l'œil s'arrête sur le dessin de ces formes si correctes, il est impossible de ne pas être frappé, comme devant la tête de l'Empereur, de l'imposante fierté de ce profil romain dont les lignes si pures et si graves, j'ajouterai même si solennelles, sont comme le cachet des grandes destinées.

« Le caractère distinctif des traits du jeune Napoléon est la noblesse et la sévérité. Et cependant, loin d'être dure, sa physionomie respire, au contraire, un sentiment de bonté et de douceur. Il semble que le type maternel, qui s'est conservé dans la partie inférieure du visage, soit venu corriger la rigidité des lignes impériales, comme le sang des Beauharnais paraît avoir tempéré en lui la violence méridionale du sang napoléonien. Mais, ce qui excite surtout l'intérêt, c'est cette teinte indéfinissable de mélancolie et de méditation répandue sur toute sa personne, et qui révèle les nobles douleurs de l'exil. »

Ces douleurs et ces tristesses ont inspiré au jeune prince les lignes touchantes qu'il a écrites pendant sa captivité, et que nous reproduisons ici.

L'EXILÉ.

« O vous que le bonheur a rendu égoïste, qui n'avez jamais souffert les tourments de l'exil, vous croyez que c'est une peine légère que de priver les hommes de leur patrie ! Or, sachez-le, l'exil est un martyre continuel, c'est la mort ; mais non la mort glorieuse et brillante de ceux qui succombent pour la patrie, non la mort plus douce de ceux dont la vie s'éteint au milieu des charmes du foyer domestique, mais une mort de consomption lente et hideuse, qui vous mine sourdement, et vous conduit sans bruit et sans effort à un tombeau désert.

« Dans l'exil, l'air qui vous entoure vous étouffe, et vous ne vivez que du souffle affaibli qui vient des rives lointaines de la terre natale. Étranger à vos compatriotes qui vous ont oublié, sans cesse étranger parmi ceux avec lesquels vous vivez, vous êtes comme une plante transportée d'un climat lointain, qui végète faute d'un coin de terre où elle puisse prendre racine. L'exilé peut trouver sur la terre étrangère des âmes généreuses, des caractères élevés qui s'efforceront d'être pour lui prévenants et affables ; mais l'amitié, cette harmonie du cœur, il ne la rencontre nulle part, car elle ne repose que sur une communauté de sentiments et d'intérêts ; les prévenances mêmes dont il est l'objet perdront beaucoup de leurs charmes à ses yeux, parce qu'elles auront tout le cachet d'un service rendu. Être à l'égard d'un exilé comme envers tout le monde, n'est-ce pas un acte de courage ?

« Exilé, vrai paria des sociétés modernes, si tu ne veux pas avoir le cœur brisé à chaque instant, il faut, comme le dit Horace, que tu t'enveloppes dans ta vertu, et que, la poitrine couverte d'un triple airain, tu sois inaccessible aux émotions qui t'assailliront à chaque pas que tu feras dans la vie. Ne te laisse jamais aller à un épanchement de cœur, à des entraînements sympathiques qui tendraient à te rappeler au souvenir de tes compatriotes ; ils viendraient, l'injure à la bouche, te demander de quel droit, toi exilé, tu oses venir exprimer une opinion sur les affaires de ton pays ; de quel droit tu oses pleurer ou te réjouir avec tes concitoyens ! Si tu rencontres sur la terre étrangère un déserteur, c'est-à-dire un de ces hommes dont tous les antécédents se rattachent à ta famille, et avec lequel tu as passé les premières années de l'enfance, arrête l'élan qui te pousse vers lui ; ne lui tends pas la main, car tu le verrais fuir avec précipitation..., et il n'a pas tort, car ton contact semble porter la contagion : ton baiser est comme le souffle du désert qui dessèche tout ce qu'il touche. Si l'on savait qu'il t'a parlé, on le priverait du pain qui fait vivre ses enfants ! C'est un crime aux yeux des grands du jour que d'être lié avec un exilé. Vois-tu dans le lointain ce drapeau aux couleurs si belles ? Entends-tu retentir ces chants guerriers ? Malheureux ! ne cours pas rejoindre tes frères : fais-toi attacher comme Ulysse au mât du vaisseau ; car si tu allais partager leur danger, ils te diraient : « Nous n'avons que faire de ton sang ! » Si une calamité publique afflige tes concitoyens, si l'on reçoit, pour soulager l'infortune, l'offrande du riche comme celle du pauvre, n'envoie pas le fruit de tes épargnes, car on te dirait : « Nous n'avons que faire de l'obole de l'exilé. » Prends garde à chaque pas que tu fais, à chaque mot que tu prononces, à chaque soupir qui s'échappe de ta poitrine, car il y a des gens payés pour dénaturer tes actions, pour défigurer tes paroles, pour donner un sens à tes soupirs! Si l'on te calomnie, ne réponds pas; si l'on t'offense, garde le silence, car les organes de la publicité sont fermés pour toi; ils n'accueilleront pas les réclamations des hommes qui sont bannis. L'exilé doit être calomnié sans répondre, il doit souffrir sans se plaindre; la justice n'existe pas pour lui.

« Heureux ceux dont la vie s'écoule au milieu de leurs concitoyens et qui, après avoir servi leur patrie avec gloire, meurent à côté du berceau qui les a vus naître! Mais malheur à ceux qui, ballottés par les flots de la fortune, sont condamnés à mener une vie errante, sans attraits, sans charme et sans but, et qui, après avoir été de trop partout, mourront sur la terre étrangère sans qu'un ami vienne pleurer sur leur tombe! »

L'amour ardent de la patrie se révèle dans cette plainte touchante. Mieux vaut être prisonnier en France que libre dans l'exil, telle est la pensée du prince; derrière les barreaux de sa prison, il respire au moins l'air natal, le seul qui puisse le faire vivre!

Sur l'étroit espace de terre adossé aux remparts, il s'est improvisé un jardin de quarante mètres; là il ne peut faire un pas sans apercevoir une des sentinelles qui sont préposées intérieurement à la garde de sa personne. Trois postes sont chargés, à l'extérieur, de veiller à ce que les passants et les promeneurs ne puissent stationner sur les berges du canal de Saint-Quentin qui entoure le fort de ses eaux. Ces précautions n'empêchent pas que les manifestations de respect n'accueillent le prince dès qu'il paraît sur le rempart. On se presse, on s'interroge, et dans cette foule chacun a une bonne parole, un affectueux souvenir à rapporter. Les soldats eux-mêmes trouvent le moyen d'écrire leur façon de penser sur les murs, dans les guérites. C'est en vain que chaque matin ces inscriptions sont effacées; chaque nuit, elles se reproduisent.

Tous ces témoignages de sympathie sont pour Louis-Napoléon un rayon de soleil dans sa prison. Et puis l'étude est là, forte et persévérante, qui adoucit les rigueurs de sa captivité, donne un large essor à sa pensée et dénote en lui une âme napoléonienne, c'est-à-dire une âme des plus viriles.

Publiées les unes en Suisse, les autres en France, les œuvres du prince démontrent qu'aucun homme de l'âge qu'il avait alors n'a plus écrit que lui sur plus de matières diverses, avec plus de gravité d'esprit, avec plus de continuité et d'application.

Les *Rêveries politiques* sont sa première publication ; elle consiste en un projet de constitution, précédé de quelques développements préliminaires en forme d'exposé des motifs.

Ce travail remonte à 1832, époque à laquelle tout le monde, en France, se piquait d'avoir en poche, pour le besoin des circonstances, une ou même plusieurs formules de constitution politique. Le prince eut la tentation, comme tant d'autres, de livrer ses propres réflexions au cours de ce mouvement de la pensée publique, et on peut dire au moins qu'il le fit de manière à révéler un esprit déjà nourri de fortes études, très-laborieusement et très-exactement instruit des questions et servi par ces facultés éminemment positives, et par cette générosité d'inspirations qui sont devenues aujourd'hui son trait caractéristique.

L'esprit fondamental du projet dressé par le prince est la conciliation de la liberté et de l'autorité, du progrès et de la stabilité ; de ces éléments, en un mot, qui se font antagonisme par leurs tendances, et dont la combinaison, dans une proportion convenable, est l'effort des siècles.

« Je voudrais — dit le prince — un gouvernement qui procurât tous les avantages de la république sans entraîner les mêmes inconvénients, un gouvernement qui fût fort sans despotisme, libre sans anarchie, indépendant sans conquêtes. »

La donnée vivante du problème qu'il se pose, l'élément concret de la constitution qu'il esquisse ainsi, est, selon l'avis du prince, le fils de l'Empereur qui vivait encore en 1832.

« Je crois — dit-il — qu'on ne parviendra au but qu'en réunissant les deux causes populaires de Napoléon II et de la république. Le fils du grand homme est le représentant de la plus grande gloire, comme la république est le représentant de la plus grande liberté. Avec le nom de Napoléon on ne craindra plus le retour de la terreur; avec le nom de la république on ne craindra plus le retour du pouvoir absolu. »

. . . .

. . . .

Les *Considérations politiques et militaires sur la Suisse* furent publiées en 1833, c'est-à-dire à un an seulement d'intervalle du travail dont nous venons de parler. Son titre indique son sujet, l'examen de l'organisation politique et militaire de la Suisse.

Sur la double question politique et militaire qu'il traite, le prince s'inspire des précédents de la Suisse, de ses mœurs, de ses ressources, de sa géographie, de sa statistique. C'est sur ces données qu'il fonde ses critiques de ce qui est, ou qu'il établit les solutions qu'il propose.

« Il est impossible — dit-il — en expliquant sa méthode, de reconnaître un système bon pour tous les peuples, et vouloir étendre indistinctement à tous les mêmes institutions est une idée fausse et malheureuse. Chaque nation a ses mœurs, ses habitudes, sa langue, sa religion ; chacune a son caractère particulier, un intérêt différent qui dépend de sa position géographique ou de sa statistique. S'il y a des maximes bonnes pour tous les peuples, il n'y a pas de système bon pour tous. »

Ici le prince, faisant un retour vers la France, ajoute les réflexions suivantes, qui ont conservé la plus grande partie de leur à-propos :

« Suivant les besoins du moment, les hommes tournent leurs regards ou vers le passé ou vers l'exemple d'un peuple étranger. S'ils se bornaient à n'imiter chez leurs voisins que les institutions qui peuvent leur convenir, ils ne suivraient en cela que les lois de la sagesse ; mais trop souvent quand on copie on adopte jusqu'aux défauts. En 1815, en France, on ne rêvait que le gouvernement anglais ; aujourd'hui on ne rêve que le gouvernement américain, quoique nous ne soyons ni Anglais ni Américains. Nous ne sommes pas Anglais, parce que depuis 89 nous n'avons plus d'aristocratie, parce que nous ne sommes pas entourés d'une mer qui à elle seule protége notre indépendance, parce que nous n'avons ni les mêmes mœurs, ni le même climat, ni le même caractère, ni les mêmes qualités, ni les mêmes défauts, ni par conséquent les mêmes besoins. Nous ne sommes pas non plus Américains, parce que nous sommes 32 millions d'hommes sur 20,000 lieues carrées, tandis que les États-Unis d'Amérique n'en ont que 10 millions sur 280,000 lieues carrées, parce que l'Amérique est un pays neuf, où les terres à exploiter sont immenses, et où toutes les facultés se portent vers le commerce et l'agriculture, parce qu'elle n'a pas ces populations industrielles dont l'existence précaire est un sujet de crainte et de difficulté pour tout gouvernement en France, ni ces partis acharnés qui, oubliant qu'ils sont fils d'une même patrie, se haïssent mortellement et ébranlent sans cesse le gouvernement pour le remplacer par un autre plus en rapport avec leurs opinions et leurs intérêts, parce qu'enfin les États Unis n'ont pas autour d'eux des voisins inquiets et redoutables qui hérissent de baïonnettes la frontière dès que le mot de liberté a retenti à leurs oreilles. »

Cette brochure fit une vive impression en Suisse et en France. Le gouvernement helvétique décerna à l'unanimité à son auteur le titre de *citoyen honoraire.*

Le *Manuel d'artillerie* parut en 1835. Cet ouvrage a pris place parmi les livres militaires les plus justement classiques. Il suffit de le compulser pour comprendre quelle variété de connaissances, quelle incroyable patience de recherches, quelle application laborieuse il a dû exiger.

Et cependant il ne faut pas oublier que cet ouvrage a été fait dans un coin de la Suisse, loin de tout centre de population et d'idées, sans aucune de ces facilités qui sont à l'usage ordinaire de ceux qui écrivent, et qu'il est dû à l'effort isolé et au travail solitaire d'un homme condamné à tirer tout de lui-même.

En 1839, après beaucoup de vicissitudes et d'agitations, le prince était à Londres. Il put reprendre alors le cours de ses labeurs intelligents ; c'est là qu'il publia les *Idées napoléoniennes*.

Aucun écrit du prince n'est plus connu que celui-ci ; aucun n'a produit plus d'éclat, ni excité plus de curiosité : tous les journaux en France et à l'étranger l'ont commenté et discuté.

Les *Idées napoléoniennes* sont une étude sur l'Empire, donnant l'explication de son esprit, l'analyse de ses institutions, la nomenclature de ses créations, ses principes, ses moyens, ses obstacles, son but définitif et ses exigences transitoires.

Le prince démontre que si la guerre et la dictature se sont trouvées dans les nécessités de l'Empire, la paix seule et la liberté étaient dans ses volontés.

« La liberté n'était pas — dit-il — assurée par les lois impériales. Son nom n'était pas, il est vrai, en tête de toutes les lois, ni affiché à tous les carrefours ; mais chaque loi de l'Empire en préparait le règne paisible et sûr.

« Quand dans un pays il y a des partis acharnés les uns contre les autres, des haines violentes, il faut que ces partis disparaissent, que ces haines s'apaisent avant que la liberté soit possible.

« Quand dans un pays démocratisé comme l'était la France le principe d'égalité n'est pas appliqué généralement, il faut l'introduire dans toutes les lois avant que la liberté soit possible.

« Lorsqu'il n'y a plus ni esprit public, ni religion, ni foi politique, il faut en recréer l'influence légale avant que la liberté soit possible.

« Lorsque les anciennes mœurs ont été détruites par une révolution sociale, il faut en recréer de nouvelles, d'accord avec les nouveaux principes, avant que la liberté soit possible.

« Quand le gouvernement, quelle que soit sa forme, n'a plus ni force ni prestige, que l'ordre n'existe ni dans l'administration, ni dans l'Etat, il faut recréer le prestige, rétablir l'ordre avant que la liberté soit possible.

« Lorsque dans un pays il n'y a plus d'aristocratie et qu'il n'y a d'organisé que l'armée, il faut reconstituer un ordre civil basé sur une organisation précise et régulière avant que la liberté soit possible.

« Enfin, lorsqu'un pays est en guerre avec ses voisins et qu'il renferme encore dans son sein des partisans de l'étranger, il faut vaincre ses ennemis et se faire des alliés sûrs avant que sa liberté soit possible. Il faut plaindre les peuples qui veulent récolter avant d'avoir labouré le champ, ensemencé la terre et donné le temps à la plante de germer, d'éclore et de mûrir.

« Le gouvernement de Napoléon, plus que tout autre, aurait pu supporter la liberté, parce que Napoléon avait établi en France tout ce qui doit précéder la liberté, parce que son pouvoir reposait sur la masse entière de la nation, parce que ses intérêts étaient les mêmes que ceux du peuple, parce qu'enfin la confiance la plus entière régnait entre les gouvernants et les gouvernés. »

Quant à la paix, le prince prouve victorieusement deux choses :

1° C'est qu'en fait l'Empire a toujours été provoqué dans les guerres qu'il a soutenues ;

2° C'est qu'en soutenant ces guerres qui lui étaient imposées, la pensée de l'Empereur était d'obtenir la pacification définitive de l'Europe par l'établissement complet de son équilibre et de sa géographie politique.

« Toutes nos guerres — dit-il — sont venues de l'Angleterre, qui n'a jamais voulu entendre aucune proposition de paix. La politique de l'Empereur consistait à fonder une association européenne solide, en faisant reposer son système sur des nations complètes et sur des intérêts généraux satisfaits ; mais pour arriver là, il fallait amener l'Angleterre et la Russie à seconder franchement ses vues.

..... « La gloire de notre époque n'a besoin que de la simple raison. Il y a trente ans, il fallait deviner et préparer ; maintenant, il ne s'agit que de voir juste et de recueillir. On ne saurait copier ce qui s'est fait, parce que les imitations ne produisent pas toujours les ressemblances. En lisant l'histoire des peuples, il faut en tirer des principes généraux sans s'astreindre servilement à suivre pas à pas une trace qui n'est pas empreinte sur le sable, mais sur un terrain plus élevé, les intérêts de l'humanité. Copier dans les détails au lieu de copier dans son esprit un gouvernement passé, ce serait agir comme un général qui, se trouvant sur un champ de bataille où vainquit Napoléon ou Frédéric, voudrait s'assurer le succès en répétant les mêmes manœuvres. »

Les *Fragments historiques*, publiés en 1841, commencent une nouvelle série d'études écrites de la prison du Ham.

Le sujet de ce travail est le rapprochement des analogies et des différences que présentent entre elles les révolutions de France et d'Angleterre de 1830 et de 1688. C'est par conséquent de l'histoire mêlée de politique.

L'*Analyse de la question des Sucres*, travail publié en 1842, est la meilleure des innombrables dissertations dont cette question ait été l'objet. L'idée du prince sur la question est la conciliation de l'intérêt colonial et de l'intérêt indigène.

Quand cette publication fut connue, le comité délégué par les propriétaires de toute la France pour s'occuper des intérêts de la fabrication indigène fut tellement frappé de sa force et des lumières qu'elle apportait dans le débat, qu'il l'adopta comme la plus efficace défense qui pût être présentée à son point de vue.

A la Chambre des députés, parmi ceux qui s'occupèrent de la question, le travail du prince ne produisit pas moins d'impression.

L'*Extinction du paupérisme*, volume publié en 1844, est un travail aussi pratique que sérieux. Le prince propose de fonder des colonies agricoles en leur attribuant pour dotation toutes les terres incultes que renferme la France, et en les organisant avec les destinations de recevoir, pour leur exploitation, toutes les forces disponibles et inoccupées qui constituent le paupérisme.

Cette brochure du prince provoqua une lettre de remerciement qui lui fut adressée de Paris, au nom des ouvriers, par un grand nombre d'entre eux.

La réponse du prince à cette manifestation caractérise l'esprit qui l'animait dans l'examen de ces questions.

« Un témoignage de sympathie de la part des hommes du « peuple — dit-il — me semble cent fois plus précieux que ces « flatteries officielles que prodiguent aux puissants les sou- « tiens de tous les régimes. Aussi m'efforcerai-je toujours de « mériter les éloges et de travailler dans les intérêts de cette « immense majorité du peuple qui n'a aujourd'hui ni droits « politiques, ni bien-être assuré, quoiqu'elle soit la source re- « connue de tous les droits et de toutes les richesses. »

D'autres travaux considérables sur le *Passé et l'Avenir de l'artillerie*, des lettres sur la politique, l'histoire, des traductions de l'italien et de l'allemand, des articles insérés dans diverses revues ou journaux, surtout dans le *Progrès du Pas-de-Calais*, occupaient tous les instants du prince Napoléon-Louis au Ham, et faisaient de sa résidence dans cette prison d'État une admirable préparation au grand rôle que la Providence lui réservait dans l'histoire !

Que de fois, cependant, au milieu de cette solitude, le souvenir du passé dût venir étreindre de toutes ses forces le cœur du noble prisonnier ! Que de fois, fermant les yeux, il dut se voir en rêve, soit heureux enfant au milieu des parterres de la Malmaison ou des ombrages de l'Élysée, soit jeune homme aimé des siens, sous le toit paisible d'Arenemberg !

Mais reportons-nous un instant vers ces années si remplies de l'enfance et de la jeunesse du prince. Voyons grandir ce digne héritier du grand nom des Napoléon sous la main de la plus tendre, de la meilleure des mères !

II

Le 20 avril 1808 fut un jour de fête pour toute la France. De Hambourg à Rome, des Pyrénées au Danube, les salves d'artillerie se succédèrent dans toute l'étendue de l'Empire, et annoncèrent la naissance d'un prince. Fils de Louis-Napoléon Bonaparte, roi de Hollande, et d'Hortense-Eugénie de Beauharnais, le nouveau-né était à la fois le neveu et le petit-fils de l'empereur Napoléon (1).

---

(1) Louis-Napoléon Bonaparte eut trois enfants : l'Empereur actuel des Français est le dernier des trois. L'aîné de ses frères, le grand-duc de Berg, prince royal de Hollande, mourut à la Haye, à l'âge de cinq ans. Le second succomba à Forli, en 1831.

La famille impériale a été constituée par le plébiscite de l'an XII qui établit la couronne impériale dans la descendance légitime et mascu-

Inscrit sur le registre de famille destiné aux enfants de la dynastie impériale, baptisé en 1810 au palais de Fontainebleau par le cardinal Fesch, et tenu sur les fonts de baptême par l'Empereur et l'impératrice Marie-Louise, le jeune prince reçut les noms de Charles-Louis-Napoléon.

Son enfance se forma au milieu des exemples les plus patriotiques et des personnages les plus illustres.

La reine Hortense avait reçu de la nature une rare puissance d'esprit, une grande vigueur de caractère. Elle tenait de sa mère, l'impératrice Joséphine, les qualités les plus aimables et les plus douces du cœur, et cette générosité compatissante qui lui faisait rechercher les souffrances pour les soulager. Simple, bonne, affectueuse, la reine déposa ces germes précieux dans le cœur de ses enfants.

Le prince Louis-Napoléon se fit remarquer, dès sa plus tendre enfance, par la réserve en même temps que par la bonté de son caractère.

Il n'avait encore que quatre ans lorsque, pour la première fois, il aperçut un petit ramoneur tout noir de la suie dont il était couvert. Sa frayeur fut grande, et il courut se réfugier dans les bras de madame de Boubers, sa gouvernante. Celle-ci lui expliqua que les enfants semblables à celui qu'il avait vu étaient forcés, par la misère, de s'éloigner de leurs parents et d'aller gagner leur pain dans les grandes villes, en nettoyant les cheminées.

---

line de Napoléon Bonaparte, et, à son défaut, dans celle de Joseph et de Louis Bonaparte.

Louis-Napoléon, après la mort de ses deux frères, se trouva donc non-seulement le chef de la famille Bonaparte, mais encore le seul représentant et l'unique héritier de la couronne impériale. Il dut prendre alors, comme nous le dirons plus tard, le nom de Napoléon-Louis.

Dès ce moment, la compassion pour ces pauvres enfants prit la place de la terreur dans l'âme du jeune Louis-Napoléon. Quelques mois plus tard, il arriva que lui et son frère étant profondément endormis, leur femme de service passa un moment dans une pièce contiguë. A peine était-elle sortie de la chambre à coucher qu'un petit Savoyard descendit de la cheminée qu'il venait de ramoner, au milieu d'un nuage de suie ; le prince Louis se réveilla au même instant, et surmontant une première impression de frayeur au souvenir de l'explication de sa gouvernante, il enjamba non sans difficulté la balustrade qui entourait le petit lit, dont il n'était jamais jusque-là descendu seul. Il courut à un tiroir qui renfermait l'argent dont il pouvait disposer, et comme il n'était pas assez grand pour y atteindre, il monta sur une chaise, prit la bourse dans laquelle se trouvait toute sa richesse, et la donna au ramoneur.

Tout cela n'avait pu se faire sans bruit. Le prince Napoléon, réveillé à son tour, appela la dame de service, qui accourut et trouva le petit Louis fort embarrassé pour remonter dans le lit d'où il s'était échappé, plus embarrassé encore d'avouer qu'il avait prodigué tout son trésor à la fois, car l'argent qu'on lui donnait était destiné à être distribué dans ses promenades.

Les actes de bienfaisance spontanée sont fréquents dans l'enfance du fils de la reine Hortense, et c'est un fait acquis à l'observation, que l'éducation première se réfléchit plus tard dans la vie. Ainsi nous retrouvons l'Empereur à l'inondation du Rhône, ayant à l'arçon de sa selle deux sacoches pleines d'or dans lesquelles il puise sans cesse pour soulager les malheureuses victimes du désastre, comme nous avons vu le petit prince distribuant aux enfants pauvres sa bourse d'enfant.

Louis-Napoléon adorait sa mère, et ce sentiment d'amour filial se trouve ineffaçablement empreint, dès le berceau, dans tous les actes de sa vie.

« Un jour — rapporte mademoiselle Cochelet, femme de chambre de la reine Hortense — le prince Louis eut une vive douleur de dents. « Fais venir le dentiste, dit le jeune prince, pour m'arracher cette grosse dent qui me fait tant souffrir, mais sans le dire à maman, parce que cela la tourmenterait trop.

« — Comment voulez-vous le cacher à votre mère ? son salon habituel est à côté de votre chambre, elle vous entendra crier et elle s'en inquiétera bien plus que si elle savait de quoi il s'agit.

« — Je ne crierai pas, je te le promets. Est-ce que je ne suis pas un homme pour avoir du courage ? Et il avait six ans. Je lui promis le secret, que je ne gardai pas, car la reine aurait été excessivement mécontente qu'on ménageât sa sensibilité pour tout ce qui regardait ses enfants. Elle eut l'air pourtant de ne rien savoir, pour complaire au désir de son fils.

« Bosquet fut appelé et il enleva la plus grosse dent de sa bouche sans que l'enfant jetât un seul cri. Il courut tout triomphant la porter à sa mère, qui attendait avec inquiétude et qui joua la surprise tout en étant plus émue que lui. Je n'ai jamais vu une personne plus courageuse que la reine pour supporter les grands événements et les petites tracasseries de la vie ; quelquefois même j'étais impatientée de cette douceur, de cette résignation inaltérable ; je la taxais d'indifférence. — Mais s'agissait-il de la plus petite chose qui touchait à ses enfants, ce n'était plus la même femme, elle se troublait, s'inquiétait pour un rien et n'avait plus aucune raison. »

Lors des événements de 1815, le jeune Louis-Napoléon ne voulait pas quitter la France. Sa mère ne put parvenir à le consoler, et quand l'Empereur vint lui dire adieu et l'embrasser, il fallut l'arracher de ses bras ; il s'attachait à son oncle et criait en pleurant qu'il voulait aller tirer le canon.

L'auteur des *Lettres de Londres* raconte à ce sujet l'anecdote suivante :

..... « J'avais été introduit auprès de l'Empereur. Il paraissait triste et soucieux, quoique sa voix fût brève et accentuée, sa pensée claire et précise. J'écoutais avec la plus profonde attention tout ce qu'il me disait, lorsque détournant les yeux par hasard, je m'aperçus que la porte par laquelle l'Empereur venait d'entrer était restée entr'ouverte. J'allais faire un pas pour la fermer, quand je vis tout à coup un jeune enfant se glisser dans l'appartement et s'approcher de l'Empereur. C'était un charmant garçon de sept à huit ans, à la chevelure blonde et bouclée, aux yeux bleus et expressifs. Sa figure était empreinte d'un sentiment douloureux ; toute sa démarche révélait une émotion profonde qu'il s'efforçait de contenir.

« L'enfant s'étant approché s'agenouilla devant l'Empereur, mit sa tête et ses deux mains sur ses genoux, et alors ses larmes coulèrent en abondance.

« — Qu'as-tu, Louis? s'écria l'Empereur d'une voix où perçait la contrariété d'avoir été interrompu ; pourquoi viens-tu ici ? pourquoi pleures-tu ?—Sire, ma gouvernante vient de me dire que vous partez pour la guerre. Oh ! ne partez pas, ne partez pas !

« — Mais pourquoi ne veux-tu pas je parte ? ajouta l'Empereur d'une voix subitement adoucie par la sollicitude de son jeune neveu, car c'était le prince Louis-Napoléon lui-même, le favori de l'Empereur ; pourquoi ne veux-tu pas, mon enfant ? lui disait-il en relevant sa tête et en passant sa main dans ses blonds cheveux. Ce n'est pas la première fois que je vais à la guerre ; pourquoi t'affliges-tu ? ne crains rien, je reviendrai bientôt.

« — Oh ! reprit le jeune prince, toujours en pleurant, oh ! mon cher oncle, c'est que les méchants alliés veulent vous tuer ; oh ! laissez-moi aller, mon oncle, laissez-moi aller avec vous !

« Ici l'Empereur ne répondit rien : la tendresse de cet enfant lui allait au cœur. Il prit le jeune prince sur ses genoux, le serra dans ses bras et l'embrassa avec effusion. En ce moment, animé par cette scène touchante, je ne sais quelle idée me passa par la tête, mais j'eus la sottise de parler du roi de Rome, alors prisonnier de l'Autriche.

« — Hélas ! s'écria l'Empereur, qui sait quand je le reverrai !...

« L'Empereur paraissait profondément ému. Bientôt, reprenant toute la fermeté de sa parole : — « Hortense, Hortense, appela-t-il ; et comme la reine s'était empressée d'accourir, il lui dit : Tenez, emmenez mon neveu et réprimandez sévèrement sa gouvernante qui, par des discours inconsidérés, exalte la sensibilité de cet enfant. Puis, après quelques paroles douces et affectueuses au jeune prince pour le consoler, il allait le rendre à sa mère quand, s'apercevant sans doute combien j'étais attendri : — Tenez, me dit-il vivement, embrassez-le, il aura un bon cœur et une belle âme. » Et pendant que je couvrais le prince de mes baisers et de mes larmes : « Eh!

mon cher, ajouta-t-il, c'est peut-être l'espoir de ma race ! »

Le jour ne tarda pas à arriver où toute la famille de l'Empereur dut prendre le chemin de l'exil ; la reine Hortense ne savait encore en quel lieu les souverains alliés l'autoriseraient à résider. Effrayée des excès commis par le parti royaliste, elle pensa qu'à Rome et près de son père le roi Louis, son fils aîné serait plus à portée de continuer ses études qu'au milieu de toutes les vicissitudes auxquelles elle se voyait désormais condamnée. Elle se sépara donc de ce cher enfant et garda auprès d'elle le jeune Louis, que le regret de voir partir son frère rendit gravement malade.

Cette double cause de chagrin affecta vivement leur mère. Se séparer de l'un de ses fils, trembler pour la santé de l'autre, c'était trop d'inquiétudes à la fois. Cependant ses craintes se calmèrent au bout de quelques jours, car l'état du prince Louis ne présentait heureusement aucun danger ; bientôt, en effet, il reprit toute la vivacité de son âge et de son caractère.

La reine Hortense s'était retirée à Augsbourg. Aussi grande dans le malheur qu'elle avait été admirable sur le trône, la bonté de son cœur ne fut pas altérée par les événements qui avaient changé si profondément son existence.

L'éducation du prince Louis était la préoccupation constante de la reine, et elle s'y dévouait avec toute l'activité de sa tendresse maternelle, avec toute la sagacité de son esprit éclairé. Le soir, jusqu'à l'heure à laquelle il se couchait, les lectures faites à haute voix dans le salon étaient toujours en rapport avec ses études. Le samedi de chaque semaine, la journée tout entière de sa mère lui était consacrée. On lui faisait répéter en sa présence tout ce qu'il avait appris pendant les jours précédents, et quoique souvent il fût question de devoirs, de latin ou d'autres choses étrangères aux occupations journalières de la reine, elle attachait une juste importance à prouver à son fils, en suivant attentivement jusqu'aux moindres détails de son instruction, combien elle s'intéressait à ses progrès.

L'abbé Bertrand avait fort à faire pour modérer le caractère indépendant de son élève, qui trouvait réponse à tout, et qui insistait constamment pour qu'on lui rendît raison de tout ce qu'on exigeait de lui. La reine reconnut bientôt qu'il était indispensable de soumettre son fils à une discipline moins affectueuse et plus sévère. Elle ne se sépara pas cependant de l'abbé Bertrand ; mais elle confia la direction des études du jeune prince au fils du conventionnel Lebas, homme rempli de savoir et de mérite.

Suivant avec assiduité les cours du gymnase d'Augsbourg, Louis-Napoléon puisa dans une éducation forte cette vigueur de volonté et cette persévérance qu'il montra depuis en toutes choses.

Sa mère et lui séjournèrent jusqu'en 1824 dans cette ville.

Suivons brièvement les phases de cette première période de la vie du prince Louis-Napoléon, en parcourant les pages d'une notice biographique, l'une des plus sommaires, mais des plus exactes, qui aient été publiées à ce sujet dans la *Revue de l'Empire.*

« L'attitude réservée et circonspecte des membres de la famille impériale ayant calmé les inquiétudes et les défiances de l'Europe, la reine Hortense put aller s'établir dans le canton de Thurgovie. Elle choisit, sur le bord du lac de Constance, une charmante habitation qu'elle sut embellir par l'aménité de son esprit et qu'elle popularisa par ses bienfaits. Le château d'Arenemberg fut visité par de hautes infortunes qui y reçurent une hospitalité courageuse et les soins les plus affectueux et les plus délicats.

« La reine Hortense avait pour le malheur un culte discret. Comme l'impératrice Joséphine, la Providence l'avait tour à tour élevée et abaissée pour mieux faire ressortir la grandeur de ses vertus et sa pieuse résignation dans les revers de sa cause et de sa famille. Louis-Napoléon grandissait au milieu de l'air fortifiant des montagnes et de l'illusion de ces sentiments exquis qu'il recevait de la tendresse de sa mère. Elle l'avait placé sous la direction d'un gouverneur habile, bien convaincue que l'esprit compte beaucoup plus que la naissance. Louis-Napoléon s'appliquait en même temps à pénétrer les secrets de l'art militaire et les combinaisons savantes de l'artillerie dans le terrible jeu des batailles.

« Il se livrait avec une grande ardeur et une vive passion aux exercices du soldat; vivant comme lui, traînant la brouette, franchissant à pied, le sac sur le dos, les glaciers les plus escarpés. Il l'emportait sur tous par sa dextérité et son énergie. En peu de temps, il excella dans l'art de manier un cheval, de faire des armes, de tirer le fusil et de nager. L'activité de son esprit recherchait ce qu'il y a de plus insurmontable pour en triompher. C'est à cette rude et bonne école que son corps se fortifia et qu'il apprit à ne rien craindre.

..... « Il était au camp de Thun lorsqu'il reçut la nouvelle de la révolution de Juillet. Avec sa nature vive et ardente, son imagination prompte et hardie, le prince Louis vit dans cette révolution le triomphe définitif des principes inaugurés en 89. Il s'était trop pressé dans cette voie d'espérance. Les événements ne tardèrent pas à le désillusionner. Il n'en conserva pas moins ses vertueuses convictions et sa foi dans la cause populaire.

« En 1831, la révolution éclate dans la Romagne. Débordant sur cette partie de l'Italie comme la mer soulevée par la tempête, elle menace l'Italie tout entière. Louis-Napoléon et son frère n'hésitent pas; n'écoutant que leur impétueux courage et leur haine pour le despotisme autrichien, ils se mettent à la tête des révoltés qui marchaient sur Rome. Mais les escadrons ennemis s'avancent en rangs épais contre les révoltés ; ceux-ci fléchissent, le découragement pénètre dans leurs rangs, et les princes, obligés de battre en retraite, se replient sur Forli. C'est là que Napoléon-Charles succomba, emporté par une inflammation de poitrine venue à la suite de la rougeole. Cette perte inopinée, la défection des révoltés frappèrent le prince Louis jusqu'au fond de l'âme. »

Interrompons un instant ce récit pour entendre le cri déchirant d'une reine, d'une mère !

« J'étais en route pour Ancône — écrit la reine Hortense — troublée, agitée, le cœur rempli de funestes présages, lorsqu'à la première poste, à Foligno, une calèche s'arrête près de ma voiture. Un homme que je ne connais pas, en sort. Je ne sais pourquoi je tremble, il vient de la part de mes enfants. « Le « prince Napoléon est malade, me dit-il. — Il a la rougeole ! « m'écriai-je. — Oui, il vous demande. » A ces mots *il vous demande*, je m'écrie avec effroi : « Il est donc bien mal ! »

« A l'instant je retourne sur mes pas, la route la plus courte doit me conduire près de mon fils. Je n'ai plus qu'une idée ; voler près de lui, le soigner s'il en est temps encore, hélas ! et je me sens saisie d'un anéantissement profond. Le coup a déjà été au-dessus de mes forces. J'ai beau me dire : J'ai été trop malheureuse, non, cela n'est pas possible ! Le ciel est juste, ce serait trop ! Ah ! non ! il ne mourra pas ! il me sera rendu, et pourtant je demeure sans force et sans courage.

« Ce messager envoyé de Forli, la figure de tous ceux qui m'entourent m'annoncent un affreux malheur ! Je n'ose interroger ! l'incertitude est encore un bienfait. Cependant j'entends à chaque poste ces mots affreux, sans cesse répétés par le peuple qui entoure ma voiture : « Napoléon mort ! Napoléon mort ! » Je l'entends et je n'y crois pas.

« J'étais morte aussi sans doute, car je ne sentais rien, je ne demandais rien. J'ignore où l'on me mène pendant un jour et une nuit, et tout semble m'être indifférent.

« J'arrive pourtant à Pesaro dans le palais de mon neveu. On me porte inanimée sur un lit, et c'est là que mon malheureux fils Louis vient se précipiter dans mes bras, fondant en larmes, et m'apprend qu'il est désormais seul dans ce monde, qu'il a perdu son frère, son meilleur ami, et que sans moi il serait mort aussi de douleur sur ce corps qu'il ne voulait pas quitter.

« Je ne puis peindre ces moments déchirants ! ma main tremble et j'ai de la peine à continuer !....

« Ah ! le désespoir d'une mère est éternel ! rien ne le calme, rien ne le diminue. L'unique consolation d'une mère est dans l'espoir du peu de durée de son existence !

« Mais dans ce moment affreux je me souviens que l'état dans lequel j'aperçus le fils qui me restait me força seul à rappeler mon courage. Il fallait le sauver, lui qui perdait le tendre compagnon de sa vie, lui qui voulait mourir aussi !

..... « Triste, abattu, Louis me cachait sa douleur et se laissait mener comme un enfant pour me faire revivre sans doute par les soins qu'il me forçait à prendre. Pourtant il paraissait malade et ne se plaignait pas. Je m'en aperçus. Je fis appeler un médecin qui déclara qu'il avait une fièvre très-forte. Il fallut qu'il se couchât. On espérait qu'en restant un jour de plus, il pourrait partir le lendemain. C'était encore une nouvelle inquiétude. Mais qu'on juge du coup affreux qui vint me frapper quand, ce lendemain arrivé, au lieu de pouvoir m'empresser de fuir comme il le fallait, la clarté du jour me montra le visage de mon fils couvert d'une éruption..... Il avait la rougeole ! »

C'est alors que la reine Hortense, appelant à son aide toute sa présence d'esprit, tout son courage, traverse avec un déguisement et un passe-port anglais l'Italie gardée par les baïonnettes autrichiennes. Elle franchit la frontière et ne s'arrête que lorsqu'elle a déposé son précieux fardeau sur le sol de la France. A peine arrivée à Paris, elle demande une audience au roi, lui expose ses sollicitudes maternelles, ses douleurs d'exilée, et lui demande la permission de respirer pendant quelques jours, non pas pour elle, mais pour son fils accablé par la fièvre, l'air vivifiant de la France.

En présence d'un si grand danger, la proscription cesse, et la mère et le fils restent à Paris.

Les sympathies de la France pour les souvenirs de l'Empire et la mémoire de l'Empereur effraient bientôt le pouvoir, la retraite du prince pourrait être découverte, et n'y avait-il pas à craindre que le même peuple qui avait replacé la statue de l'Empereur sur la colonne Vendôme ne poussât plus loin le sentiment de son admiration et le témoignage de sa reconnaissance ?

Ne consultant que la peur, le pouvoir, de généreux qu'il avait été, devint dur, pour ne pas dire brutal ; s'armant de la loi de proscription qui interdit le sol français à tous les membres de la famille Bonaparte, il l'appliqua dans toute sa rigueur, et ces mêmes exilés qui, la veille, avaient été accueillis avec tant de bonté, reçurent l'ordre de quitter sur-le-champ Paris.

En ce moment, le prince Napoléon-Louis[1] était gravement malade ; les fatigues d'un voyage rapide, les tristesses d'une cause perdue, les rêves ardents de son imagination avaient prodigieusement affaibli son corps. C'est dans cette dangereuse situation qu'il quitta Paris. Il se rendit à Londres, et de là en Suisse. A peine y était-il arrivé, qu'il reçut des chefs de la révolution polonaise la lettre suivante :

« ..... A qui la direction de notre entreprise pour-« rait-elle être mieux confiée qu'au neveu du plus « grand capitaine de tous les siècles ? Un jeune Bona-« parte apparaissant sur nos plages le drapeau trico-« lore à la main, produirait un effet moral dont les « suites sont incalculables. Allez donc, jeune héros, « espoir de notre patrie, confiez à des flots qui con-« naîtront votre nom la fortune de César, et, ce qui « vaut mieux, les destinées de sa liberté. Vous aurez « la reconnaissance de nos frères d'armes et l'admi-« ration de l'univers. »

Malgré la triste expérience qu'il avait faite en Italie, le prince se sentait entraîné vers cette population de héros disputant à la Russie les derniers lambeaux de leur indépendance ; et il se serait probablement rendu aux désirs de la Pologne si la rapidité des événements et la mort de son cousin, le duc de Reichstadt, ne fussent venus mettre obstacle à ses desseins. Dès ce jour, la diplomatie cessa de tourner ses regards vers Vienne pour les fixer sur le château d'Arenemberg. Une police active étudia les mouvements du

(1) Depuis la mort de son frère, le prince Louis-Napoléon signait ainsi son nom : Napoléon-Louis, conformément aux dispositions de l'Empereur.

prince Napoléon, chercha à deviner ses intentions, à sonder ses projets ; mais il déjoua les manœuvres de la diplomatie et les ruses de la police par une grande réserve et une adroite circonspection.

C'est à cette époque que, passant de la vie agitée des révolutions à la culture paisible des lettres, il demanda à l'étude de l'histoire et de l'économie politique la solution des problèmes les plus importants pour la direction des affaires humaines.

Quoiqu'il fût renfermé dans sa studieuse retraite d'Arenemberg et enseveli dans les montagnes de la Suisse, la France ne l'avait pas oublié. Des hommes de cœur et d'une intelligence élevée recherchaient le plaisir de le voir et de converser avec lui ; tous se retiraient séduits par l'amabilité affectueuse de son esprit, la bonté de son cœur et la loyauté chevaleresque de son caractère. C'est dans ces entretiens secrets que le prince laissait tomber les amertumes de sa vie d'exilé et de proscrit, et qu'il aimait à se reporter aux premiers jours de son enfance et à ceux qu'il avait passés sous le soleil de la patrie.

Le poétique auteur du *Génie du Christianisme*, M. de Châteaubriand, et Lafayette lui-même avaient exprimé au prince, chacun dans la mesure de ses opinions, ses sympathies pour lui et sa cause. M. de Châteaubriand lui écrivait, le 7 septembre 1832 : « *Prince, il n'y a pas de nom qui aille mieux à la gloire de la France que le vôtre.* »

Lafayette l'engageait à se mettre à la tête des idées démocratiques de la France, lui promettant le concours de son nom et de sa vieille influence.

« Le nom qu'il porte — disait Armand Carrel en « parlant du prince — est le plus grand des temps « modernes ; c'est le seul qui puisse exciter fortement

« les sympathies du peuple français. Si ce jeune « homme sait comprendre les nouveaux intérêts de « la France, s'il sait oublier les droits de légitimité « impériale pour ne se rappeler que la souveraineté « du peuple, il peut être appelé un jour à jouer un « grand rôle. »

A ces témoignages d'estime publique pour sa personne et du respect universel pour le grand nom qu'il porte venaient s'ajouter, chaque jour, de plus vives sympathies, de plus profondes convictions pour cette admirable cause que l'Empereur avait portée du mont Thabor jusque sur les bords du Dniester.

En 1834, le gouvernement de Berne le nomma capitaine dans son régiment d'artillerie. En 1835, à la mort du duc de Leuchtemberg, le Portugal lui offrit la main de la reine dona Maria. Il refusa. Pour Napoléon-Louis, il n'y a pas de plus beau titre que celui de citoyen français ; il préfère l'obscurité la plus modeste en France à l'éclat de la plus belle couronne à l'étranger ; il ne recherche ni les grandeurs de la fortune, ni les vaniteuses jouissances du pouvoir ; ce qu'il ambitionne, c'est de servir sa patrie comme citoyen et comme soldat.

Cette ambition, ce désintéressement se reflètent dans ces quelques lignes admirables de patriotisme, et où la simplicité de la forme s'unit à la grandeur du sentiment :

« La belle conduite de mon père, qui abdiqua en 1810 parce « qu'il ne pouvait allier les intérêts de la France avec ceux de « la Hollande, n'est pas sortie de mon esprit : mon père m'a « prouvé par son grand exemple combien la patrie est préférable à un trône étranger. Je sens, en effet, qu'habitué dès « mon enfance à chérir mon pays par-dessus tout, je ne « saurais rien préférer aux intérêts français. Persuadé que le « grand nom que je porte ne sera pas toujours un titre d'ex-

« clusion aux yeux de mes compatriotes, puisqu'il leur rap-
« pelle quinze années de gloire, j'attends avec calme, dans un
« pays hospitalier et libre, que le peuple rappelle dans son
« sein ceux qu'exilèrent, en 1815, douze cent mille étrangers ;
« cet espoir de servir un jour la France comme citoyen et
« comme soldat fortifie mon âme et vaut à mes yeux tous les
« trônes du monde. »

Telle fut sa réponse à la proposition du Portugal.

Pendant ce temps, les événements marchaient en France, les découragements politiques, les désillusions des consciences trompées, égarées par les fausses lueurs de la révolution, avaient engendré le mécontentement. La Vendée soulevée, Lyon insurgé, les rues de Paris ensanglantées par l'émeute avaient porté le trouble dans les dévouements les plus sincères ; au milieu de ces tempêtes successives, la peur avait saisi les plus courageux ; des hommes d'un mérite et d'un talent éprouvés luttaient contre ces ouragans effroyables, inattendus, qui, chaque jour, menaçaient tous les intérêts, toutes les affections ; l'attitude de l'armée, le sentiment du devoir, la crainte de l'avenir avaient comprimé la discorde sans l'éteindre.

De vieux souvenirs s'étaient réveillés, les gloires de l'Empire reparaissaient à la lumière dans tout leur éclat : les services rendus à l'ordre public par la dynastie impériale revenaient à la mémoire de tous. Ce travail de l'esprit public réagit sur l'armée ; inquiète, souffrante, s'étant conservée pure au milieu des viles doctrines du matérialisme industriel et politique, l'armée, réduite au port d'armes, retournait en arrière, enveloppée de ses souvenirs de quinze ans d'illustration; elle attendait, assise sur le seuil du temple de la gloire, que les portes s'ouvrissent pour y pénétrer de nouveau.

Tel était l'état des esprits lorsque Napoléon-Louis

franchit la frontière et entra dans Strasbourg le 28 octobre 1836. Nous ne raconterons pas cette insurrection militaire, qui a été retracée par un grand nombre de publications.

III

Voici comment s'exprime M. Louis Blanc, dans son *Histoire de dix ans*, sur cette tentative :

« Des deux fils du roi de Hollande, l'aîné avait succombé dans les troubles de l'Italie à une mort aussi mystérieuse que prématurée. Et quant au plus jeune, retiré en Suisse, il s'y était appliqué sans relâche à préparer de loin des projets qui souriaient à son orgueil, et répondaient aux plus vives aspirations de son âme. Neveu de celui que la France appelait l'*Empereur*, l'empereur par excellence (Imperator), ayant à venger ses parents proscrits, exilé lui-même par une loi injuste d'un pays qu'il aimait, et dont on pouvait dire sans exagération que Napoléon le couvrait encore de son ombre, Louis Bonaparte se croyait destiné tout à la fois à soutenir l'honneur de son nom, à punir les persécutions de sa famille, à ouvrir à son pays abaissé quelques issues vers la gloire. Du reste, et bien qu'il se posât en prétendant, la démocratie lui paraissait une puissance trop redoutable pour qu'il se crût dispensé de compter avec elle. Son dessein était donc d'essayer du prestige de son nom pour renverser la dynastie d'Orléans, sauf à convoquer ensuite le peuple pour le consulter et lui obéir.

« Que ce respect pour le principe de la souveraineté populaire fût, de la part du jeune prince, parfaitement sincère et loyal, rien de plus certain ; mais la part que dans son désir il faisait à son ambition n'en était pas pour cela moins grande. Héritier de la tradition impériale, pouvait-il n'être pas désigné par le peuple, surtout lorsqu'il lui apparaîtrait entouré de l'éclat d'une révolte heureuse ? »

Le projet de défense préparé par le prince lui-même dans sa prison de Strasbourg explique nettement ses intentions. Le voici tel qu'il en donna communication à M. Odilon Barrot :

« Messieurs,

« Ce n'est pas ma vie que je viens défendre devant vous, j'y ai renoncé en mettant le pied sur le territoire français ; mais c'est mon honneur et mon droit.

« Oui, Messieurs, mon droit. Après 1830 j'ai demandé à rentrer en France comme citoyen ; on m'a repoussé. J'ai demandé à servir comme simple soldat ; on ne m'a pas répondu, on m'a traité en prétendant. Ne croyez pas cependant que je ne prétendisse qu'au désir de m'asseoir sur une chaise recouverte de velours ; mes idées étaient plus élevées ; je voulais remettre le peuple dans ses droits, je voulais convoquer un congrès national qui, consultant les antécédents et les besoins de chacun, eût fait des lois françaises sans emprunter à l'Angleterre ni à l'Amérique des constitutions qui ne peuvent nous convenir.

« L'Empereur a accompli sa mission civilisatrice, il a préparé les peuples à la liberté, en introduisant dans les mœurs les principes d'égalité, et en faisant du mérite la seule raison pour parvenir... Tous les gouvernements qui se sont succédé ont été exclusifs, les uns s'appuyant sur la noblesse et le clergé, les autres sur une aristocratie bourgeoise, d'autres enfin, uniquement sur les prolétaires. Le gouvernement de l'Empereur, au contraire, s'appuyait sur le peuple, comme un général sur son armée.

« Le gouvernement de Napoléon reçut quatre fois la sanction populaire. En 1804 le peuple français reconnut par 4,000,000 de votes l'hérédité dans la famille impériale. Depuis il n'a plus été consulté. Comme aîné des neveux de l'Empereur, je pouvais donc me considérer, non comme le représentant de l'Empire, car depuis vingt ans les idées ont dû changer, mais comme le représentant de l'Assemblée nationale; j'ai toujours considéré l'aigle comme l'emblème des droits du peuple, et non comme l'emblème des droits d'une famille

.... « Fort de ces idées et de la sainteté de ma cause, je me suis écrié : Les princes qui se disent du droit divin trouvent des hommes qui consentent à mourir pour rétablir les abus et les priviléges, et moi, dont le nom rappelle la gloire et la liberté, mourrai-je donc seul dans l'exil ? Non, m'ont répondu mes braves compagnons d'infortune, nous mourrons avec vous ou nous vaincrons ensemble pour la cause du peuple français.

« Ne croyez pas que j'aie voulu singer les derniers empereurs romains que la soldatesque élevait un jour sur le pavois, et renversait le lendemain. J'ai voulu faire la révolution par l'armée, parce qu'elle offrait plus de chances de réussite, et pour éviter aussi les désordres si fréquents dans les bouleversements sociaux. Je me suis gravement trompé dans l'exécution de mon projet, mais cela fait encore moins d'honneur à de vieux militaires qui, revoyant l'aigle, n'ont pas senti leur cœur battre dans leur poitrine; l'aigle qu'ils ont arrosée de leur sang, ils l'ont revue et ils l'ont foulée aux pieds !... Ils m'ont parlé de leurs nouveaux serments, oubliant que c'est la présence de douze cent mille étrangers qui les a déliés de celui qu'ils avaient prêté. Or, un principe détruit par la force peut être rétabli par la force. »

Conduit à Lorient, où il devait s'embarquer pour les États-Unis, le prince écrivit sur la frégate *l'Andromède* la lettre suivante à sa mère, qui avait obtenu du roi Louis-Philippe que le prince Napoléon-Louis ne fût pas mis en jugement.

« Ma chère mère,

« Je reconnais à votre démarche toute votre tendresse pour moi, vous avez pensé au danger que je courais; mais vous n'avez pas pensé à mon honneur qui m'obligeait à partager le sort de mes compagnons d'infortune. Cela a été pour moi une douleur bien vive que d'abandonner ces hommes que j'avais entraînés à leur perte, lorsque ma présence et mes dépositions auraient pu influencer le jury en leur faveur. J'écris au roi pour le prier de jeter un regard de bonté sur eux; c'est la seule grâce qui peut me toucher.

« Je pars pour l'Amérique ; mais, ma chère mère, si vous ne voulez pas augmenter ma douleur, je vous en conjure, ne me suivez pas. L'idée de faire partager à ma mère mon exil de l'Europe, serait, aux yeux du monde, une tache indélébile pour moi, et pour mon cœur cela serait un chagrin cuisant. Je vais en Amérique faire comme Achille Murat, me créer moi-même une existence ; et il me faut un intérêt nouveau pour pouvoir m'y plaire.

« Je vous prie, chère maman, de veiller à ce qu'il ne manque rien aux prisonniers de Strasbourg ; prenez soin des deux fils du colonel Vaudrey, qui sont à Paris avec leur mère. Je prendrais facilement mon parti si je savais que mes autres compagnons d'infortune auront la vie sauve ; mais avoir sur la conscience la mort de braves soldats, c'est une douleur amère qui ne peut jamais s'effacer.

« Adieu, ma chère maman ; recevez mes remercîments pour toutes les marques de tendresse que vous me donnez ; retournez à Arenemberg, mais ne venez pas me rejoindre en Amérique ; j'en serais trop malheureux. Adieu, recevez mes tendres embrassements ; je vous aimerai toujours de tout mon cœur.

« Votre tendre et respectueux fils,

« NAPOLÉON-LOUIS. »

Retenue par des vents contraires, la frégate ne pouvait sortir du port de Lorient. Enfermé dans la citadelle de Port-Louis, le prince n'avait nuit et jour qu'une seule pensée ! Quel serait le sort fait à ses compagnons ? Soit qu'il parlât, soit qu'il écrivît, c'était toujours pour protester contre l'exception dont il avait été l'objet.

« Je pars, écrivait-il à l'un de ses amis, le cœur déchiré de n'avoir pu partager le sort de mes compagnons d'infortune. J'aurais voulu être traité comme eux. Mon entreprise ayant échoué, mes intentions ayant été ignorées, mon sort ayant été, malgré moi, différent de celui des hommes dont j'avais compromis l'existence, je passerai aux yeux de tout le monde pour un fou, un ambitieux, un lâche... Je saurai supporter ce nouvel exil avec résignation ; mais ce qui me désespère, c'est de laisser dans les fers des hommes auxquels le dévouement à la cause napoléonienne a été si fatal. J'aurais voulu être la seule victime. »

Au bas de cette même lettre le prince ajoute :

« *P. S.* Il est faux qu'on m'ait demandé le moindre serment de ne plus revenir en Europe. »

Les accusés de Strasbourg comparurent devant le jury et furent acquittés après vingt minutes de délibération.

De bruyants applaudissements retentirent dans la salle d'audience ; l'allégresse, l'enthousiasme furent universels.

Les accusés traduits devant la Cour d'assises du Bas-Rhin étaient : le colonel Vaudrey, le commandant Parquin, les lieutenants Armand Laity et de Querelle, M. de Gricourt, le comte de Bruc et madame Gordon. Ce verdict frappa de stupeur le gouvernement de Louis-Philippe.

MM. de Persigny, de Schaller, Lombard, Pétri, Dupenhouat et Gros n'ont pu être arrêtés.

Après une traversée de plus de quatre mois, le prince Napoléon-Louis était arrivé aux États-Unis. Il quitta *l'Andromède* en éprouvant une vive émotion, car pour lui c'était s'éloigner une seconde fois de la patrie. Ses projets d'installation n'étaient pas encore complétement arrêtés lorsqu'il apprit l'état alarmant de sa mère.

« Mon cher fils, lui écrivait-elle, on doit me faire une opération absolument nécessaire. Si elle ne réussissait pas, je t'envoie par cette lettre ma bénédiction. Nous nous retrouverons, n'est-ce pas, dans un meilleur monde, où tu ne viendras me rejoindre que le plus tard possible ? Et tu penseras qu'en quittant celui-ci, je ne regrette que toi, que ta bonne tendresse seule qui m'y a fait trouver quelque charme. Cela sera une consolation pour toi, mon cher ami, de penser que par tes soins tu as rendu ta mère heureuse autant qu'elle pouvait l'être ! Tu penseras à toute ma tendresse pour toi, et tu auras du courage. Pense que l'on a toujours un œil bienveillant et clairvoyant sur ce qu'on laisse ici-bas; mais bien sûr on se retrouve. Crois à cette douce idée: elle est trop nécessaire pour ne pas être vraie. Ce bon Arèse, je lui donne aussi ma bénédiction comme à un fils. Je te presse sur mon cœur, mon cher ami. Je suis bien calme, bien résignée, et j'espère encore que nous nous reverrons dans ce monde-ci.

« Que la volonté de Dieu soit faite !

« Ta tendre mère,

« Ce 3 avril 1837. « HORTENSE. »

A cet appel d'une mère sur son lit de mort, le prince n'hésita pas ; il accourut en Europe, débarqua à Londres, où l'ambassade française lui refusa des passe-ports, et se mit en route pour la Suisse. Il revit la reine Hortense le 5 août 1837, et deux mois après son retour à Arenemberg, le 5 octobre, il reçut les derniers soupirs de cette mère bien-aimée.

Quelques moments avant d'expirer, a dit un témoin oculaire, la reine Hortense voulut tendre la main à chacun des gens de sa maison ; ils versaient tous d'abondantes larmes, tandis qu'elle était calme et résignée. Elle avait à ses genoux, aux pieds de son lit, son fils et le docteur Conneau, attaché depuis longtemps à sa personne et dont les tendres soins ont prolongé sa vie et adouci ses souffrances. Un grand silence régnait dans cette chambre où la mort allait passer. La reine se tourna lentement vers son fils et vers le docteur, puis d'une voix éteinte, elle leur dit : « Mes amis, priez pour moi. Je n'ai jamais fait de mal à personne, et j'espère que Dieu aura pitié de moi. Adieu ! Louis ! » Son fils se jeta dans ses bras ; elle le serra sur son cœur avec une force surnaturelle et s'écria encore une fois avec véhémence: Adieu! adieu! — Retombant alors épuisée, sa noble figure reprit une sérénité angélique et ses paupières se fermèrent.

Son fils se pencha vers elle et d'une voix qu'il essayait en vain de rendre calme, il lui dit : « Ma mère, me reconnaissez-vous ?... C'est votre fils... votre Louis! ma mère !» Elle fit un effort prodigieux pour parler et pour ouvrir les yeux ; mais ses lèvres déjà froides et ses paupières paralysées ne purent répondre à ce cri déchirant que par un mouvement imperceptible. Sa tendresse maternelle, si vraie, si profonde, avait apporté à son âme déjà à moitié exhalée la voix de son fils. Un faible frémissement de la main qu'il tenait le lui apprit, et presque au même instant le dernier soupir de sa mère retentit dans son cœur.

Les sanglots éclatèrent alors! Le prince Napoléon-Louis resta seul dans une grande immobilité, à genoux devant sa mère, la tête appuyée sur sa main.

Avant de rendre son âme à Dieu, elle avait fait promettre au docteur Conneau de ne plus quitter son fils. On verra plus loin avec quel religieux souvenir cet homme de bien a tenu sa promesse.

Les cendres de la reine Hortense étaient à peine refroidies, que dans les premiers jours d'avril 1838 le gouvernement français tenta d'éloigner le prince du territoire helvétique.

Cette démarche resta sans résultat, mais à l'occasion d'une brochure publiée par M. Armand Laity sur le procès de Strasbourg, M. le duc de Montebello fut chargé de la triste mission d'enjoindre aux autorités fédérales de la Suisse d'expulser sur-le-champ le prince Napoléon-Louis de ce pays.

« Vous déclarerez au Vorort, écrivait à M. de Montebello le comte Molé, ministre des affaires étrangères, que si, contre toute attente, la Suisse prenant fait et cause pour celui qui compromet si gravement son repos, refusait l'expulsion de Louis-Bonaparte, vous avez ordre de demander vos passeports. »

La Diète helvétique se réunit le 3 septembre 1838 pour discuter cette grave question, et elle ajourna sa délibération au 1er octobre. Le prince écrivit alors aux membres du grand Conseil de Thurgovie la lettre que voici :

« Messieurs les membres du grand Conseil,

« Si je viens dans cette circonstance vous faire une communication, c'est pour rectifier à vos yeux certains faits et pour vous donner une preuve de ma confiance et de mon estime. Je suis revenu d'Amérique en Suisse, il y a un an, avec la ferme intention de rester étranger à toute espèce d'intrigues ; ma résolution n'a pas changé ; mais aussi je n'ai jamais pensé à acheter mon repos aux dépens de mon honneur. On m'avait indignement calomnié, on avait dénaturé les faits ; j'ai permis à un ami de me défendre. Voilà la seule démarche politique qui, à ma connaissance, ait eu lieu depuis mon retour. Mais le ministère français, pour arriver au but où il tend, continue toujours ses fausses allégations. Il prétend que la maison où ma mère vient de mourir et où je suis presque seul est un centre d'intrigues : qu'il le prouve s'il le peut. Quant à moi, je démens cette accusation de la manière la plus formelle, car ma ferme volonté est de rester tranquille en Thurgovie et d'éviter tout ce qui pourrait nuire aux relations amicales de la France et de la Suisse. Mais, Messieurs, pour avoir une nouvelle preuve de la fausseté des accusations portées contre moi, lisez les récents articles des journaux ministériels, vous y verrez que non content de me poursuivre jusque dans ma retraite, on tâche de me rendre ridicule aux yeux de tout le monde en débitant d'absurdes mensonges. Messieurs les membres du grand Conseil, c'est à vous que je m'adresse, à vous avec qui jusqu'à présent j'ai vécu en frère et en ami, c'est à vous de dire aux autres cantons la vérité sur mon compte. L'invasion étrangère qui, en 1815, renversa l'empereur Napoléon, amena l'exil de tous les membres de sa famille. Depuis 1816, je n'avais donc légalement plus de patrie, lorsqu'en 1832 vous me donnâtes le droit de bourgeoisie du canton ; c'est le seul droit que je possède. Le gouvernement français qui maintient la loi, qui me considère comme mort civilement, n'a pas besoin de s'adresser à la Suisse pour savoir qu'il n'y a qu'en Thurgovie que j'ai des droits de citoyen. Quand il s'agit de me persécuter, le gouvernement me reconnaît comme Français. A Strasbourg il faisait dire par le procureur général qu'il me regardait comme étranger. Messieurs, j'ose le dire, j'ai montré par ma conduite depuis cinq ans que j'avais su apprécier le don que vous m'avez fait ; et si maintenant, à mon grand regret, je devenais une cause d'embarras pour la Suisse, ce n'est pas à moi qu'on devrait s'en prendre, mais à ceux qui, se fondant sur de fausses assertions, s'appuient sur des prétentions contraires à la justice et au droit des gens. »

Le grand Conseil accueillit cette protestation et repoussa avec énergie la demande d'expulsion faite par le gouvernement de Louis-Philippe.

En présence de ce refus, un corps d'armée fut organisé en France sur la frontière. Le 3e léger, le 4e et le 41e de ligne reçurent l'ordre de former leurs bataillons de guerre et de se tenir prêts à partir.

De leur côté, les cantons frontières de la Suisse coururent aux armes, et 20,000 hommes ne tardèrent pas à se réunir pour s'opposer à une invasion française.

Mais le prince ne voulut pas que son nom et sa personne devinssent une cause de trouble pour le sol hospitalier qui lui avait donné asile. Il se décida donc à quitter la Suisse et fit connaître, dans les termes suivants, sa détermination à M. le landaman Anderwert, président du petit Conseil du canton de Thurgovie.

« Monsieur le landaman,

« Lorsque la note du duc de Montebello fut adressée à la Diète, je ne voulus pas me soumettre aux exigences du gouvernement français, car il m'importait de prouver par mon refus de m'éloigner que j'étais revenu en Suisse sans manquer à aucun engagement, que j'avais le droit d'y résider et que j'y trouverais aide et protection. La Suisse a montré depuis un mois, par ses protestations énergiques et maintenant par les décisions des grands Conseils qui se sont assemblés jusqu'ici, qu'elle était prête à faire les plus grands sacrifices pour maintenir sa dignité et son droit. Elle a su faire son devoir comme nation indépendante ; je saurai faire le mien et rester fidèle à la voix de l'honneur. On peut me persécuter, mais jamais m'avilir. Le gouvernement français ayant déclaré que le refus d'obtempérer à sa demande serait le signal d'une conflagration dont la Suisse pourrait être la victime, il ne me reste plus qu'à quitter un pays où ma présence est le sujet de si injustes prétentions, où elle serait le prétexte de si grands malheurs ! Je vous prie donc, Monsieur le landaman, d'annoncer au directoire fédéral que je partirai dès qu'il aura obtenu des ambassadeurs des diverses puissances les passeports qui me sont nécessaires pour me rendre dans un lieu où je trouve un asile assuré. En quittant aujourd'hui volontairement le seul pays où j'avais trouvé en Europe appui et protection, en m'éloignant des lieux qui m'étaient devenus chers à tant de titres, j'espère prouver au peuple suisse que j'étais digne des marques d'estime et d'affection qu'il m'a prodiguées. Je n'oublierai jamais la noble conduite des cantons qui se sont prononcés si courageusement en ma faveur, et surtout le souvenir de la généreuse protection que m'a accordée le canton de Thurgovie restera profondément gravé dans mon cœur.

« J'espère que cette séparation ne sera pas éternelle et qu'un jour viendra où je pourrai, sans compromettre les relations de deux nations qui doivent rester amies, retrouver l'asile où vingt ans de séjour et des droits acquis m'avaient créé une seconde patrie. Soyez, Monsieur le landaman, l'interprète de mes sentiments de reconnaissance envers les Conseils, et croyez que la pensée d'épargner des troubles à la Suisse peut seule adoucir les regrets que j'éprouve à la quitter. »

Le lendemain le prince partit pour l'Angleterre en se dirigeant vers sa destination par Francfort, Dusseldorff et Rotterdam.

A Londres, le peuple l'accueillit avec sympathie, et l'aristocratie l'entoura des plus hautes prévenances. Il se logea d'abord à l'hôtel Fenton, près Saint-James, qu'il quitta bientôt pour aller occuper un autre appartement dans Carlston Terrace.

Parlant de la manière de vivre du prince Napoléon-Louis, dans cette résidence, l'auteur des *Lettres de Londres* s'exprime ainsi :

« Le prince est un homme de travail et d'activité, sévère pour lui-même, indulgent pour les autres. Dès six heures du matin il est dans son cabinet où il travaille jusqu'à midi, heure de son déjeuner. Après ce repas, qui ne dure jamais plus de dix minutes, il lit les journaux et fait prendre des notes sur ce qu'il y a de plus important dans les nouvelles et la politique du jour. A deux heures il reçoit des visites ; à quatre heures il sort pour ses affaires particulières : il monte à cheval à cinq heures et dîne à sept heures ; puis ordinairement, il trouve encore le temps de travailler plusieurs heures dans la soirée.

« Quant à ses goûts et à ses habitudes, ils sont ceux d'un homme qui n'apprécie la vie que par son côté sérieux ; il ne connaît pas le luxe pour lui-même. Dès le matin, il s'habille pour toute la journée ; de toute sa maison il est le plus simplement mis, quoiqu'il ait toujours dans sa tenue une certaine élégance militaire. Dès sa plus tendre jeunesse il méprisait les usages d'une vie efféminée et dédaignait les futilités du luxe. Quoique alors une somme considérable fût déjà consacrée par sa mère à son entretien, c'était toujours la dernière chose à laquelle il pensait. Tout cet argent passait à des actes de bienfaisance, à fonder des écoles ou des salles d'asile, à étendre le cercle de ses études, à imprimer ses ouvrages politiques ou militaires comme son *Manuel d'Artillerie*, ou bien à des expériences scientifiques. Sa manière de vivre a toujours été rude et frugale. A Arenemberg elle était toute militaire. Son appartement, situé, non dans le château mais dans un pavillon à côté, n'offrait rien de cette recherche qu'on remarquait dans la demeure de la reine Hortense. C'était vraiment la tente d'un soldat. On n'y voyait ni tapis, ni fauteuils, ni rien de ce qui peut énerver le corps, mais des livres de sciences et des armes de toute espèce. Dès la pointe du jour il était à cheval, et avant que personne fût levé au château, il avait déjà fait plusieurs lieues quand il se mettait au travail dans son cabinet. Habitué aux exercices militaires, cavalier des plus adroits que l'on pût voir, il ne passait pas de jour sans se livrer à quelques-uns de ces exercices comme celui du sabre et de la lance à cheval, et le maniement des armes de l'infanterie qu'il exécutait avec une adresse et une rapidité extraordinaires. »

Dans la vie de travail et de retraite qu'il s'était faite à Londres, le prince avait résolu de se tenir patient et calme au milieu de toutes les calomnies dont ses ennemis ne cessaient de le poursuivre. Mais il s'en produisit une qu'il ne pouvait laisser passer sous silence. Lors de l'émeute qui conduisit Barbès devant la Cour des pairs, on avait insinué que le prince n'était pas complétement étranger à cet événement. A peine Napoléon-Louis eut-il connaissance de cette accusation, qu'il écrivit au *Times* ces quelques lignes :

« Je vois avec peine, par votre correspondance de Paris, que l'on veut jeter sur moi la responsabilité de la dernière insurrection. Je compte sur votre obligeance pour réfuter cette insinuation de la manière la plus formelle. La nouvelle des scènes sanglantes qui ont eu lieu m'a autant surpris qu'affligé. Si j'étais l'âme d'un complot, j'en serais aussi le chef au jour du danger, et je ne le nierais pas après une défaite. »

Ce langage si fier se retrouve tout entier dans la

protestation du prince au sujet de la remise des armes de l'Empereur faite par le général Bertrand au roi Louis-Philippe.

Le 12 mai 1840, le ministre de l'intérieur avait présenté à la Chambre des députés un projet de loi tendant à obtenir un crédit spécial d'un million pour la translation des restes mortels de l'empereur Napoléon à l'église des Invalides et pour la construction de son tombeau.

C'est alors que le roi Joseph (comte de Survilliers) avait chargé, au nom de la famille Bonaparte, le général Bertrand de remettre les armes de l'Empereur au maréchal Moncey, gouverneur des Invalides.

Cependant, cédant à des considérations que le général Bertrand crut louables, il remit ces armes entre les mains de Louis-Philippe. Aussitôt le roi Joseph protesta, et le 9 juin 1840, Napoléon-Louis se joignit à son oncle en envoyant au *Times* la lettre qui suit :

« Je m'associe du fond de mon âme à la protestation de mon oncle Joseph. Le général Bertrand, en remettant les armes du chef de ma famille au roi Louis-Philippe, a été la victime d'une déplorable illusion. L'épée d'Austerlitz ne doit pas être dans des mains ennemies; il faut qu'elle puisse être encore brandie au jour du danger pour la gloire de la France. Qu'on nous prive de notre patrie, qu'on retienne nos biens, qu'on ne se montre généreux qu'envers les morts, nous savons souffrir sans nous plaindre, tant que notre honneur n'est pas attaqué; mais priver les héritiers de l'Empereur du seul héritage que le sort leur ait laissé; mais donner à un heureux de Waterloo les armes du vaincu, c'est trahir les devoirs les plus sacrés ; c'est forcer les opprimés d'aller dire un jour aux oppresseurs : « Rendez-nous ce que vous avez usurpé ! »

IV

Cette dernière parole explique le débarquement du prince à Boulogne. L'histoire impartiale dira un jour les causes qui déterminèrent cette tentative et qui, au lieu du succès attendu, amenèrent un échec comme à Strasbourg.

Transféré de Boulogne au château de Ham, le prince fut ensuite écroué à la Conciergerie, dans une chambre qui avait été occupée par Fieschi.

La traduction suivante de l'ode de Schiller, qu'il écrivit dès les premiers jours de sa détention, révèle la nature des sentiments qui l'animaient au milieu de sa mauvaise fortune.

L'IDÉAL DE SCHILLER,

Traduit par le prince Napoléon-Louis, à la Conciergerie, le 15 août 1840 :

« O temps heureux de ma jeunesse, veux-tu donc me quitter sans retour ? Veux-tu t'enfuir sans pitié avec tes joies et tes douleurs, avec tes sublimes illusions? Rien ne peut-il donc t'arrêter dans ta fuite? Tes flots vont-ils irrévocablement se perdre dans la nuit de l'éternité?

« Les astres brillants qui éclairaient mon entrée dans la vie ont perdu leur éclat; l'idéal qui gonflait mon cœur ivre d'espérance s'est enfui. Elle est anéantie, cette douce croyance en des êtres créés par mon imagination; ces rêves, jadis si beaux, si divins, ils sont tombés en proie à la triste réalité!

« De même qu'un jour Pygmalion étreignait la pierre de ses ardents transports jusqu'à ce que le sentiment eût coulé brûlant dans la fibre glacée du marbre; de même j'enlaçais la nature de mes bras amoureux avec une ardeur juvénile, jusqu'à ce qu'elle eût commencé à respirer et à se réchauffer sur mon cœur de poëte.

« Et partageant mes brûlants transports, elle s'animait à ma voix, me rendait le baiser d'amour et comprenait les battements de mon cœur. La fleur, l'arbre, tout vivait par moi; le murmure du ruisseau chantait à mon oreille, même les objets inanimés paraissaient sensibles au retentissement de ma vie.

« Mon étroite poitrine se dilatait par un effort tout puissant dans un cercle immense, et je voulais entrer dans la vie en paroles et en actions, par des illusions comme par le bruit. Comme il était grand, ce monde, tant qu'il ne fut pas éclos à mes yeux; mais comme j'ai vu peu de choses s'épanouir, et ce peu comme il était petit et mesquin!

« Avec quelle audace il s'élançait dans la vie, transporté par une noble ardeur, le jeune homme que le délire de ses rêves rendait heureux et dont aucun souci n'avait encore arrêté la fougue! Le vol altier des projets l'emportait jusqu'au sommet du firmament; rien n'était trop élevé, rien n'était trop loin pour que, dans son ivresse, il ne crût pouvoir l'atteindre.

« Avec quelle facilité il y était transporté! Qu'y avait-il de trop difficile à son bonheur? Comme sur le chemin fleuri de la vie, il était joyeusement accompagné! L'amour avec son doux retour, la fortune avec son brillant diadème, la gloire avec sa couronne étincelante, la vérité avec l'éclat du soleil!

« Mais hélas! à peine au milieu de sa route, ses compagnons infidèles l'avaient déjà abandonné, et l'un après l'autre ils s'étaient enfuis précipitamment. Le bonheur aux pieds légers avait déjà disparu. La soif de la science n'était pas apaisée, et les sombres nuages du doute obscurcissaient l'image brillante de la vérité.

« J'ai vu la couronne sacrée de la gloire flétrie sur des fronts vulgaires! Hélas! le temps heureux de l'amour n'a eu qu'un trop court printemps, et ma route devint bientôt de plus en plus déserte. Le silence s'accrut, et c'est à peine si l'espoir jette encore une faible lueur sur mon obscur sentier. »

Le 28 septembre 1840, le prince comparut devant la Chambre des pairs. Il parla en ces termes :

« Pour la première fois de ma vie il m'est enfin permis d'élever la voix en France et de parler librement à des Français. Malgré les gardes qui m'entourent, malgré les accusations que je viens d'entendre, plein des souvenirs de ma première enfance, en me trouvant dans les murs du Sénat, au milieu de vous que je connais, Messieurs, je ne puis croire que j'aie ici besoin de me justifier, et que vous puissiez être mes juges. Une occasion m'est offerte d'expliquer à mes concitoyens ma conduite, mes intentions, mes projets, ce que je peux, ce que je veux. Sans orgueil comme sans faiblesse, si je rappelle les droits déposés par la nation dans les mains de ma famille, c'est uniquement pour expliquer les devoirs que ces droits nous ont imposés à tous. Depuis cinquante ans que le principe de la souveraineté du peuple a été consacré en France par la plus puissante révolution qui se soit faite dans le monde, jamais la volonté nationale n'a été proclamée aussi solennellement, n'a été constatée par des suffrages aussi nombreux et aussi libres que pour l'adoption des constitutions de l'Empire. La nation n'a jamais révoqué ce grand acte de sa souveraineté, et l'Empereur l'a dit : « Tout ce qui a été fait sans elle est illégitime. » Aussi gardez-vous de croire que, me laissant aller au mouvement d'une ambition personnelle, j'aie voulu tenter en France, malgré le pays, une restauration impériale. J'ai été formé par de plus hautes leçons, et j'ai vécu sous de plus nobles exemples. Je suis né d'un père qui descendit du trône sans regret le jour où il ne jugea plus possible de concilier avec les intérêts de la France les intérêts du peuple qu'il avait été appelé à gouverner. L'Empereur, mon oncle, aima mieux abdiquer l'Empire que d'accepter par des traités les frontières restreintes qui devaient exposer la France à subir les dédains et les menaces que l'étranger se permet aujourd'hui. Je n'ai pas respiré un jour dans l'oubli de tels enseignements. La proscription imméritée et cruelle qui, depuis vingt-cinq ans, a traîné ma vie des marches du trône sur lequel je suis né, jusqu'à la prison d'où je sors en ce moment, a été impuissante à irriter comme à fatiguer mon cœur. Elle n'a pu me rendre étranger un seul jour à la gloire, aux droits, aux intérêts de la France. Ma conduite, mes convictions s'expliquent. Lorsqu'en 1830, le peuple a reconquis sa souveraineté, j'avais cru que le lendemain de la conquête serait loyal comme la conquête elle-même, et que les destinées de la France étaient à jamais fixées ; mais le pays a fait la triste expérience des dix dernières années ; j'ai pensé que le vote des quatre millions de citoyens qui avait élevé ma famille nous imposait au moins le devoir de faire appel à la nation et d'interroger sa volonté. J'ai cru même que, si au sein du congrès national que je voulais convoquer, quelques prétentions pouvaient se faire entendre, j'aurais le droit d'y réveiller les souvenirs éclatants de l'Empire, d'y parler du frère aîné de l'Empereur, de cet homme vertueux qui, avant moi, en est le digne héritier, et de placer en face de la France aujourd'hui affaiblie, passée sous silence dans le congrès des rois, la France d'alors si forte au dedans, au dehors si puissante et si respectée. La nation eût répondu république ou monarchie, empire ou royauté. De sa libre décision dépend la fin de nos maux, le terme de nos dissensions. Quant à mon entreprise, je le répète, je n'ai point eu de complices. Seul, j'ai tout résolu, personne n'a connu à l'avance ni mes projets, ni mes ressources, ni mes espérances. Si je suis coupable envers quelqu'un, c'est envers mes amis seuls. Toutefois, qu'ils ne m'accusent pas d'avoir abusé légèrement de courages et de dévouements comme les leurs. Ils comprendront les motifs d'honneur et de prudence qui ne me permettent pas de révéler à eux-mêmes combien étaient étendues et puissantes mes raisons d'espérer un succès.

« Un dernier mot, Messieurs ; je représente devant vous un principe, une cause, une défaite. Le principe, c'est la souveraineté du peuple ; la cause, celle de l'Empire ; la défaite, Waterloo. Le principe, vous l'avez reconnu ; la cause, vous l'avez servie ; la défaite, vous voulez la venger. Non, il n'y a pas de désaccord entre vous et moi, et je ne veux pas croire que je puisse être dévoué à porter la peine des défections d'autrui. Représentant d'une cause politique, je ne puis accepter comme juge de mes volontés et de mes actes une juridiction politique. Vos formes n'abusent personne. Dans la lutte qui s'ouvre, il n'y a qu'un vainqueur et qu'un vaincu. Si vous êtes les hommes d'un vainqueur, je n'ai pas de justice à attendre de vous, et je ne veux pas de générosité. »

L'extrait suivant de la plaidoirie de Me Berryer complète l'explication de la tentative de Boulogne :

« Qu'est-il arrivé ? à peine le ministère du 1er mars a-t-il senti l'état politique de l'Europe, que le prince a vu se préparer et s'ourdir contre la France des plans injurieux pour sa dignité, menaçants peut-être pour ses intérêts ; qu'il a vu se préparer quelque chose comme la réunion de presque tous les États de l'Europe contre la France isolée et rejetée des congrès et des transactions des rois. Il s'est alarmé d'une pareille situation, il a senti qu'il fallait faire sortir cette France dévouée à l'égoïsme et à l'individualisme, qu'il fallait la faire sortir de son joug matériel qui éloignait toute pensée de sacrifice; qu'il fallait réveiller d'autres sentiments dans cette fière et glorieuse patrie, et ne pouvant espérer le faire au nom du gouvernement actuel, il a voulu réveiller des souvenirs, il est allé invoquer la mémoire de celui qui avait promené la grande épée de la France depuis l'extrémité du Portugal jusqu'à l'extrémité de la Baltique. Il a voulu qu'elle fût montrée à la France, cette grande épée qui avait presque courbé les Pyramides, et qui avait presque entièrement séparé l'Angleterre du continent européen. Toutes les sympathies impériales, tous les sentiments bonapartistes ont été profondément remués pour réveiller en France cet esprit guerrier...... la tombe du héros! On est allé remuer ses cendres pour les transporter dans Paris, et déposer glorieusement ses armes sur un cercueil. »

Plus loin il ajoute :

« Ce besoin de ranimer dans les cœurs en France les souvenirs de l'Empire, les sympathies napoléoniennes, a été si grand que sous le règne d'un prince qui, dans d'autres temps, avait demandé à porter les armes contre les armées impériales, et à combattre celui qu'il appelait l'usurpateur corse, le ministère a dit : « Il fut le légitime souverain de notre pays. » C'est alors que le jeune prince a vu se réaliser ce qui n'était encore que dans les pressentiments des hommes qui gouvernent. Il s'est trouvé au milieu des hommes qui ourdissaient ce plan combiné contre la France, et vous ne voulez pas qu'avec un cœur dans lequel il y a du sang, il se soit dit : « Ce nom qu'on fait retentir, c'est à moi qu'il appartient; c'est à moi de le porter vivant sur ces frontières! Il réveillera en deçà la foi dans la victoire, au delà la terreur dans les défaites. Ces armes sont à moi, pouvez-vous les disputer à l'héritier du soldat? » Sans préméditation, sans calcul, sans combinaison, mais jeune et ardent, sentant son nom, il s'est dit : J'irai, je mènerai le deuil; je poserai les armes sur sa tombe, et je dirai à la France : Me voici...... voulez-vous de moi? »

M. Berryer n'avait point plaidé les circonstances atténuantes, et cependant elles furent admises. La Cour des pairs modifia la peine de la détention; rangée au nombre des peines afflictives et infamantes par le Code pénal, en lui donnant le caractère de l'emprisonnement, qui est une peine purement correctionnelle, et à la date du 6 octobre 1840, elle condamna le prince Napoléon-Louis à un emprisonnement perpétuel, dans une forteresse située sur le territoire continental du royaume.

La Cour des pairs condamna ensuite aux peines suivantes les compagnons du prince :

A la déportation, le lieutenant Aladenize ;

A vingt années de détention, MM. de Montholon, Parquin, Lombard, de Persigny ;

A quinze années de détention, M. de Mésonan ;

A dix années de détention, MM. Voisin, Forestier, Ornano ;

A cinq années de détention, MM. Bouffet-Montauban, Bataille, Orsi ;

A cinq années d'emprisonnement, M. le docteur Conneau, et à deux années d'emprisonnement, M. Laborde ;

Quatre accusés, MM. Desjardins, Galvani, d'Almberg et Bure furent acquittés.

Le même jour, l'arrêt fut communiqué au prince. La seule réponse qu'il fît en entendant la lecture de sa condamnation fut celle-ci : « Au moins j'aurai le bonheur de vivre désormais sur une terre française. »

A minuit il fut extrait de sa prison et conduit au château de Ham. Le général Montholon et le docteur Conneau avaient demandé et obtenu, d'après l'assentiment du prince, à faire leur temps de détention dans cette forteresse.

C'est là que devaient s'écouler pour le prince six longues années de captivité : mais du fond de sa prison, comme nous l'avons dit au début de ce chapitre, il étudiait, écrivait sans cesse, et ses publications, ses correspondances le faisaient apprécier de tous comme un penseur des plus élevés, comme un homme doué d'une âme forte, d'une résolution, d'une patience à toutes épreuves.

La longue captivité de Ham marqua le prince du sceau des élus. A toutes les illustrations de l'Empire, à tous les vieux soldats d'Arcole, des Pyramides, de Marengo, de la Moskowa, de Waterloo qui se rattachaient directement à sa cause, vint se joindre la jeunesse de nos écoles.

Mais le jour n'était pas éloigné où la prison et l'exil devaient cesser, aux acclamations du pays tout entier, pour le prince et pour les membres de la famille impériale.

Le roi Louis, malade à Florence, sentant chaque jour ses forces s'affaiblir, avait désiré revoir son fils. Il chargea, vers la fin du mois d'août 1845, M. Poggioli de trois lettres pour MM. Molé, Decazes et de Montalivet.

Ayant échoué dans ses démarches, M. Poggioli en informa le prince Napoléon-Louis, qui, pour remplir les pieuses volontés de son père, écrivit le 25 décembre 1845 à M. le comte Duchâtel, ministre de l'intérieur, la lettre suivante, datée du fort de Ham :

« Monsieur le ministre,

« Mon père, dont la santé et l'âge réclament les soins d'un fils, a demandé au gouvernement qu'il me soit permis de me rendre auprès de lui.

« Ses démarches sont restées sans résultat. Le gouvernement, m'écrit-on, exige de moi une garantie formelle.

« Dans cette circonstance, ma résolution ne saurait être douteuse. Je dois faire tout ce qui est compatible avec mon honneur pour pouvoir offrir à mon père les consolations qu'il mérite à tant de titres.

« Je viens donc, monsieur le ministre, vous déclarer que si

le gouvernement français consent à me permettre d'aller à Florence remplir un devoir sacré, je m'engage sur l'honneur à revenir me constituer prisonnier dès que le gouvernement m'en témoignera le désir.

« Recevez, etc. »

La demande du prince, ayant été soumise par M. Duchâtel au Conseil des ministres, ne fut pas accueillie ; le prince prit le parti alors d'écrire au roi lui-même, et il chargea le prince de la Moskowa de remettre sa lettre à Louis-Philippe.

Bien que le roi trouvât suffisante la garantie offerte par le prince, le Conseil des ministres prononça un nouveau refus.

M. Odilon Barrot intervint près de M. Duchâtel pour le faire revenir sur cette décision ; mais le Conseil des ministres persista dans son opinion. M. Barrot rédigea alors un modèle de lettre qui fut placé sous les yeux du prince par M. Poggioli. Après en avoir pris connaissance, Napoléon-Louis écrivit immédiatement à M. Odilon Barrot pour lui faire connaître pourquoi il ne croyait pas devoir signer la lettre préparée par ses soins.

« Si je signais cette lettre, disait-il à l'honorable député, je demanderais réellement grâce sans oser l'avouer, je me cacherais derrière la demande de mon père comme un poltron qui s'abrite derrière un arbre pour éviter le boulet. Je trouve cette conduite peu digne de moi. Si je croyais honorable et convenable d'invoquer purement et simplement la clémence royale, j'écrirais au roi : « Sire, je demande grâce. »

Il n'y avait plus rien à attendre du gouvernement pour le prince Napoléon-Louis, et il se fût résigné avec calme à subir, pendant longtemps encore, une captivité qui lui était devenue chère, puisqu'ainsi qu'il le disait, il était en France ; mais l'image de son père mourant se dressait sans cesse devant ses yeux :

elle l'appelait, elle lui commandait d'accourir. C'est alors qu'il accomplit, avec une admirable résolution, son projet d'évasion.

La lettre écrite par lui à M. Degeorge, rédacteur en chef du *Progrès du Pas-de-Calais*, dès qu'il eut pris pied sur la côte d'Angleterre, donne les détails qui vont suivre.

« Mon cher monsieur Degeorge,

« Le désir de voir mon père sur cette terre m'a fait recourir à l'entreprise la plus audacieuse que j'aie jamais tentée, et pour laquelle il m'a fallu plus de résolution et de courage qu'à Strasbourg et à Boulogne, car j'étais décidé à ne pas supporter le ridicule qui s'attache à ceux qu'on arrête sous un déguisement, et un échec n'eût plus été supportable. Mais enfin voici les détails de mon évasion :

« Vous savez que le fort était gardé par quatre cents hommes, lesquels fournissaient une garde journalière de soixante soldats qui étaient en sentinelle en dedans et en dehors du fort. De plus, la porte de la prison était gardée par trois geôliers dont deux étaient toujours en faction. Il fallait donc passer devant eux d'abord, puis traverser toute la cour intérieure devant les fenêtres du commandant. Arrivé là, il fallait passer le guichet, où se trouvaient un soldat de planton et un sergent, un portier-consigne, une sentinelle et enfin un poste de trente hommes.

« N'ayant voulu établir aucune intelligence, il fallait naturellement avoir recours à un déguisement. Or, comme on faisait réparer plusieurs chambres du bâtiment que j'habitais, il était facile de prendre un costume d'ouvrier. Mon bon et fidèle Charles Thélin se procura une blouse et des sabots ; je coupai mes moustaches, et je pris une planche sur mon épaule.

« Lundi matin, je vis les ouvriers entrer à six heures et demie. Lorsqu'ils furent à l'ouvrage, Charles leur porta à boire dans une chambre, afin de les éloigner de mon passage ; il devait aussi appeler un gardien en haut, tandis que le docteur Conneau causerait avec les autres. Cependant, à peine sorti de ma chambre, je fus accosté par un ouvrier qui me suivit, me prenant pour un de ses camarades ; au bas de l'escalier, je me trouvai nez à nez avec un gardien. Heureusement, je lui mis la planche que je portais devant la figure, et je parvins dans la cour, tenant toujours la planche devant les sentinelles et ceux que je rencontrais.

« En passant devant la première sentinelle, je laissai tomber ma pipe, mais je m'arrêtai pour en ramasser les morceaux. Alors, je rencontrai l'officier de garde ; il lisait une lettre et ne me remarqua pas. Les soldats du poste du guichet semblèrent étonnés de ma mise ; le tambour surtout se retourna plusieurs fois. Cependant, les plantons de garde ouvrirent la porte, et je me trouvai en dehors de la forteresse ; mais là, je rencontrai deux ouvriers qui venaient à ma rencontre et qui me regardaient avec attention. Je mis alors ma planche de leur côté ; ils paraissaient si curieux, que je pensais ne pas pouvoir leur échapper, lorsque je les entendis s'écrier : « Oh ! c'est Berthoud ! »

« Une fois dehors, je marchai avec promptitude vers la route de Saint-Quentin. Peu de temps après, Charles, qui, la veille, avait retenu une voiture pour lui, me rejoignit, et nous arrivâmes à Saint-Quentin.

« Je traversai la ville après avoir défait ma blouse.

« Charles s'étant procuré une voiture de poste sous le prétexte d'une course à Cambrai, nous arrivâmes sans encombre à Valenciennes, où je pris le chemin de fer. Je m'étais procuré un passe-port belge ; mais on ne me l'a demandé nulle part.

« Pendant ce temps, Conneau, toujours si dévoué, restait en prison et faisait croire que j'étais malade, afin de me donner le temps de gagner la frontière. J'espère qu'il n'aura pas été maltraité : ce serait pour moi une bien grande douleur, vous le comprenez.

« Mais, mon cher monsieur Degeorge, si j'ai éprouvé un vif sentiment de joie lorsque je me sentis hors de la forteresse, j'éprouvai une bien triste impression en passant la frontière : il fallait, pour me décider à quitter la France, la certitude que jamais le gouvernement ne me mettrait en liberté, si je ne consentais pas à me déshonorer ; il fallait enfin que j'y fusse poussé par le désir de tenter tous les moyens pour consoler mon père dans sa vieillesse.

« Adieu, mon cher monsieur Degeorge. Quoique libre, je me sens bien malheureux. Recevez l'assurance de ma vive amitié, et, si vous le pouvez, tâchez d'être utile à mon bon Conneau. »

Le 28 mai 1846, c'est-à-dire dès le lendemain de son arrivée en Angleterre, le prince écrivit à M. le comte de Sainte-Aulaire, notre ambassadeur à Londres, dans les termes suivants :

« Monsieur le comte,

« Je viens franchement déclarer ici à l'homme qui a été l'ami de ma mère, qu'en quittant ma prison je n'ai été guidé par aucune idée de renouveler contre le gouvernement français une lutte qui a été désastreuse pour moi ; mais seulement j'ai voulu me rendre auprès de mon vieux père.

« Avant d'en venir à cette extrémité, j'ai fait tous mes efforts pour obtenir du gouvernement français la permission d'aller à Florence. J'ai offert toutes les garanties compatibles avec mon honneur. Mais ayant vu mes demandes rejetées, je me suis déterminé à avoir recours au dernier expédient adopté par le duc de Nemours et le duc de Guise, sous Henri IV, en pareille circonstance.

« Je vous prie, monsieur le comte, d'informer le gouvernement français de mes intentions pacifiques, et j'espère que cette assurance spontanée de ma part continuera à abréger la captivité de mes amis qui sont encore en prison.

« J'ai l'honneur, etc. »

Le prince avait en même temps écrit à sir Robert Peel pour obtenir des passe-ports, afin de pouvoir se rendre auprès de son père ; mais les notes diplomatiques du gouvernement français firent si bien, que le prince se trouva de nouveau prisonnier à Londres, dans cette ville ouverte à tous les vaisseaux du monde.

Le 25 juillet 1846, le roi Louis-Napoléon mourait à Livourne, des suites d'une congestion cérébrale. Il était seul à ses derniers moments ; l'ancien roi de Westphalie, Jérôme, n'ayant pu arriver à temps pour recevoir son dernier adieu.

Comme roi et comme homme privé, Louis-Napoléon avait mis en pratique, pendant toute sa vie, cette devise du sage : *Fais ce que tu dois, advienne que pourra.*

En même temps que le gouvernement de Louis-Philippe enlevait à un père, à un roi, la consolation suprême de bénir son fils avant de rendre son âme à Dieu, il faisait instruire le procès du docteur Conneau devant le tribunal correctionnel de Péronne, les 9 et 10 juillet 1846, au milieu d'un grand concours d'assistants.

Le tribunal, s'associant à l'opinion publique, admit les circonstances atténuantes, et rendit un jugement des plus modérés.

Le commandant du fort de Ham, M. Demarle, et les deux gardiens accusés d'avoir, par négligence, facilité l'évasion du prince, furent acquittés;

Charles Thélin, le fidèle serviteur, le docteur Conneau, l'ami dévoué, furent condamnés : le premier à six mois, le second à trois mois d'emprisonnement.

« Je vous remercie, écrivit le docteur Conneau à un ami qui le félicitait de son acte de dévouement; cependant, je sens que je ne mérite pas les éloges qu'on me donne. Mon action est des plus naturelles. Tout autre à ma place en eût fait autant. Je n'ai eu que le bonheur d'être là et de remplir un devoir. Nous avons réussi, et tout le monde a applaudi à notre succès. »

Moins de deux ans après l'évasion du prince Napoléon-Louis, le gouvernement de juillet 1830 tombait, affaissé sous lui-même, non pas devant une nouvelle attaque du dehors, mais en présence de l'opinion publique.

La France, relevant sa tête humiliée, redemandait au passé ses jours de force et de grandeur.

Un premier nom : République, devait répondre à cette pensée ; un second nom devait la traduire dans toute sa plénitude ; ce nom, le plus grand des temps modernes, était celui de Napoléon !

CHAPITRE II.

L'ÉLYSÉE.

I

La nouvelle de la révolution de février 1848 arriva à Londres le 25 du même mois, à quatre heures du soir ; à sept heures, le prince Napoléon-Louis se mettait en route pour rentrer en France, et il aurait été à Paris le 26, si une tempête effroyable ne l'eût empêché, pendant trente-huit heures, de s'embarquer.

Aussitôt après son arrivée, il adressa la lettre suivante aux membres du gouvernement provisoire :

« Messieurs,

« Le peuple de Paris ayant détruit, par son héroïsme, les derniers vestiges de l'invasion étrangère, j'accours de l'exil pour me ranger sous le drapeau de la république qu'on vient de proclamer.

« Sans autre ambition que celle de servir mon pays, je viens annoncer mon arrivée aux membres du gouvernement provisoire et les assurer de mon dévouement à la cause qu'ils représentent, comme de ma sympathie pour leurs personnes. »

Cette noble démarche ayant excité les inquiétudes du nouveau pouvoir qui venait d'imposer à la France, sans son aveu, la république, le prince quittait Paris le lendemain même de son arrivée, et il écrivait dans ces termes au gouvernement provisoire :

« Messieurs,

« Après trente-trois années d'exil et de persécution, je crois avoir acquis le droit de retrouver un foyer sur le sol de la patrie.

« Vous pensez que ma présence à Paris est maintenant un sujet d'embarras. Je m'éloigne donc momentanément; vous verrez dans ce sacrifice la pureté de mes intentions et de mon patriotisme. »

Cependant le prince est élu représentant, et cette nouvelle lui parvient à Londres le 11 mai 1848. Le même jour, il écrit à M. Vieillard pour lui faire connaître qu'il décline cet honneur par ce motif que :

« Son nom, ses antécédents ont fait de lui, bon gré, mal gré, non un chef de parti, mais un homme sur lequel s'attachaient les regards de tous les mécontents...... »

Il ajoute :

« J'ai donc pris la ferme résolution de me tenir à l'écart et de résister à toutes les séductions que peut avoir pour moi le séjour de mon pays.

« Si la France avait besoin de moi, si mon rôle était tout tracé, si, enfin, je pouvais croire être utile à mon pays, je n'hésiterais pas à passer sur toutes ces considérations secondaires pour remplir un devoir; mais dans les circonstances actuelles je ne puis être bon à rien, je ne serais tout au plus qu'un embarras. »

En présence de cette abstention, trois colléges électoraux envoyèrent à l'Assemblée nationale trois autres membres de la famille impériale, Napoléon Bonaparte, fils du roi Jérôme, Pierre Bonaparte, fils de Lucien, et Lucien Murat.

Délivré des appréhensions que lui avait inspirées le nom de Napoléon-Louis, qui se trouvait déjà sur toutes les lèvres, dans tous les cœurs, que faisait le gouvernement provisoire? il suivait fatalement la voie qui devait le conduire aux émeutes de mai et aux sanglantes journées de juin.

« En attendant ces deux journées, qui furent les tragédies de la révolution de février — disent MM. Gallix et Guy dans leur *Histoire de Napoléon III* — voyons la triste comédie que donnaient à la France les vainqueurs de la monarchie depuis le jour de leur victoire.

« Nous savons parfaitement que le parti républicain compte dans ses rangs des personnes très-honorables, et que celles-là ont été affligées et scandalisées autant que nous de l'ignoble spectacle dont elles ont été témoins. Nous n'avons pas besoin de dire que ce n'est pas d'elles que nous voulons parler ici. Nous voulons parler des habiles, des roués du parti. Ceux-là, il faut le reconnaître, ont bien vengé de leurs propres injures le gouvernement qu'ils venaient de renverser.

« Ils n'avaient pas eu assez de mépris pour les corruptions dynastiques, et cependant, dès le 24 février, jetant le masque qui les couvrait, ces austères censeurs qui flagellaient si bien le vice, trouvèrent le secret de dépasser ce qu'ils avaient flétri. Des bureaux du *National* et de la *Réforme* s'élancèrent deux coteries pour se partager les dépouilles de la royauté de Juillet. Pour contenter tous ces appétits irrités, on multipliait les missions dans les départements à raison de soixante francs par jour; on chassait des administrations d'honnêtes employés pour faire place aux favoris; on créait sinécure sur sinécure. Afin de colorer ce cynique égoïsme, on classa les républicains par catégories. « Ceux de la *veille* et ceux de l'*avant-veille* étaient seuls aptes aux fonctions, toujours, bien entendu, dans l'intérêt public; on ne reconnaissait aucun titre à ceux du *lendemain;* on comptait les années de républicanisme comme les seigneurs féodaux comptaient leurs quartiers de noblesse.

« Les mieux servis dans ce riche festin étaient les condamnés politiques; le mépris pour l'autorité, les lois, c'étaient la vertu, le vrai patriotisme. Le meilleur des certificats de civisme, c'était un arrêt de cour d'assises. A quoi pouvait donc servir un paisible citoyen qui, sans aimer le gouvernement de juillet, n'avait pas cru, néanmoins, devoir devancer par la violence l'arrêt de l'opinion publique? à rien. Mais un de ces hommes qui avaient combattu, soit les armes à la main, soit dans les rangs de la presse, contre la royauté, oh! celui-là, il était sûr de voir s'ouvrir devant ses pas toutes les portes des ministères, et le martyr était bientôt payé de ses souffrances!

« Ainsi voyait-on bien des gens maudire naïvement leur étoile qui n'avait pas fait d'eux des républicains de la veille ou des condamnés politiques, et plus d'un intrigant désespéré de n'avoir pas eu le bonheur de souffrir pour la cause qui triomphait, se para fièrement de ces titres sans y avoir le moindre droit.

« N'oublions pas une autre qualité fort convoitée à cette époque: la qualité de prolétaire, d'ouvrier. Que de gens n'avons-nous pas vus couvrir d'une blouse grossière leur habit de drap fin et dire: « je suis un prolétaire! » pour se faire nommer représentants!

« Pendant que ces choses se passaient dans les régions inférieures, un membre du gouvernement, celui qui poussait le plus loin les idées démocratiques, le plus spartiate de tous, promenait sa vertu de théâtre en théâtre dans les voitures du roi Louis-Philippe.

« Un autre trônait fastueusement à l'Hôtel-de-Ville et y menait joyeuse vie.

« En vérité, tout cela est risible, comique assurément ; et cependant, quand on y pense bien, on se sent gagner plus encore par le dégoût et la tristesse que par le rire, tant ces hontes et ces misères nous montrent sous son vilain côté cette pauvre nature humaine.

...... « Détournons maintenant nos regards de ce tableau et arrivons à l'Assemblée constituante.

« Les élections fixées au 23 avril avaient produit une assemblée qui ne satisfit tout à fait ni les royalistes ni les républicains.

...... « Pendant les deux mois qui venaient de s'écouler, les tendances des deux hommes prépondérants du gouvernement provisoire s'étaient prononcés tous les jours d'une façon plus nette. M. Ledru-Rollin avait envoyé aux départements des commissaires qui n'avaient réussi qu'à s'aliéner l'opinion et à armer et exciter les classes de la société les unes contre les autres, prolétaires contre propriétaires, ouvriers contre patrons. Il avait adressé à ses proconsuls des instructions dans lesquelles il leur recommandait de ne laisser envoyer à l'assemblée que des républicains de vieille date, et enfin il avait écrit ou inspiré ce fameux seizième bulletin de la république où appel était fait à la violence si les départements ne faisaient pas triompher dans les élections la vérité sociale.

« M. de Lamartine, au contraire, avait conquis une sorte de popularité par deux faits qui l'honorent : d'abord, en défendant le drapeau tricolore contre le drapeau rouge ; ensuite, en protestant énergiquement en faveur de la liberté de conscience et de vote dans les élections.

« Aussi l'assemblée appelée à former un nouveau gouvernement et voulant, à la fois, y mettre plus d'unité et de modération, songea-t-elle à nommer M. de Lamartine chef du pouvoir exécutif.

« Tout le monde fut étonné de le voir décliner cet honneur.

« M. de Lamartine n'osa pas accepter le fardeau, et il déclara qu'on ne le séparerait pas de son collègue ; qu'il resterait aux affaires ou qu'il les quitterait avec M. Ledru-Rollin.

« L'assemblée fut forcée de subir la volonté de M. de Lamartine, et le gouvernement provisoire fit place à la commission exécutive. Au lieu de onze dictateurs, on n'en eut plus que cinq.

« C'étaient encore quatre de trop. »

Pendant que les partis extrêmes faisaient attaquer sans relâche, à la tribune de l'assemblée, le nom glorieux de Bonaparte, la nation protestait contre ces agressions par les élections du 6 juin. Quatre départements envoyaient à l'Assemblée constituante le prince Louis-Napoléon. Dans toutes les élections qui se succédaient à cette époque, c'est sous ce nom que le prince fut élu, pour le distinguer des autres membres de la famille impériale. C'est ainsi, du reste, qu'il signa toutes ses lettres et tous ses actes, dès qu'il fut définitivement rentré en France.

Cette quadruple élection de l'héritier du nom de l'Empereur avait produit la plus vive sensation. La commission exécutive fit alors proposer dans les bureaux de l'assemblée de l'annuler en maintenant la loi qui exilait du territoire français la famille Bonaparte; mais l'Assemblée nationale repoussa ce projet de décret, et admit dans son sein Louis-Napoléon.

Les fauteurs de troubles, les mécontents de toute espèce, cherchèrent à exploiter l'émotion générale qu'avaient amenée les orageux débats de la tribune. Louis-Napoléon fut informé de cette situation, et il écrivit de Londres, le 14 juin 1848, la lettre suivante au président de l'assemblée :

« Je partais pour me rendre à mon poste quand j'apprends que mon élection sert de prétexte à des troubles déplorables et à des erreurs. Je n'ai pas cherché l'honneur d'être représentant du peuple, parce que je savais les soupçons injurieux dont j'étais l'objet. Je rechercherais encore moins le pouvoir. Si le peuple m'imposait des devoirs, je saurais les remplir.

« Mais je désavoue tous ceux qui me prêtent des intentions ambitieuses que je n'ai pas. Mon nom est un symbole d'ordre, de nationalité, de gloire, et ce serait avec une vive douleur que je le verrais servir à augmenter les troubles et les déchirements de la patrie. Pour éviter un tel malheur, je resterais plutôt en exil.

« Je suis prêt à tous les sacrifices pour le bonheur de la France.

« Ayez la bonté, monsieur le président, de donner communication de ma lettre à l'assemblée. Je vous envoie une copie de mes remercîments aux électeurs. »

Cette lettre si digne, si mesurée, fit éclater une véritable tempête au sein de la représentation nationale.

En face d'un pouvoir divisé et d'agitations qui allaient se servir de son nom pour faire éclater des désordres, le prince crut devoir, une seconde fois, donner l'exemple de la plus noble abnégation, du plus sincère patriotisme.

« J'étais fier d'avoir été élu représentant à Paris et dans trois autres départements, écrivit-il au président de l'Assemblée nationale ; c'était, à mes yeux, une ample réparation pour trente années d'exil et six ans de captivité; mais les soupçons injurieux qu'a fait naître mon élection, mais les troubles dont elle a été le prétexte, mais l'hostilité du pouvoir exécutif m'imposent le devoir de refuser un honneur qu'on croit avoir été obtenu par l'intrigue.

« Je désire l'ordre et le maintien d'une république sage, grande, intelligente ; et puisque involontairement je favorise le désordre, je dépose, non sans de vifs regrets, ma démission entre vos mains.

« Bientôt, je l'espère, le calme renaîtra et me permettra de rentrer en France, comme le plus simple des citoyens et aussi comme un des plus dévoués au repos et à la prospérité du pays. »

Cette lettre était datée de Londres, le 15 juin, et moins de dix jours après, l'anarchie qui durait depuis quatre mois, aboutissait à la lutte terrible des 24, 25 et 26 juin.

De ces sanglantes barricades sortit la dictature du général Cavaignac. Des élections nouvelles se préparèrent, et, cette fois encore, le nom de Louis-Napoléon fut prononcé d'un bout de la France à l'autre !

II

Le général Piat, héroïque soldat de la République et de l'Empire, qui avait joué sa tête pour la cause du peuple lorsque le gouvernement de Louis-Philippe était encore debout, s'était adressé au prince pour lui demander s'il acceptait cette nouvelle candidature.

« Général, lui avait répondu Louis-Napoléon, vous me demandez si j'accepterais le mandat de représentant du peuple dans le cas où je serais réélu ; je vous réponds *oui* sans hésiter.

« Aujourd'hui qu'il a été démontré sans réplique que mon élection dans quatre départements n'a pas été le résultat d'une intrigue et que je suis resté étranger à toute manifestation, à toute manœuvre politique, je croirais manquer à mon devoir si je ne répondais pas à l'appel de mes concitoyens.

« Mon nom ne peut plus être un prétexte de désordres. Il me tarde donc de rentrer en France et de m'asseoir au milieu des représentants du peuple. »

Cinq départements, celui de la Seine en tête, nommèrent pour la troisième fois Louis-Napoléon.

Son admission fut de nouveau prononcée par l'assemblée, qui vota à l'unanimité, quelques jours après, le décret suivant :

« L'article 6 de la loi du 8 avril 1832 relative, au bannisse-
« ment de la famille Bonaparte, est abrogé. »

Néanmoins, les attaques contre le prince n'allaient pas tarder à se renouveler avec la plus grande violence, à propos de la discussion sur le mode de nomination du président de la république.

A ces injures, le prince répondit par un discours qu'il prononça le 26 octobre à l'assemblée, et dont nous extrayons ce passage remarquable :

« De quoi m'accuse-t-on ? d'accepter des sentiments populaires une candidature que je n'ai pas réclamée !

« Eh bien oui ! je l'accepte cette candidature qui m'honore. Je l'accepte parce que trois élections successives et le décret unanime de l'Assemblée nationale contre la proscription de ma famille m'autorisent à croire que la France regarde le nom que je porte comme pouvant servir à la consolidation de la société ébranlée jusque dans ses fondements, à l'affermissement et à la prospérité de la république.

« Que ceux qui m'accusent d'ambition connaissent peu mon cœur ! Si un devoir impérieux ne me retenait pas ici, si la sympathie de mes concitoyens ne me consolait pas de l'animosité de quelques attaques et de l'impétuosité extrême de quelques défenses, il y a longtemps que j'aurais regretté l'exil.

« On me reproche mon silence ! Il n'est donné qu'à peu de personnes d'apporter ici une parole éloquente au service d'idées justes et saines. N'y a-t-il donc qu'un seul moyen de servir son pays? Ce qu'il lui faut surtout, ce sont des actes ; ce qu'il lui faut, c'est un gouvernement ferme, intelligent et sage qui pense plus à guérir les maux de la société qu'à les venger; un gouvernement qui se mette franchement à la tête des idées vraies pour repousser ainsi, mille fois mieux que par les baïonnettes, les théories qui ne sont pas fondées sur l'expérience et la raison. »

La France entière s'associa à ces sages paroles. Il y a de nobles persévérances, il y a des mérites que la calomnie ne peut ni entamer ni ébranler. Le prince était, du reste, apprécié de tous ceux qui étaient admis dans son intimité, et pour la justesse de sa conversation et pour la fermeté de sa parole. Laissons parler à cet égard un témoin oculaire, qui a retracé ses impressions de cette époque dans de familières causeries.

« Il y a de l'officier dans les manières du prince Louis-Napoléon, écrit-il ; l'œil bleu et noble de sa mère ; la bouche et la prononciation du prince Eugène, sa politesse affectueuse; la plus légère émotion ennoblit ses traits. La trace de l'exil est marquée dans ses premières paroles. Le prince est, au milieu des hommes et des difficultés, plus calme qu'au coin du feu. Son esprit sait concilier. Il a longtemps scruté les affaires de l'Europe et notre relation avec ses affaires.

..... « J'ai été admis chez le prince à l'*hôtel du Rhin, place Vendôme;* je lui ai retrouvé ce que je lui avais vu de pénétrant et d'aimable dans sa petite tour de Ham. Il avait bien voulu m'inviter à l'une de ses réceptions. C'était en novembre 1848 ; le temps était calme et froid. En traversant la place Vendôme, on voyait au pied d'une des façades de l'hôtel du Rhin une vingtaine de voitures qui stationnaient aux portes.

Tout était éclairé depuis le bas de l'escalier; les marches, jusqu'au premier, habité par le prince, étaient couvertes de tapis. La réunion était déjà avancée et elle se tenait dans trois ou quatre petits salons; il n'y avait que des hommes; ils étaient de tous les âges. Dès que les visiteurs étaient nommés, le prince se levait pour les recevoir avec cette cordialité qui est un des secrets de son ascendant modeste. Ce n'étaient, de divers côtés, que conversations conduites avec calme. Un silence respectueux dominait cette assistance; chacun était heureux d'aborder l'hôte éminent de l'hôtel du Rhin; le prince répondait à cet empressement en visitant tous les groupes. La lumière des cheminées et des bougies se répandait sur toutes ces figures qui rappelaient les bonnes relations, les soirées heureuses de Paris. »

Quel contraste entre ce salon si digne, si paisible, et la plupart des réunions politiques de cette époque, bruyantes, décousues, la plupart du temps plus qu'impolies! nous ne parlons pas des clubs, où l'ignorance et le ridicule le disputaient à l'odieux!

C'est en vain que malgré tous les moyens mis en œuvre : brochures calomnieuses, articles agressifs de journaux, caricatures stupides, les républicains de la veille cherchèrent à ruiner dans l'esprit du pays la candidature à la présidence du prince Louis-Napoléon; le pays tout entier, comme un fleuve majestueux qui roule vers la mer malgré tous les obstacles qu'il peut rencontrer sur son passage, le pays tout entier, disons-nous, allait bientôt, par l'élection du 10 décembre, donner un désaveu formel, éclatant, à la politique suivie depuis le 24 février.

L'extrait suivant d'une lettre écrite par M. Ferdinand Barrot, en réponse à certains articles de journaux, explique nettement cet état des esprits.

..... « Au lieu de chercher uniquement, dit-il, dans la séduction des souvenirs la raison de cet élan général vers Louis-Napoléon, il serait raisonnable de la chercher et on la trouverait dans la situation même des choses. Ce sont les fautes accumulées, ce sont les désastres et les menaces qui préoccupent l'opinion, ce sont les doutes que chaque jour accroît et dont s'assombrit l'avenir qui ont fait la fortune de la candidature de Louis-Napoléon Bonaparte.

..... « Il y a des temps où il ne suffit pas, pour gouverner, du dévouement à ses devoirs, du sens pratique des affaires, d'un coup-d'œil sûr en politique et d'une volonté persévérante; où il faut, avant tout, être désigné aux peuples par la foi qui surgit, la foi qui, en venant à vous, vous donne la force, rallie les esprits et vous assure l'avenir. Cette foi, d'où sort-elle? Elle sort presque toujours des pressentiments qui s'éveillent dans les cœurs, de ces courants invisibles, insaisissables dans lesquels un jour les idées et les sympathies se sentent entraînées. Ce sont les instincts de l'humanité qui la révèlent; elle ne se décide pas par la logique rigoureuse; elle éclate inopinément, elle naît d'un souvenir, elle s'attache à un nom.

« Un nom! dit-on, faire d'un nom un titre aux suffrages du pays! n'invoquer qu'un tel titre, quelle insolence! C'est trop de colère vraiment, et l'indignation manque de sens. Pourquoi méconnaître l'influence du nom? Et comment guérir l'esprit humain de cette faiblesse? Tant qu'un fils s'appellera du nom de son père, tant qu'un frère s'appellera du même nom que son frère, résignez-vous à voir se perpétuer l'héritage des sympathies et des répulsions. Le nom n'est pas une illusion, c'est une présomption de nature : le nom, ce sont les traditions de la famille, les exemples et les préceptes du foyer.

« C'est cette présomption qui fait de Louis-Napoléon Bonaparte un candidat sérieux à la présidence. Que signifie donc ce nom aux yeux de ceux qui s'y rallient? Que signifie-t-il pour la propriété? Que signifie-t-il pour le commerce et l'industrie? Que signifie-t-il pour la France?

« Il signifie un gouvernement national, une organisation féconde, une puissante administration.

« Il signifie les capacités appelées sans esprit d'exclusion, les talents glorifiés, les coteries impuissantes.

« Il signifie la société régulière, la propriété défendue, l'industrie et le commerce ravivés, encouragés et récompensés. C'est là le seul sens que puisse avoir aujourd'hui ce grand nom qui peut servir de symbole aux ères de paix et d'organisation aussi bien qu'aux ères de guerre et de conquête.

« Louis-Napoléon Bonaparte, vous écriez-vous, est le signe de la réaction contre la république. Vous affectez de redouter la force que l'élection lui donnera. Oui, sans doute, il aura derrière lui les masses, la population des campagnes, c'est-à-dire l'élément d'ordre et de fécondité ; la population ouvrière, c'est-à-dire le travail et la force ; les soldats, c'est-à-dire la nation éveillée et armée ; oui, il arrivera à la présidence de la république, salué par l'enthousiasme qu'inspirent de grands souvenirs ; oui, il aura cette puissance qu'on appelle *popularité ;* puissance qui, depuis trente ans, a manqué à tous les gouvernements. »

Le vote eut lieu, immense, solennel : 5,562,834

voix appelèrent à la présidence de la république le neveu de Napoléon. Le général Cavaignac n'obtint que 1,469,166 voix, malgré toutes les ressources que le pouvoir et l'assemblée lui avaient mises dans les mains.

En conséquence, Louis-Napoléon Bonaparte fut proclamé chef de l'État dans la séance du 20 décembre 1848. Il lut d'une voix ferme et accentuée son programme politique, qui se terminait par ces remarquables paroles :

« Soyons les hommes du pays, non les hommes d'un parti, « et, Dieu aidant, nous ferons du moins le bien si nous ne « pouvons faire de grandes choses. »

Le prince, après avoir prononcé son discours, quitta le palais de l'assemblée et se rendit à l'Élysée, accompagné des trois questeurs.

III

Lorsqu'il gravit les degrés de ce palais, il semble que le prince-président dut voir se placer devant lui la grande ombre de Napoléon radieuse et satisfaite.

C'était au nom de l'Empereur que Louis-Napoléon avait deux fois fait appel au pays à Strasbourg et à Boulogne; c'était au nom de l'Empereur que chaque chaumière de la France venait de lui dire : « Héritier de Napoléon, mets-toi à la tête de la France, rends-nous la sécurité, rends-nous la force, rends-nous la gloire ! »

Bientôt l'Élysée devint le centre de tout ce qu'il y avait d'illustre et de distingué dans la société européenne.

Retraçons à grands traits les principaux événements qui marquent l'ère nouvelle de la république, depuis le vote du 10 décembre 1848 jusqu'au plébiscite du 2 décembre 1851.

Dès le mois de janvier 1849, une insurrection s'organise sur une vaste échelle ; mais bientôt privée de ses chefs que M. Rébillot, alors préfet de police, avait fait arrêter dans la nuit du 28, elle recule devant le déploiement de forces militaires préparé par le général Changarnier.

A Dijon, à Strasbourg, des troubles éclataient simultanément et étaient immédiatement réprimés.

L'expédition de Rome fournit de nouveau à la Montagne l'occasion d'attaquer l'élu du 10 décembre.

Malgré les clameurs des partis, l'assemblée vote un crédit de 1,200,000 fr. pour cette expédition.

On se rappelle la position où se trouvait alors la république romaine ; menacée tout à la fois par l'armée napolitaine et par l'armée autrichienne qui, victorieuse en Piémont, allait se diriger à marches forcées vers l'Italie centrale, cette république d'un jour allait tomber et ouvrir les portes de la ville éternelle à l'influence étrangère.

Prince chrétien et catholique, Louis-Napoléon voulut maintenir la politique de notre ancienne monarchie et demeurer le ferme soutien de la religion, qui est la base la plus solide de tout principe d'autorité.

« Si nous laissons à l'Autriche, avait dit à l'assemblée M. Odilon Barrot, le temps d'aller à Rome, ce sera là d'abord un dommage pour l'influence française en Italie ; ce sera ensuite le rétablissement de l'absolutisme à Rome comme du temps de Grégoire XVI. Intervenons donc nous-mêmes pour ne pas laisser rompre l'équilibre des influences en Italie au profit du cabinet de Vienne, et aussi pour sauvegarder la liberté romaine. »

Le 26 avril l'escadre d'expédition débarquait à Civita-Vecchia, et de là se mettait en marche pour Rome. Le général Oudinot, qui la commandait, adressa aux habitants des États romains la proclamation suivante :

« Un corps d'armée française est débarqué sur votre territoire ; son but n'est pas du tout d'y exercer une influence oppressive ni de vous imposer un gouvernement qui ne serait pas conforme à vos vues. Ce corps vient seulement vous préserver de plus grands malheurs et vous faciliter, s'il le peut, l'établissement d'un régime également éloigné des abus à jamais détruits par l'illustre Pie IX, et de l'anarchie de ces derniers temps. »

Loin d'être populaire à Rome, la république n'y était appuyée que par une minorité ardente qui gouvernait par la terreur la population. A la proclamation du général Oudinot, le gouvernement dictatorial de M. Mazzini fit répondre qu'on n'entrerait dans Rome que par la force.

La lutte commença donc. L'ennemi occupait les villas Panfili, Corsini et Valentini, et avait converti en forteresse l'église Saint-Pancrace.

Ces quatre points étaient autant de positions importantes dont il fallait préalablement s'emparer pour que le génie pût commencer les travaux de siége.

Les opérations préliminaires achevées, le général en chef donna l'ordre à deux colonnes, l'une, commandée par le général Mollière, l'autre, par le général Levaillant, d'attaquer ces positions. Le 3 juin, à trois heures du matin, ces colonnes se mirent en marche ; la première partait de la villa Matteï, près celle de Santucci ; l'autre de la villa San-Carlo.

La villa Panfili comptait 2,000 hommes de garnison ; au dehors, elle était protégée par des fortifications presque inexpugnables ; au dedans, elle était couverte de solides barricades.

Les colonnes françaises, quoique inférieures en nombre, s'élancèrent avec impétuosité ; une épouvantable fusillade les accueillit ; la lutte fut acharnée et sanglante, et c'est en passant sur des ruines et des cadavres amoncelés que les Français restèrent maîtres du champ de bataille. 200 prisonniers, 3 drapeaux et 200,000 cartouches tombèrent en leur pouvoir. A cinq heures du matin le drapeau de la France flottait sur la villa Panfili.

L'ennemi recule ; mais ce n'est pas sans disputer le terrain pied à pied ; il se replie, toujours en combattant, sur l'église Saint-Pancrace, dont la garnison joint ses efforts aux siens. Là encore nos soldats attaquèrent ; l'acharnement des Romains s'augmente de la honte de la défaite, celui des Français, de l'entraînement de la victoire, et des deux côtés on se bat vaillamment. A sept heures l'église Saint-Pancrace était à nous.

Restait le château Corsini, position formidable, bâtie d'énormes pierres de taille, tout hérissée de mousquets, et en état de résister aux ravages des boulets. Les Français l'abordent sans crainte ; leur élan est plein de fougue et d'audace ; la mêlée est terrible et confuse, le sang coule à flots. La victoire, presque indécise, cherche un instant son étendard au milieu de la poudre et de la fumée ; enfin, c'est à nos couleurs qu'elle s'arrête. Le géant de granit, tout pantelant de blessures, se rend à son vainqueur.

En même temps que nous triomphions de ce côté, nos troupes emportaient aussi d'assaut la villa Valentini.

L'ennemi, refoulé, revint plus d'une fois à la charge pour reprendre ses positions. Jusqu'à sept heures du soir il se rua sans trêve contre nos baïonnettes, et constamment il fut repoussé, malgré le feu des remparts qui le protégeait et cherchait à incendier les postes que nous venions d'enlever.

A partir de ce jour le général en chef attend que les Romains fassent des ouvertures de soumission ; mais ceux-ci, aveuglés par le fanatisme politique, espèrent encore résister aux Français, contre lesquels il leur reste à défendre les importantes fortifications de la place.

Le 12 juin, il leur propose de se rendre, pour éviter les désastres d'un siége. La constituante romaine repousse ses propositions.

Alors, le génie fait marcher rapidement ses travaux, sous l'habile direction du général de division Vaillant, qui le commande, et auquel le général Niel avait été adjoint; l'artillerie, aux ordres du savant général Thiry, a établi ses redoutables batteries, qui canonnent sans relâche les remparts du quartier Montorio.

Ce ne fut qu'après deux assauts successifs que, le 2 juillet, la municipalité romaine nous ouvrit ses portes sans condition.

Une autre bataille s'était livrée à Paris même avant la prise de Rome ; mais cette bataille, que la population surnomma la *Journée des semelles*, parce qu'on n'avait vu que les talons des fuyards, n'amena, hâtons-nous de le dire, aucune effusion de sang.

Obéissant au cri de l'opinion publique, l'Assemblée constituante s'était résignée à la retraite.

Les élections de mai 1849 avaient grossi les rangs du parti montagnard, et la république exaltée comptait 182 suffrages dans la nouvelle législation. M. Ledru-Rollin, qui avait été élu dans cinq départements, se croyant arrivé au sommet de la popularité, s'était écrié : *Dans un mois, je serai dictateur ou fusillé.*

Le 13 juin 1849, assisté de ses deux aides-de-camp, les sergents Boichot et Rattier, récemment élus représentants, il passait en revue dans la cour du Palais-Royal deux cents artilleurs de la garde nationale; puis il se mettait en marche vers le Conservatoire des Arts-et-Métiers, ne rencontrant sur sa route que des visages hostiles ou indifférents.

Quelques instants après, un bataillon du 62e de ligne montrait ses baïonnettes; M. Ledru-Rollin donne l'ordre à ses hommes de faire des barricades et.... chacun d'eux se sauve par les fenêtres, leur chef en tête. Pendant ce temps-là d'autres bataillons donnaient la chasse sur les boulevards à quelques fugitifs aux abois.

Pendant que M. Ledru-Rollin installait au Conservatoire des Arts-et-Métiers une dictature d'une heure, Louis-Napoléon parcourait la ligne des boulevards et le faubourg Saint-Antoine, et ne rentrait à l'Élysée qu'à six heures. Il dicta alors la proclamation suivante, qui fut affichée le lendemain sur tous les murs de Paris :

« Le Président de la République au peuple français.

« Quelques factieux osent encore lever l'étendard de la révolte contre un gouvernement légitime, puisqu'il est le produit du suffrage universel.

« Ils m'accusent d'avoir violé la Constitution, moi qui ai supporté, depuis six mois, sans en être ému, leurs injures, leurs calomnies, leurs provocations.

« La majorité de l'assemblée elle-même est le but de leurs outrages.

« L'accusation dont je suis l'objet n'est qu'un prétexte, et la preuve, c'est que ceux qui m'attaquent me poursuivaient déjà avec la même haine, avec la même injustice, alors que le peuple de Paris me nommait représentant, et le peuple de la France, président de la République.

« Ce système d'agitation entretient dans le pays le malaise et la méfiance qui engendrent la misère.

« Il faut qu'il cesse.

« Il est temps que les bons se rassurent et que les méchants tremblent.

« La République n'a pas d'ennemis plus implacables que ces hommes qui, perpétuant le désordre, nous forcent à changer la France en un camp, nos idées d'amélioration et de progrès en préparatifs de lutte et de défense.

« Élu par la nation, la cause que je défends est la vôtre, c'est celle de vos familles, de vos propriétés, celle du pauvre comme du riche, celle de la civilisation tout entière.

« Je ne reculerai devant rien pour la faire triompher. »

Cependant les diverses fractions de l'assemblée continuèrent leur guerre intestine, tandis que le prince, poursuivant sa mission providentielle, consacrait tous les instants que lui laissait le soin de son gouvernement à l'étude attentive de l'état de nos fabriques, des besoins de la situation, du régime des hôpitaux. Il visita successivement l'Hôtel-Dieu, le Val-de-Grâce, la Salpêtrière, alors désolés par le choléra, et un grand nombre de filatures et de fabriques. C'est surtout dans les ateliers du faubourg Saint-Antoine, et au milieu des constructions des cités ouvrières, qu'on le vit le plus souvent.

Sa présence dans les départements se signalait également par les conseils les plus sages, par la manifestation des pensées les plus justes et les plus élevées.

A l'inauguration du chemin de fer de Paris à Chartres, le prince disait au préfet :

« Je suis heureux de visiter cette ville qui rappelle deux grandes époques, deux souvenirs de notre histoire.

« C'est à Chartres que saint Bernard vint prêcher la deuxième croisade, magnifique idée du moyen âge qui arracha la France aux luttes intestines et éleva le culte de la foi au-dessus du culte des intérêts matériels. C'est aussi à Chartres que fut sacré Henri IV; c'est ici qu'il marqua le terme de dix années de guerre civile en venant demander à la religion de bénir le retour à la paix et à la concorde.

« Eh bien ! aujourd'hui, c'est encore à la foi et à la conciliation qu'il faut faire appel ; à la foi, qui nous soutient et nous permet de supporter toutes les difficultés du jour ; à la conciliation, qui augmente nos forces et nous fait espérer un meilleur avenir. Aussi donc à la foi, à la conciliation, à la ville de Chartres ! »

A Nantes, le prince répondait dans ces termes à un toast qui lui avait été porté :

« Ce n'est pas sans émotion que j'ai vu ce grand fleuve derrière lequel se sont réfugiés les derniers glorieux bataillons de notre grande armée ; ce n'est pas sans émotion que je me suis arrêté avec respect devant le tombeau de Bonchamps ; ce n'est pas sans émotion qu'aujourd'hui, assis au milieu de vous, je me trouve en face de la statue de Cambronne. Tous ces souvenirs, si noblement appréciés par vous, me prouvent que si le sort le voulait, nous serions encore la grande nation par les armes. Mais il y a une gloire tout aussi grande aujourd'hui, c'est de nous opposer à toute guerre civile et à toute guerre étrangère, et de grandir par le développement progressif de notre industrie et de notre commerce. Voyez cette forêt de mâts qui languit ici, dans votre port ; elle n'attend qu'un aide pour porter au bout du monde les produits de notre civilisation. Soyons unis, oublions toute cause de dissension, soyons dévoués à l'ordre et aux grands intérêts de notre pays, et bientôt nous serons encore la grande nation par les arts, par l'industrie, par le commerce. »

A Saumur, le prince, appréciant les bons résultats de l'école de cavalerie de cette ville, prononçait ces paroles :

« Ici l'esprit militaire est encore dans toute sa force, et Dieu en soit loué ! Il n'est pas près de s'éteindre ! N'oublions pas que cet esprit militaire est, dans les temps de crise, la sauvegarde de la patrie.

« Dans la première révolution, l'Empereur l'a dit, tandis qu'à l'intérieur tous les partis se décimaient et se déshonoraient réciproquement par leurs excès, l'honneur national s'était réfugié dans nos armées.

« Faisons donc tous nos efforts pour garder intact, pour développer encore cet esprit militaire ; car, croyez-le, si les produits des arts et des sciences méritent toute notre admiration, il y a quelque chose qui la mérite encore davantage, c'est la religion du devoir, c'est la fidélité au drapeau. »

Rentré à Paris, le prince distribuait les récompenses aux exposants de l'industrie nationale, et leur adressait un discours dont voici l'un des passages les plus remarquables :

« Les améliorations ne s'improvisent pas, elles naissent de celles qui les précèdent : comme l'esprit humain, elles ont une filiation qui nous permet de mesurer l'étendue du progrès possible et de le séparer des utopies. Ne faisons donc pas naître de vaines espérances : mais tâchons d'accomplir toutes celles qu'il est raisonnable d'accepter ; manifestons par nos actes une constante sollicitude pour les intérêts du peuple ; réalisons, au profit de ceux qui travaillent, ce vœu philanthropique d'une part meilleure dans les bénéfices et d'un avenir plus assuré.

« Lorsque, de retour dans vos départements, vous serez au milieu de vos ouvriers, affermissez-les dans les bons sentiments, dans les saines maximes, et par la pratique de cette justice qui récompense chacun selon ses œuvres, apaisez leurs souffrances, rendez leur condition meilleure. Dites-leur que le pouvoir est animé de deux passions également vives : l'amour du bien et la volonté de combattre l'erreur et le mensonge. Pendant que vous ferez ainsi votre devoir de citoyens, moi, n'en doutez pas, je ferai mon devoir de premier magistrat de la République. Impassible devant les calomnies comme devant les séductions, sans faiblesse comme sans jactance, je veillerai à vos intérêts qui sont les miens ; je maintiendrai mes droits qui sont les vôtres. »

Quelques jours avant, le prince, lors de la cérémonie de l'institution de la magistrature qui eut lieu au Palais de Justice le 3 novembre, avait fait entendre ces belles paroles :

« Je suis heureux de présider une cérémonie solennelle qui, en reconstituant la magistrature, rétablit un principe qu'un égarement momentané a pu seul méconnaître. Aux époques agitées, dans les temps où les notions du juste et de l'injuste semblent confondues, il est utile de relever le prestige des grandes institutions, et de prouver que certains principes renferment en eux une force indestructible. On aime à pouvoir dire : Les lois fondamentales du pays ont été renouvelées, tous les pouvoirs de l'État sont passés en d'autres mains, et cependant, au milieu de ces bouleversements et de ces naufrages, le principe de l'inamovibilité de la magistrature est resté debout. En effet, les sociétés ne se transforment pas au gré des ambitions humaines ; les formes changent, la chose reste. Malgré les tempêtes politiques survenues depuis 1815, nous ne vivons encore que grâce aux larges institutions fondées par le Consulat et l'Empire ; les dynasties et les chartes ont passé ; mais ce qui a survécu et ce qui nous sauve, c'est la religion, c'est l'organisation de la justice, de l'administration, de l'armée.

« Honorons donc ce qui est immuable, mais honorons aussi ce qu'il peut y avoir de bon dans les changements introduits. Aujourd'hui, par exemple, que, accourus de tous les points de la France, vous venez devant le premier magistrat de la République prêter un serment, ce n'est pas à un homme que vous jurez fidélité, mais à la loi. Vous venez ici, en présence de Dieu et des grands pouvoirs de l'État, jurer de remplir religieusement un mandat dont l'accomplissement austère a toujours distingué la magistrature française. Il est consolant de penser qu'en dehors des passions politiques et des agitations de la société, il existe un corps d'hommes n'ayant d'autre guide que leur conscience, d'autre passion que le bien, d'autre but que de faire régner la justice.—Vous allez, Messieurs, retourner dans vos départements; rapportez-y la conviction que nous sommes sortis de l'ère des révolutions, et que nous sommes entrés dans l'ère des améliorations qui préviennent les catastrophes. Appliquez avec fermeté mais aussi avec l'impartialité la plus grande les dispositions tutélaires de nos Codes. Qu'il n'y ait jamais de coupables impunis, ni d'innocents persécutés. Il est temps, comme je l'ai dit naguère, que ceux qui veulent le bien se rassurent, et que ceux-là se résignent, qui tentent de mettre leurs opinions et leurs passions à la place des volontés nationales. »

L'Assemblée législative, qui, en 1850, avait remplacé l'Assemblée constituante, avait une grande mission à remplir, celle de seconder l'élu du peuple dans tous ses actes qui avaient pour but unique le rétablissement de l'ordre, du travail et le raffermissement des esprits.

Loin de là, elle lui suscita, comme avait fait sa devancière, une guerre déloyale et incessante.

En voici un premier exemple : M. Fould, ministre des finances, venait de présenter un projet de loi ayant pour but de porter le traitement du président de la république à la somme de 250,000 francs par mois.

« Quand l'Assemblée constituante, avait-il dit dans son exposé des motifs, porta les frais de représentation du pouvoir exécutif au chiffre provisoire de 600,000 fr. par an, elle réserva à l'Assemblée législative le droit d'élever cette allocation si elle était reconnue insuffisante pour les nécessités de représentation et les charges de munificence et de charité attachées à la première magistrature de la république. C'est pour subvenir à ces charges, dont les mœurs et les habitudes du pays font des devoirs, que le gouvernement propose à l'Assemblée d'augmenter le traitement du président. L'épreuve de plus d'une année a démontré son insuffisance : cette insuffisance amoindrirait aux yeux du pays et de l'étranger la haute position qu'il occupe ; elle fermerait forcément ses mains aux innombrables infortunes qui, de tous les points de la France, s'adressent à lui, comme à la bienfaisance personnifiée de la patrie ; elle le réduirait à l'impuissance de faire le bien. »

L'assemblée, qui n'ignorait pas que la plus grande partie du traitement du prince-président était affectée à des actes de bienfaisance et de charité, eût dû voter, d'une seule voix, l'allocation demandée. Ce n'est pas là ce qu'elle fit.

354 voix seulement contre 308 votèrent la dotation, pour les dépenses de la présidence : ces 308 voix représentaient les deux fractions républicaine et royaliste de l'assemblée.

C'est dans ces circonstances que parut un article du journal *le Pouvoir* dont nous citons l'extrait suivant :

« C'est un fait public et éclatant qu'il y a beaucoup plus d'ordre et de calme dans le pays que dans l'assemblée, et que si l'agitation, la lutte, les ambitions sont entretenues quelque part, c'est dans le sanctuaire législatif. Quelle est la province, quelle est la ville où l'on attaque, où l'on insulte, où l'on se menace avec autant de vivacité et de fureur qu'au palais Bourbon ? Il n'y en a pas, et s'il pouvait y en avoir, on les mettrait pour beaucoup moins en état de siége.

« Croit-on qu'une nation puisse impunément avoir et entretenir longtemps un foyer de discordes civiles? Nous ne le pensons pas, et l'histoire de ces soixante dernières années est là sous nos yeux pour nous enseigner que le feu a toujours été mis au pays par les assemblées délibérantes.

« Ce long et douloureux enseignement commence à porter ses fruits. La France, fatiguée de révolutions et de misères gratuites, demande un peu de repos et de sécurité. Malheur désormais aux assemblées qui méconnaîtront cette nécessité, et qui entretiendront le feu au lieu de l'éteindre !

« On avait cru que l'Assemblée constituante avait atteint, en tombant, la dernière limite du discrédit où un corps délibérant puisse arriver. L'assemblée actuelle semble destinée à franchir cette limite. C'est une grave et solennelle épreuve que subit en elle le régime représentatif livré à lui-même, et dépourvu d'une haute et ferme pensée en état de le diriger, de le contenir et de lui résister. Tout semble annoncer sa fin prochaine, car ses actes sont autant de démissions. »

Traduit pour cet article à la barre de l'assemblée, le gérant du journal *le Pouvoir* fut condamné à cinq mille francs d'amende.

Pendant que les deux partis extrêmes de l'assemblée se réunissaient dans une alliance commune contre le prince-président, celui-ci ne cessait d'entrer en communication directe et intime avec les populations de la France.

Le 16 avril 1850, un bataillon du 11e léger, en passant le pont de la Basse-Chaîne, à Angers, était précipité dans le Maine par suite de la rupture du pont, et plus de 200 soldats trouvèrent la mort dans les flots. A la première nouvelle de ce triste événement, le prince se rend immédiatement à Angers pour s'assurer par lui-même de la situation des victimes de ce désastre, porter des consolations aux familles affligées, et récompenser les actes de dévouement qui s'étaient produits.

Il parcourt plusieurs quartiers de la ville d'Angers, le port de Ligny, et distribue lui-même des secours partout où il y a des douleurs ou des misères à consoler. Il va enfin à l'hôpital Saint-Jean pour visiter les blessés du 11e léger, puis à la caserne pour passer la revue des débris du bataillon. Partout il est accueilli comme un sauveur, comme un père !

Nous ne le suivrons pas dans ses courses triomphales à travers les départements. Nous nous bornons à citer quelques extraits des deux discours qu'il prononça à Lyon et à Cherbourg, discours qui furent accueillis avec la plus grande sympathie à Paris et dans toute la France.

« Que la ville de Lyon, disait-il au maire de cette ville, reçoive l'expression sincère de ma reconnaissance pour l'accueil sympathique qu'elle m'a fait. Mais, croyez-le, je ne suis pas venu dans ces contrées où l'Empereur, mon oncle, a laissé de si profondes traces, afin de recueillir seulement des ovations et passer des revues.

« Le but de mon voyage est, par ma présence, d'encourager les bons, de rassurer les esprits égarés, de juger par moi-même des sentiments et des besoins du pays. Cette tâche exige votre concours, et pour que votre concours me soit complétement acquis, je dois vous dire avec franchise ce que je suis, ce que je veux.

« Je suis, non pas le représentant d'un parti, mais le représentant de deux grandes manifestations nationales, qui, en 1804 comme en 1848, ont voulu sauver par l'ordre les grands principes de la révolution française. Fier donc de mon origine et de mon drapeau, je leur demeurerai fidèle ; je serai tout entier au pays, quelque chose qu'il exige de moi, abnégation ou persévérance. »

A Cherbourg, le prince passe l'escadre en revue; puis, au banquet qui lui est offert à l'Arsenal, il dit :

« Plus je parcours la France, plus je m'aperçois qu'on attend beaucoup du Gouvernement. Je ne traverse pas un département, une ville, un hameau sans que les maires, les conseils généraux et même les représentants me demandent des voies de communication telles que canaux, chemins de fer; là l'achèvement des travaux entrepris; partout enfin des mesures qui puissent remédier aux souffrances de l'agriculture, donner de la vie à l'industrie et au commerce.

« Rien de plus naturel que la manifestation de ces vœux. Ils ne frappent pas, croyez-le bien, une oreille inattentive. Mais, à mon tour, je dois vous le dire, ces résultats tant désirés ne s'obtiendront que si vous me donnez le moyen de les accomplir; et ce moyen, il est tout entier dans votre concours à fortifier le pouvoir et à écarter les dangers de l'avenir.

« Pourquoi l'Empereur, malgré ses guerres, a-t-il couvert la France de ces travaux impérissables qu'on retrouve à chaque pas, et nulle part plus remarquables qu'ici? C'est qu'indépendamment de son génie, il vint à une époque où la nation, fatiguée des révolutions, lui donna le pouvoir nécessaire pour abattre l'anarchie, réprimer les factions, et faire triompher à l'extérieur par la gloire, à l'intérieur par une impulsion vigoureuse, les intérêts généraux du pays.

« S'il y a donc une ville en France qui doive être napoléonienne et conservatrice, c'est Cherbourg : napoléonienne par reconnaissance, conservatrice par la saine appréciation de ses véritables intérêts. Qu'est-ce, en effet, qu'un port créé, comme le vôtre, par de si gigantesques efforts, sinon l'éclatant témoignage de cette unité française, poursuivie à travers tant de siècles et de révolutions, unité qui fait de nous une grande nation? Mais une grande nation, ne l'oublions pas, ne se maintient à la hauteur de ses destinées que lorsque ses institutions elles-mêmes sont d'accord avec les exigences de la situation politique et de ses intérêts matériels. »

Bientôt l'année 1850 allait approcher de sa fin; le prince-président envoya à l'assemblée le message du 12 novembre, dans lequel, après avoir rendu compte de l'état des affaires publiques, il termina par ces paroles qui avaient pour but de répondre aux insinuations d'un certain nombre de représentants :

« Ce qui me préoccupe, soyez-en persuadés, ce n'est pas de savoir qui gouvernera la France en 1852, c'est d'employer le temps dont je dispose de manière que la transition, quelle qu'elle soit, se fasse sans agitation et sans trouble.

« Le but le plus digne d'une âme élevée n'est point de rechercher, quand on est au pouvoir, par quels expédients on s'y perpétuera, mais de veiller sans cesse aux moyens de consolider, à l'avantage de tous, les principes d'autorité et de morale qui défient les passions des hommes et la mobilité des lois.

« Je vous ai loyalement ouvert mon cœur ; vous répondrez à ma franchise par votre confiance, à mes bonnes intentions par votre concours, et Dieu fera le reste. »

Depuis plusieurs mois, le général Changarnier était en désaccord avec le prince-président, et par décision du 9 janvier 1851, le général fut remplacé dans son double commandement.

M. Lanjuinais, au nom de la commission, avait proposé un ordre du jour qui renfermait à la fois un blâme pour le ministre et une apologie pour le général Changarnier. Les factions républicaines, par haine pour le général, repoussaient cet ordre du jour.

Pour conquérir les voix rebelles des montagnards, M. Thiers imagina de supprimer l'éloge du général et de faire présenter par M. Sainte-Beuve un amendement ainsi conçu : « L'assemblée déclare qu'elle n'a « pas confiance dans le ministère, et elle passe à « l'ordre du jour. »

Sur ce nouveau terrain, tous les partis se trouvèrent d'accord ; républicains modérés, montagnards, orléanistes, légitimistes, tous ces ennemis de la veille donnèrent au pays l'édifiant spectacle d'un vote fraternel.

Louis-Napoléon ne recula pas devant ce vote. Tout en acceptant la démission de ses ministres, il maintint avec fermeté le remplacement du général Changarnier, et le 24 janvier il adressait le message suivant à l'assemblée :

« L'opinion publique, confiante dans la sagesse de l'assemblée et du Gouvernement, ne s'est pas émue des derniers incidents; néanmoins, la France commence à souffrir d'un désaccord qu'elle déplore. Mon devoir est de faire ce qui dépendra de moi pour en prévenir les résultats fâcheux.

« L'union des deux pouvoirs est indispensable au repos du pays. Mais comme la constitution les a rendus indépendants, la seule condition de cette union est une confiance réciproque.

« Pénétré de ce sentiment, je respecterai toujours les droits de l'assemblée en maintenant intactes les prérogatives du pouvoir que je tiens du peuple.

« Pour ne point prolonger une dissidence pénible, j'ai accepté, après le vote récent de l'assemblée, la démission d'un ministère qui avait donné au pays, à la cause de l'ordre, des gages éclatants de dévouement.

« Voulant toutefois reformer un cabinet avec des chances de durée, je ne pouvais prendre ses éléments dans une majorité née de circonstances exceptionnelles, et je me suis vu, à regret, dans l'impossibilité de trouver une combinaison parmi les membres de la minorité, malgré son importance.

« Dans cette conjoncture et après de vaines tentatives, je me suis résolu à former un ministère de transition, composé d'hommes spéciaux, n'appartenant à aucune fraction de l'assemblée, et décidé à se livrer aux affaires sans préoccupation de parti. Les hommes honorables qui acceptent cette tâche patriotique auront des droits à la reconnaissance du pays.

« L'administration continuera donc comme par le passé. Les préventions se dissiperont au souvenir des déclarations solennelles du message du 12 novembre. La majorité réelle se reconstituera ; l'harmonie sera rétablie sans que les deux pouvoirs aient rien sacrifié de la dignité qui fait leur force.

« La France veut avant tout le repos, et elle attend de ceux qu'elle a investis de sa confiance une conciliation sans faiblesse, une fermeté calme, l'impassibilité dans le droit. »

Ce langage patriotique ne devait pas être entendu par la coalition qui s'était formée au sein de l'Assemblée législative. Le 3 février, le ministre des finances présentait à la Chambre un projet de loi destiné à inscrire au budget un crédit supplémentaire de 1,800,000 francs pour les frais de représentation de la présidence de la république.

Ce projet de loi fut repoussé par l'assemblée à une majorité de 102 voix.

Quand le pays connut ce vote, si contraire à l'esprit de la France, qui voulait que son chef pût à l'Elysée tenir un rang en rapport avec l'élévation de son pouvoir, une souscription nationale s'organisa de toutes parts.

Loin de seconder ce mouvement de l'opinion publique, Louis-Napoléon crut devoir l'arrêter en faisant publier dans le *Moniteur* la note suivante :

« Dans la prévision du rejet qui vient d'avoir lieu au sujet des frais de représentation, des souscriptions nombreuses s'organisaient. C'était là un témoignage imposant et manifeste de sympathie et d'approbation pour la conduite du président. Il en est profondément touché, et remercie cordialement tous ceux qui en ont eu la pensée. Mais il croit devoir sacrifier au repos du pays une satisfaction personnelle. Il sait que le peuple lui rend justice, et cela lui suffit.

« Le président refuse donc toute souscription, quelque spontané et national qu'en soit le caractère. »

L'expérience avait démontré à la France les vices de la constitution de 1848; sa révision était devenue une impérieuse nécessité. Tandis que de toutes les localités arrivaient des pétitions pour la prolongation des pouvoirs du président, qui allaient finir en 1852, le prince, fidèle à la mission qu'il s'était imposée d'interroger successivement sur place les besoins de chacun de nos départements, se rendait à Dijon pour inaugurer le chemin de fer de Lyon.

« Je voudrais, disait le prince au maire de cette ville, que ceux qui doutent de l'avenir m'eussent accompagné à travers les populations de l'Yonne et de la Côte-d'Or. Ils se seraient rassurés en jugeant par eux-mêmes de la véritable disposition des esprits. Ils eussent vu que ni les intrigues, ni les attaques, ni les discussions passionnées des partis ne sont en harmonie avec les sentiments et l'état du pays. La France ne veut ni le retour à l'ancien régime, quelle que soit la forme qui le déguise, ni l'essai d'utopies funestes et impraticables. C'est parce que je suis l'adversaire naturel de l'un et de l'autre qu'elle a placé sa confiance en moi. S'il n'en était pas ainsi, comment expliquer cette touchante sympathie du peuple à mon égard, qui résiste à la polémique la plus dissolvante, et m'absout de ses souffrances ?

« En effet, si mon Gouvernement n'a pas pu réaliser toutes les améliorations qu'il avait en vue, il faut s'en prendre aux manœuvres des factions qui paralysent la bonne volonté des assemblées comme celle des gouvernements les plus dévoués au bien public. C'est parce que vous l'avez compris ainsi que j'ai trouvé dans la patriotique Bourgogne un accueil qui est pour moi une approbation et un encouragement.

« Je profite de ce banquet comme d'une tribune pour ouvrir à mes concitoyens le fond de mon cœur... Une nouvelle phase de notre vie politique commence. D'un bout de la France à l'autre des pétitions se signent pour demander la révision de la constitution. J'attends avec confiance les manifestations du pays et les décisions de l'assemblée, qui ne seront inspirées, sans doute, que par la seule pensée du bien public.

« Depuis que je suis au pouvoir, j'ai prouvé combien, en présence des grands intérêts de la société, je faisais abstraction de ce qui me touche. Les attaques les plus injustes et les plus violentes n'ont pu me faire sortir de mon calme. Quels que soient les devoirs que le pays m'impose, il me trouvera décidé à suivre sa volonté ; et, croyez-le bien, Messieurs, la France ne périra pas dans mes mains. »

Un mois après, Louis-Napoléon faisait entendre,

lors de l'inauguration du chemin de fer de Poitiers, les belles paroles que nous reproduisons :

« Soyez mon interprète auprès de vos concitoyens, disait-il au maire de cette ville, pour les remercier de leur accueil si cordial.

« Comme vous, j'envisage l'avenir du pays sans crainte, car son salut viendra toujours de la volonté du peuple librement exprimée, religieusement acceptée. Aussi, j'appelle de tous mes vœux le moment solennel où la voix puissante de la nation dominera toutes les oppositions et mettra d'accord toutes les rivalités. Car il est bien triste de voir les révolutions ébranler la société, renouveler les ruines, et cependant laisser toujours debout les mêmes passions, les mêmes exigences, les mêmes éléments de troubles.

« Quand on parcourt la France, et que l'on voit la richesse variée de son sol, les produits merveilleux de son industrie ; lorsqu'on admire ses fleuves, ses routes, ses canaux, ses chemins de fer, ses ports que baignent deux mers, on se demande à quel degré de prospérité elle n'atteindrait pas si une tranquillité durable permettait à ses habitants de concourir de tous leurs moyens à ce bien général, au lieu de se livrer à des dissensions intestines.

« Lorsque, sous un autre point de vue, on réfléchit à cette unité territoriale que nous ont léguée les efforts persévérants de la royauté, à cette unité politique, judiciaire, administrative et commerciale que nous a léguée la révolution; quand on contemple cette population intelligente et laborieuse, animée presque tout entière de la même croyance et parlant le même langage; ce clergé vénérable qui enseigne la morale et la vertu ; cette magistrature intègre qui fait respecter la justice ; cette armée vaillante et disciplinée qui ne connaît que l'honneur et le devoir; enfin, quand on vient à apprécier cette foule d'hommes éminents, capables de guider le Gouvernement, d'illustrer les assemblées aussi bien que les sciences et les arts, on recherche avec anxiété quelles sont les causes qui empêchent cette nation, déjà si grande, d'être plus grande encore, et l'on s'étonne qu'une société qui renferme tant d'éléments de puissance et de prospérité s'expose si souvent à s'abîmer sur elle-même.

« Serait-il donc vrai, comme l'Empereur l'a dit, que le vieux monde soit à bout, et que le nouveau ne soit point assis? Sans savoir quel il sera, faisons notre devoir aujourd'hui en lui préparant des fondations solides. »

Ces réflexions, empreintes d'une sagacité si profonde, portaient avec elles de sérieux enseignements ; et cependant les coteries organisées contre l'élu populaire proposaient comme candidats à la future présidence les noms les plus impossibles, les plus invraisemblables, parmi lesquels on voyait figurer, non sans quelque étonnement, le nom du prince de Joinville à côté de celui de M. Ledru-Rollin.

Sans s'inquiéter de toutes ces menées, le prince ne perdait pas un seul jour de vue la tâche qu'il s'était imposée de s'occuper sans relâche des intérêts du peuple.

Le 15 septembre, il posait la première pierre des Halles centrales en présence des ministres, des préfets de la Seine et de police et du bureau de l'Assemblée législative.

« Messieurs, dit-il, voici quarante ans que l'on songe à établir un vaste monument destiné à préserver de l'intempérie des saisons cette classe nombreuse qui souffre journellement pour alimenter Paris de ce qui est nécessaire à son existence; mais grâce à la direction éclairée du ministre de l'intérieur, grâce au concours énergique du conseil municipal de Paris et de son digne chef, grâce à l'Assemblée nationale, cette œuvre que j'ai tant souhaitée s'accomplit enfin.

« La construction de ces halles, véritable bienfait pour l'humanité, facilite l'approvisionnement de Paris et appelle un plus grand nombre de départements à y concourir. Ce n'est donc pas une œuvre purement municipale, car Paris est le cœur de la France, et plus sa vie est active et puissante, plus elle se communique au reste du pays.

« En posant la première pierre d'un édifice dont la destination est si éminemment populaire, je me livre avec confiance à l'espoir qu'avec l'appui des bons concitoyens et avec la protection du ciel, il nous sera donné de jeter dans le sol de la France quelques fondations sur lesquelles s'élèvera un édifice social assez solide pour offrir un abri contre la violence et la mobilité des passions humaines. »

Tout en s'occupant ainsi des besoins de l'intérieur du pays, Louis-Napoléon n'oubliait pas qu'il y avait une autre terre française dans la Méditerranée, et que, sur le sol d'Algérie, il fallait asseoir complétement notre domination pour développer l'œuvre colonisatrice.

Bougie, Djidjelli et Collo, ces villes aux splendeurs passées et qui, depuis si longtemps, s'étaient assouplies au joug des montagnards berbères, avaient été occupées par les Français dans les premières années de la conquête ; mais nos troupes s'y trouvaient pour ainsi dire bloquées du côté du pays montagneux, et il n'était possible de les ravitailler que par mer. Il en résultait un grave préjudice pour la colonisation, et une situation pareille ne pouvait se prolonger davantage sans y compromettre nos établissements, et nuire à l'influence morale de notre autorité sur les populations kabyles. Ce fut donc dans le but de relier par des communications assurées tous les points du littoral que fut décidée l'expédition de la Kabylie orientale.

Le 4 novembre, après avoir réprimé avec autant de promptitude que de fermeté les troubles qui avaient éclaté dans les départements du Cher et de la Nièvre, le prince envoyait un message à l'assemblée, où, après avoir exposé l'état général du pays, il ajoutait :

« Une vaste conspiration démagogique s'organise en France et en Europe. Les sociétés secrètes cherchent à étendre leurs ramifications jusque dans les moindres communes. Tout ce que le partis renferment d'insensé, de violent, d'incorrigible, sans être d'accord ni sur les hommes ni sur les choses, s'est donné rendez-vous en 1852, non pour bâtir, mais pour renverser....

« Réunissons tous nos efforts afin d'enlever au génie du mal jusqu'à l'espoir d'une réussite momentanée.

« Le meilleur moyen d'y parvenir m'a toujours paru l'application de ce système qui consiste, d'un côté, à satisfaire largement les intérêts légitimes; de l'autre, à étouffer, dès leur apparition, les moindres symptômes d'attaques contre la religion, la morale, la société.

« Ainsi, procurer du travail en concédant à des compagnies nos grandes lignes de chemins de fer, et, avec l'argent que l'État retirera de ces concessions, donner une vive impulsion aux autres travaux dans tous les départements, encourager les institutions destinées au développement du crédit agricole ou commercial; venir, par des établissements de bienfaisance, au secours de toutes les misères, telle a été et telle doit être encore notre première sollicitude; et c'est en suivant cette marche qu'il sera plus facile de recourir à la répression lorsque le besoin s'en fera sentir. La paix et l'ordre ont surtout pour heureux effet d'améliorer la situation des classes laborieuses, et cette amélioration est attestée par les mouvements des fonds des caisses d'épargne. Les dépôts de cette nature ont augmenté pendant l'année 1850 et pendant les six premiers mois de 1851 avec une rapidité telle qu'à aucune époque on ne pourrait signaler un semblable accroissement. »

Dans le même message, le prince démontrait les graves inconvénients de la loi électorale du 31 mai, qui avait restreint le suffrage universel.

« La loi du 31 mai, disait-il, dans son application a même dépassé le but qu'on pensait atteindre. Personne ne prévoyait la suppression de trois millions d'électeurs, dont les deux tiers sont habitants paisibles des campagnes. Qu'en est-il résulté? C'est que cette immense exclusion a servi de prétexte au parti anarchique qui couvre ses détestables desseins de l'apparence d'un droit ravi à conquérir. Trop inférieur en nombre pour s'emparer de la société par le vote, il espère, à la faveur de l'émotion générale et au déclin des pouvoirs, faire naître sur plusieurs points de la France à la fois, des troubles qui seraient réprimés, sans doute, mais qui nous jetteraient dans de nouvelles complications.

« .... Aujourd'hui, rétablir le suffrage universel, c'est enlever à la guerre civile son drapeau, à l'opposition son dernier argument. Ce sera fournir à la France la possibilité de se donner des institutions qui assurent son repos. Ce sera rendre aux pouvoirs à venir cette force morale qui n'existe qu'autant qu'elle repose sur un principe consacré et sur une autorité incontestable. »

C'est dans le même esprit que, le 25 novembre, lors de la distribution des récompenses décernées aux exposants français au concours universel de Londres, le prince disait :

« Combien elle serait grande cette nation si l'on voulait la laisser respirer à l'aise et vivre de sa vie!... s'il lui était permis de vaquer à ses affaires et de réformer ses institutions au lieu d'être sans cesse troublée, d'un côté, par les idées démagogiques, et de l'autre, par les hallucinations monarchiques !....

« Avant de nous séparer, Messieurs, ajoutait-il en terminant, permettez-moi de vous encourager à de nouveaux travaux. Entreprenez-les sans crainte ; ils empêcheront le chômage cet hiver. Ne redoutez pas l'avenir ; la tranquillité sera maintenue, quoi qu'il arrive. Un gouvernement qui s'appuie sur la masse entière de la nation, qui n'a d'autre mobile que le bien public, et qu'anime cette foi ardente qui vous guide sûrement, même à travers un espace où il n'y a pas de route tracée, ce gouvernement, dis-je, saura remplir sa mission, car il a en lui le droit qui vient du peuple, et la force qui vient de Dieu. »

Le soir, le prince a réuni à l'Élysée, dans un dîner de 80 couverts, les principaux exposants. Pendant le repas, M. Charrière, fabricant d'instruments de chirurgie, qui avait été nommé officier de la Légion d'honneur, montrait à M. Boulay de la Meurthe une croix que ses ouvriers venaient de lui donner. Le prince voulut la voir; puis, l'ayant bien examinée, il détacha de sa boutonnière une croix en brillants qui lui venait de Napoléon Ier, la substitua à celle que contenait l'écrin de M. Charrière, et plaça cette dernière sur sa poitrine.

Il serait difficile de dépeindre et l'émotion de M. Charrière à la vue de cet échange, et la joie de ses ouvriers lorsqu'ils apprirent cette gracieuseté du prince-président.

Revenons à la situation générale du pays, qui s'aggravait chaque jour. Louis-Napoléon avait pour lui la force morale et la force matérielle; mais quelles mesures devait-il prendre pour se défendre et sauver le pays ?

Il n'y en avait qu'une, simple, grande, décisive, qui lui fut suggérée à la fois par sa raison et son patriotisme : c'était d'appeler le pays à régler lui-même ses destinées.

Tout le reste, toutes les mesures particulières naissaient de celle-là comme les conséquences du principe.

En présence de l'attitude de plus en plus menaçante qu'avait prise la coalition et des complots formés par elle pour anéantir le pouvoir présidentiel, en obtenant contre lui le droit de réquisition directe, c'est-à-dire la faculté de disposer des forces militaires, Louis-Napoléon comprit qu'il n'y avait plus à hésiter, et qu'il fallait adresser un appel au pays, après avoir lié les mains de ces factieux qui s'apprêtaient à renouveler le drame sanglant de juin 1848.

C'est alors que le coup d'État fut résolu.

IV

Deux hommes, le général de Saint-Arnaud et M. de Morny, secondèrent puissamment les dispositions du prince dans ces circonstances décisives.

Le 1er décembre, on jouait à l'Opéra-Comique la première représentation d'une pièce de M. de Saint-Georges. M. de Morny y rencontra les généraux Cavaignac et Lamoricière. Il est évident que ces deux derniers désiraient faire à M. de Morny ce qu'il leur fit la nuit même.

Ces représentants se saluèrent gracieusement. Tout fut dit.

Après la soirée passée à l'Opéra-Comique, M. de Morny se rendit à l'Élysée. Il y avait grande réunion ; amis et ennemis étaient en présence dans le salon officiel du premier magistrat de la république. M. de Morny, pétillant de saillies et d'ardeur, gourmandait les uns, plaisantait les autres, et personne ne s'aperçut qu'il commençait une partie où il allait risquer sa tête.

M. de Thorigny, ministre de l'intérieur, était couché quand arriva M. de Morny suivi de M. Léopold Le Hon et d'un secrétaire. A la vue de l'ampliation du décret qui lui donnait un successeur, M. de Thorigny s'empressa d'installer le nouveau ministre auquel incombait la responsabilité des mesures à prendre.

M. de Morny se trouva un moment seul ministre avec M. de Saint-Arnaud. Le ministère, on le sait, ne fut organisé que dans la soirée du 4 décembre.

Installé dès le matin au ministère de l'Intérieur, M. de Morny, protégé par un seul bataillon de chasseurs à pied, donnait tranquillement ses ordres comme il eût pu le faire en temps ordinaire.

De son côté, le général de Saint-Arnaud, avec cette rapidité d'exécution, ce coup-d'œil ferme et hardi qui le distinguaient au plus haut point, était en mesure de parer à toutes les éventualités. Le 2 décembre, il avait fait occuper l'Assemblée nationale dès six heures du matin par trois bataillons.

Pendant que ces deux hommes de cœur exécutaient avec une rigoureuse énergie et un rare dévouement les instructions du prince-président, pénétrons un instant dans le palais de l'Élysée, et voyons ce qui s'y passait.

Dès cinq heures du matin, le prince, vêtu d'une jaquette ouatée, de couleur foncée, était dans son cabinet, adossé à la cheminée, fumant une cigarette, et ayant devant lui un bureau couvert de papiers importants parmi lesquels se trouvaient les minutes des ordres en voie d'exécution ou destinés à être exécutés pendant la journée; sa physionomie, toujours calme, indiquait cependant qu'il avait peu dormi. Se tournant vers la pendule, il dit au commandant militaire de l'Élysée qu'il venait de faire appeler : « Il est cinq heures ; dans une heure, l'Assemblée nationale n'existera plus ; il est temps d'en finir. Dans l'intérêt du pays, il faut que je prenne l'initiative, si je ne veux pas qu'on la prenne contre moi. » Puis il lui exprima le désir d'avoir auprès de lui les commandants Edgard Ney et Fleury, qui ne tardèrent pas à arriver. Presque au même moment on annonça au prince l'arrestation du général Changarnier. Un peu plus tard, le prince Jérôme, qui avait été prévenu de ce qui se passait, arriva en grande tenue, à cheval, accompagné de ses aides-de-camp et officiers d'ordonnance.

Quant aux mesures prises pour la sûreté de l'Élysée, elles furent, pour ainsi dire, insignifiantes. En effet, la garde du palais, qui, ordinairement, n'était que de trois compagnies, fut portée à un bataillon, mais aucune disposition extraordinaire ne fut prise à l'extérieur; on se contenta seulement de placer quatre factionnaires, au lieu de deux, devant la façade principale du palais; ce jour-là, comme les précédents, la musique joua à la garde montante. Les proclamations que nous allons reproduire, lues au bataillon qui venait prendre le service, furent accueillies par les plus chaleureuses acclamations.

A la mairie du 10e arrondissement, qui avait reçu la ligue des légitimistes-républicains, et où le général Oudinot fut un instant le chef militaire choisi par cette tumultueuse assemblée, une comédie se joua, faible parodie des grandes scènes de la Convention. Le tout se termina par un séjour de quelques heures à la *salle de police* de la caserne d'Orsay pour ceux des représentants qui eurent le bon esprit de décliner leurs noms.

Quant aux plus véhéments, ils furent conduits dans des omnibus à Mazas, au Mont-Valérien et à Vincennes, où ils subirent, pour la plupart, une détention fort douce de quelques jours.

Pendant que les arrestations des représentants les plus remuants et les plus dangereux se faisaient au pas de course et sans bruit, les murs de Paris se couvraient des affiches suivantes :

DÉCRET.

Au nom du peuple français, le président de la République décrète :

Article 1er. L'Assemblée nationale est dissoute.

Article 2. Le suffrage universel est rétabli. La loi du 31 mai est abrogée.

Article 3. Le peuple français est convoqué dans ses comices à partir du 14 décembre jusqu'au 21 décembre suivant.

Article 4. L'état de siége est décrété dans l'étendue de la première division militaire.

Article 5. Le Conseil d'État est dissous.

Article 6. Le ministre de l'intérieur est chargé de l'exécution du présent décret.

Fait au palais de l'Élysée, le 2 décembre 1851.

LOUIS-NAPOLÉON BONAPARTE.

Le ministre de l'intérieur,

DE MORNY.

PROCLAMATION A L'ARMÉE.

« Soldats !

« Soyez fiers de votre mission ; vous sauverez la patrie, car je compte sur vous, non pour violer les lois, mais pour faire respecter la première loi du pays, la souveraineté nationale dont je suis le légitime représentant.

« Depuis longtemps vous souffriez comme moi des obstacles qui s'opposaient et au bien que je voulais vous faire et aux démonstrations de votre sympathie en ma faveur. Ces obstacles sont brisés. L'assemblée a essayé d'attenter à l'autorité que je tiens de la nation entière ; elle a cessé d'exister.

« Je fais un loyal appel au peuple et à l'armée, et je leur dis : ou donnez-moi les moyens d'assurer votre prospérité, ou choisissez un autre à ma place.

« En 1830 comme en 1848 on vous a traités en vaincus. Après avoir flétri votre désintéressement héroïque, on a dédaigné de consulter vos sympathies et vos vœux, et cependant vous êtes l'élite de la nation. Aujourd'hui, en ce moment solennel, je veux que l'armée fasse entendre sa voix.

« Votez donc librement comme citoyens ; mais, comme soldats, n'oubliez pas que l'obéissance passive aux ordres du chef du Gouvernement est le devoir rigoureux de l'armée depuis le général jusqu'au soldat. C'est à moi, responsable de mes actions devant le peuple et devant la postérité, de prendre les mesures qui me semblent indispensables pour le bien public.

« Quant à vous, restez inébranlables dans les règles de la discipline et de l'honneur. Aidez par votre attitude imposante le pays à manifester sa volonté dans le calme et la réflexion. Soyez prêts à réprimer toute tentative contre le libre exercice de la souveraineté du peuple.

« Soldats, je ne vous parle pas des souvenirs que mon nom rappelle. Ils sont gravés dans vos cœurs. Nous sommes unis par des liens indissolubles. Votre histoire est la mienne. Il y a entre nous, dans le passé, communauté de gloire et de malheur, il y aura dans l'avenir communauté de sentiments et de résolutions pour le repos et la grandeur de la France.

« Fait au palais de l'Élysée, le 2 décembre 1851.

« LOUIS-NAPOLÉON BONAPARTE. »

PROCLAMATION AU PEUPLE FRANÇAIS.

« Français!

« La situation actuelle ne peut durer plus longtemps. Chaque jour qui s'écoule aggrave les dangers du pays. L'Assemblée qui devait être le plus ferme appui de l'ordre est devenue un foyer de complots. Le patriotisme de trois cents de ses membres n'a pu arrêter ses fatales tendances. Au lieu de faire des lois dans l'intérêt général, elle forge des armes pour la guerre civile; elle attente au pouvoir que je tiens directement du peuple. Elle encourage toutes les mauvaises passions; elle compromet le repos de la France. Je l'ai dissoute et je rends le peuple entier juge entre elle et moi.

« La Constitution, vous le savez, avait été faite dans le but d'affaiblir d'avance le pouvoir que vous alliez me confier. Six millions de suffrages furent une éclatante protestation contre elle, et cependant je l'ai fidèlement observée. Les provocations, les calomnies, les outrages m'ont trouvé impassible. Mais aujourd'hui que le pacte fondamental n'est plus respecté de ceux-là même qui l'invoquent sans cesse et que les hommes qui ont déjà perdu deux monarchies veulent me lier les mains afin de renverser la république, mon devoir est de déjouer leurs perfides projets, de maintenir la république et de sauver le pays en invoquant le jugement solennel du seul souverain que je reconnaisse en France, le peuple !

« Je fais donc un appel à la nation tout entière et je vous dis : si vous voulez continuer cet état, ce malaise qui vous dégrade et compromet votre avenir, choisissez un autre à ma place, car je ne veux plus d'un pouvoir qui est impuissant à faire le bien, me rend responsable d'actes que je ne puis empêcher et m'enchaîne au gouvernail quand je vois le vaisseau courir vers l'abîme.

« Si, au contraire, vous avez encore confiance en moi, donnez-moi les moyens d'accomplir la grande mission que je tiens de vous.

« Cette mission consiste à fermer l'ère des révolutions en satisfaisant les besoins légitimes du peuple et en le protégeant contre les passions subversives. Elle consiste surtout à créer des institutions qui survivent aux hommes et qui soient enfin des fondations sur lesquelles on puisse asseoir quelque chose de durable.

« Persuadé que l'instabilité du pouvoir, que la prépondérance d'une seule assemblée sont les causes permanentes de trouble et de discorde, je soumets à vos suffrages les bases fondamentales suivantes d'une constitution que les assemblées développeront plus tard :

« 1° Un chef responsable nommé pour dix ans ;

« 2° Des ministres dépendant du pouvoir exécutif seul ;

« 3° Un conseil d'État formé des hommes les plus distingués, préparant les lois et en soutenant la discussion devant le Corps législatif ;

« 4° Un Corps législatif discutant et votant les lois, nommé par le suffrage universel, sans scrutin de liste qui fausse l'élection ;

« 5° Une seconde assemblée formée de toutes les illustrations du pays, pouvoir pondérateur gardien du pacte fondamental et des libertés publiques.

« Ce système, créé par le premier consul au commencement du siècle, a déjà donné à la France le repos et la prospérité ; il les lui garantirait encore.

« Telle est ma conviction profonde. Si vous la partagez, déclarez-le par vos suffrages ; si, au contraire, vous préférez un gouvernement sans force, monarchique ou républicain, emprunté à je ne sais quel passé ou à quel avenir chimérique, répondez négativement.

« Ainsi donc, pour la première fois depuis 1804, vous voterez en connaissance de cause, en sachant bien pour qui et pour quoi.

« Si je n'obtiens pas la majorité de vos suffrages, alors je provoquerai la réunion d'une nouvelle assemblée et je lui remettrai le mandat que j'ai reçu de vous.

« Mais si vous croyez que la cause dont mon nom est le symbole, c'est-à-dire la France régénérée par la révolution de 1789 et organisée par l'Empereur, est toujours la vôtre, proclamez-le en consacrant les pouvoirs que je vous demande.

« Alors, la France et l'Europe seront préservées de l'anarchie, les obstacles s'aplaniront, les rivalités auront disparu, car tous respecteront dans l'arrêt du peuple le décret de la Providence.

« Fait au palais de l'Élyée, le 2 décembre 1851.

« LOUIS-NAPOLÉON BONAPARTE. »

A la lecture de ces proclamations, la population de Paris se montra plus satisfaite que surprise. Pendant toute la journée du 2 décembre, sauf une légère agitation qui se manifesta aux portes Saint-Denis et Saint-Martin, la grande cité garda un aspect tranquille.

Le 3, quelques barricades se dressèrent sur divers points de Paris; elles furent immédiatement enlevées et détruites presque sans coup férir.

Le 4, tous les efforts des insurgés et du parti montagnard se portèrent aux rues Rambuteau, Grénetat, de Bretagne, Transnonain et Phélippeaux. Dans la soirée, toutes les barricades construites pendant la journée avaient été prises après une assez vive résistance.

Le général de Saint-Arnaud, ministre de la guerre, adressa alors aux troupes la proclamation suivante :

« Soldats!

« Vous avez accompli aujourd'hui un grand acte de votre vie

militaire. Vous avez préservé le pays de l'anarchie, du pillage, et sauvé la république. Vous vous êtes montrés ce que vous serez toujours : braves, dévoués, infatigables. La France vous admire et vous remercie. Le président de la république n'oubliera jamais votre dévouement.

« La victoire ne pouvait être douteuse ; le vrai peuple, les honnêtes gens sont tous avec vous.

« Dans toutes les garnisons de France, vos compagnons d'armes suivraient au besoin votre exemple. »

Durant les journées des 2, 3 et 4 décembre, Louis-Napoléon paya de sa personne sur tous les points où l'ordre était menacé. Dès le 2 décembre, il se rendit à dix heures du matin sur la place de la Concorde, où il passa plusieurs régiments en revue. Traversant ensuite le jardin des Tuileries, il alla visiter l'état-major de l'armée de Paris, puis ensuite il suivit les quais depuis la rue du Bac jusqu'au pont de la Concorde. Partout, sur son passage, la population et les soldats l'acclamèrent avec enthousiasme.

Vers 3 heures de l'après-midi, il parcourut la ligne des boulevards, où il fut accueilli comme il l'avait été le matin sur les quais.

Les officiers de l'escorte, voyant alors combien le prince s'exposait dans ses sorties, lui firent exprimer la crainte que leur inspirait sa témérité, en ajoutant que si jusqu'alors il leur avait montré le chemin en les précédant, il était maintenant de leur devoir de précéder le prince devant le danger.

L'émeute, après ces trois jours, comptait cent hommes tués et deux cents blessés; l'armée n'avait à déplorer la mort que de vingt-cinq hommes; elle avait eu 184 blessés.

« Quelle différence entre juin 1848 et décembre 1851! disent les auteurs de l'*Histoire de Napoléon III*. Différence non moins frappante dans les faits que dans les résultats ! En juin 1848, l'insurrection rallie autour de son drapeau la moitié de la classe ouvrière; Paris est sur le point de devenir sa conquête. En décembre 1851, c'est tout le contraire ; les ouvriers lui échappent, elle est vaincue en quelques heures. Pourquoi donc cette différence? C'est qu'en 1848 la révolution avait enfanté la misère; c'est qu'en 1848 l'autorité n'inspirait ni amour, ni confiance, ni respect; qu'il n'y avait pas de gouvernement, dans la haute acception du mot. En 1851 il y avait au contraire une autorité qui s'occupait de réparer les ruines, de panser les blessures faites par le passé, un homme qui inspirait aux masses ce sentiment fécond que Dieu, quand il le veut, quand cela est utile à ses desseins, met dans le cœur des hommes, la foi ; une main ferme qui tenait vigoureusement les rênes du pouvoir, un vrai gouvernement enfin ! »

Voilà pourquoi décembre 1851 a si peu ressemblé à juin 1848.

Les troubles suscités dans les départements par le parti de la Montagne à la suite du 2 décembre, et qui prirent, sur quelques points, un caractère révoltant de pillage et de violence, furent réprimés avec autant d'ensemble que de vigueur. A la nouvelle de toutes les horreurs commises par les bandes de gens qui s'appelaient socialistes, et qui n'étaient par le fait qu'une sorte de *Jacquerie*, la nation tout entière frémit du péril auquel venait de l'arracher la main ferme et énergique du chef de l'Etat.

Aussi, le verdict des 20 et 21 décembre 1851 vint-il lui prouver hautement l'affection et la confiance du pays ; c'était tambour en tête et drapeau déployé que les communes en masse compacte allaient, précédées de leurs curés, déposer leur *Oui* dans l'urne. Malades, infirmes, blessés se faisaient transporter sur des brancards au lieu du vote. Le résultat de cet immense concours de la France qui s'unissait dans une seule âme, dans un seul esprit, fut :

Oui. 7,439,216
Non. 640,737

Le 31 décembre, à huit heures du soir, la commission consultative, composée d'anciens représentants, se transporta à l'Élysée pour remettre au prince l'extrait du procès-verbal constatant le recensement général de ce vote populaire.

Au discours que lui adressa M. Baroche, président de la commission, le prince fit la réponse suivante :

« Messieurs,

« La France a répondu à l'appel loyal que je lui avais fait. Elle a compris que je n'étais sorti de la légalité que pour rentrer dans le droit. Plus de sept millions de suffrages viennent de m'absoudre en justifiant un acte qui n'avait d'autre but que d'épargner à la France et peut-être à l'Europe des années de trouble et de malheur. Je vous remercie d'avoir constaté officiellement combien cette manifestation était nationale et spontanée.

« Si je me félicite de cette immense adhésion, ce n'est pas par orgueil, mais parce qu'elle me donne la force de parler et d'agir ainsi qu'il convient au chef d'une grande nation comme la nôtre. Je comprends toute la grandeur de ma mission nouvelle, je ne m'abuse pas sur ses graves difficultés. Mais avec un cœur droit, avec le concours de tous les hommes de bien qui, ainsi que vous, m'éclaireront de leurs lumières et me soutiendront de leur patriotisme, avec le dévouement éprouvé de notre vaillante armée, enfin avec cette protection que demain je prierai solennellement le ciel de m'accorder encore, j'espère me rendre digne de la confiance que le peuple continue de mettre en moi. J'espère assurer les destinées de la France en fondant des institutions qui répondent à la fois aux instincts démocratiques de la nation et à ce désir exprimé universellement d'avoir désormais un pouvoir fort et respecté.

« En effet, donner satisfaction aux exigences du moment en créant un système qui reconstitue l'autorité sans blesser l'égalité, sans fermer aucune voie d'amélioration, c'est jeter les véritables bases du seul édifice capable de supporter plus tard une liberté sage et bienfaisante. »

Après avoir prononcé ces nobles paroles, c'est à Notre-Dame d'abord que l'élu de la nation alla s'agenouiller devant le Seigneur ; c'est aux Tuileries ensuite qu'il alla gouverner la France, demandant à Dieu d'éclairer ses actes et de protéger le peuple qui, pour la seconde fois, venait de lui confier ses destinées.

CHAPITRE III.

LES TUILERIES.

Le 1er janvier 1852, le prince-président reçut sa maison militaire, et, à cette occasion, M. le général Roguet, son premier aide de camp, s'exprimait ainsi :

« Monseigneur, on nous disait qu'une immortelle histoire était à jamais finie ; sous nos yeux elle recommence. Un autre Napoléon vient rendre encore au peuple sa foi, à la société ses bases, et, comme César, Auguste sera dépassé.

« Avec l'aide de Dieu, accomplissez une incomparable mission, réglez vous-même tant d'avenir et de grandeur, et que l'hommage des vœux de votre maison, unie dans un seul sentiment de dévouement, s'élève jusqu'à vous. »

L'ordre rétabli dans la rue, la première préoccupation du prince-président, c'est de rétablir la confiance dans les esprits, c'est d'améliorer le sort des classes laborieuses, c'est de rendre à l'armée son prestige, à la religion sa morale évangélique et son autorité.

Dix millions sont consacrés à l'amélioration des logements d'ouvriers dans les grandes villes manufacturières; une somme égale est allouée aux sociétés de secours mutuels, et enfin cinq millions doivent servir à fonder une caisse de retraites au profit des prêtres les moins favorisés par la fortune. Des décrets successifs règlent l'organisation des commissions administratives des hôpitaux, du Mont-de-Piété et des sociétés de secours mutuels.

L'institution de la Médaille militaire vient rémunérer des services pour lesquels jusque-là il n'existait qu'une récompense possible, la croix d'honneur ; il importe de s'en montrer avare pour lui laisser tout son éclat. Un décret fut rendu le 22 février, et la première distribution de médailles fut faite solennellement, dans la cour du palais des Tuileries, le 21 mars. Voici le discours prononcé à cette occasion par le prince-président, discours qui définit parfaitement le but de l'institution nouvellement fondée.

« Soldats,

« En vous donnant pour la première fois la médaille, je tiens à vous faire connaître le but pour lequel je l'ai instituée. Quand on est témoin, comme moi, de tout ce qu'il y a de dévouement, d'abnégation et de patriotisme dans les rangs de l'armée, on déplore souvent que le Gouvernement ait si peu de moyens de reconnaître de si grandes épreuves et de si grands sacrifices.

« L'admirable institution de la Légion d'honneur perdrait de son prestige si elle n'était renfermée dans de certaines limites. Cependant, combien de fois n'ai-je pas regretté de voir des soldats et des sous-officiers rentrer dans leurs foyers sans récompense, quoique par la durée de leur service, par leurs blessures, par des actions dignes d'éloges, ils eussent mérité un témoignage de satisfaction de la patrie! C'est pour la leur accorder que j'ai institué cette médaille.

« Elle pourra être donnée à ceux qui se seront rengagés après s'être bien conduits pendant le premier congé; à ceux qui auront fait quatre campagnes ou bien à ceux qui auront été blessés ou cités à l'ordre de l'armée. Elle leur assurera cent francs de rente viagère; c'est peu certainement, mais ce qui est beaucoup, c'est le ruban que vous porterez sur la poitrine et qui dira à vos camarades, à vos familles, à vos concitoyens, que celui qui le porte est un brave.

« Cette médaille ne vous empêchera pas de prétendre à la croix de la Légion d'honneur si vous en êtes jugés dignes; au contraire, elle sera comme un premier degré pour l'obtenir, puisqu'elle vous signalera d'avance à l'attention de vos chefs. Vous ne cumulerez pas les deux traitements, mais vous pourrez porter les deux décorations. De même, si un sous-officier, caporal ou soldat, auquel aurait été décernée la Légion d'honneur, vient à se signaler encore, il pourra être également décoré de la médaille.

« Soldats, cette distinction est bien peu de chose, je le répète, au prix des services immenses qu'ici et en Afrique vous rendez à la France; mais recevez-la comme un encouragement à maintenir intact cet esprit militaire qui vous honore; portez-la comme une preuve de ma sollicitude pour vos intérêts, de mon amour pour cette grande famille militaire dont je m'enorgueillis d'être le chef parce que vous en êtes les glorieux enfants (1). »

L'institution de la Médaille militaire ne tarda pas à être suivie d'un décret organique du 16 mars qui fit succéder l'unité des statuts aux diverses ordonnances

---

(1) La médaille militaire est en or. Elle est enchâssée dans une grande couronne de chêne, en argent, surmontée d'une aigle d'or aux ailes déployées; sur l'un des côtés de la médaille est l'effigie du chef de l'État avec ces mots : *Louis-Napoléon,* gravés en relief. Sur le champ du revers on lit : *Valeur et Discipline.* Cette décoration est suspendue par un ruban jaune d'or avec liséré vert.

ou décrets contradictoires qui régissaient l'ordre impérial de la Légion d'honneur.

En même temps que le prince-président s'occupait avec sollicitude de l'intérêt de l'ouvrier et du soldat, il ne perdait pas de vue celui de la religion. L'ancienne église Sainte-Geneviève (le Panthéon) était rendue au culte catholique, le repos du dimanche était permis pour les travaux publics, et les aumôniers *des dernières prières* étaient appelés à bénir la tombe du pauvre.

Enfin, de grands travaux publics, en multipliant non-seulement à Paris, mais sur tous les points de la France, les efforts de l'industrie, vinrent donner à nos voies ferrées et à notre navigation un immense développement. Les lignes télégraphiques électriques, rayonnant de tous côtés et se reliant à l'étranger, complétèrent ces vastes entreprises.

L'agriculture eut aussi sa large part. Le Crédit foncier fut organisé, et des chambres consultatives furent créées dans chaque arrondissement.

Pour couronner ce faisceau de grandes mesures, le décret du 13 mars prescrivit l'achèvement du Louvre.

Nous ne poursuivrons pas plus longtemps l'examen rapide des actes importants de toute nature accomplis durant cette année 1852, qui devait se terminer par la proclamation de l'Empire. Quand on lit le *Moniteur universel* de cette époque, on se reporte par la pensée à l'ère glorieuse du Consulat, avec laquelle le gouvernement du prince Louis-Napoléon a beaucoup d'analogie.

Le 29 mars, l'ouverture de la session du Sénat et du Corps législatif avait été faite aux Tuileries en présence de l'élite de la France et de l'Europe.

« Je veux inaugurer de nouveau une ère d'oubli et de conciliation, dit en terminant son discours le prince-président, et j'appelle sans distinction tous ceux qui voudront concourir avec moi au bien public.

« La Providence, qui, jusqu'ici, a si visiblement béni nos efforts, ne voudra pas laisser son œuvre inachevée. Elle nous animera tous de ses inspirations et nous donnera le courage et la force nécessaires pour consolider un ordre de choses qui assurera le bonheur de notre patrie et le repos de l'Europe. »

Le 10 mai suivant eut lieu au Champ de Mars une de ces solennelles cérémonies qui laissent un souvenir ineffaçable dans la mémoire des peuples. Un décret avait ordonné le rétablissement de l'aigle sur les drapeaux. La remise de ces nouveaux étendards à l'armée fut fixée au 10 mai, tandis que la distribution des aigles à la garde nationale fut ajournée au 15 août suivant.

..... « Il nous serait impossible de rendre dignement la grandeur de cette scène imposante — disent les auteurs de l'*Histoire de Napoléon III*. — L'armée était représentée par 60,000 hommes de la garnison de Paris et par des députations de tous les régiments. C'était quelque chose d'éblouissant que cet amas de cuirasses, de casques, de baïonnettes, de sabres reluisant au soleil, que ces panaches, ces aigrettes et ces banderoles flottantes. Ajoutez à cela les roulements de ces mille tambours, la voix tonnante du canon qui se faisait entendre par intervalles, les fanfares éclatantes des trompettes et des clairons, et vous n'aurez qu'une bien faible idée de ce magnifique spectacle.

« Un autel tout resplendissant d'or, aux proportions monumentales, s'élevait au milieu de cet immense Champ-de-Mars où arrivait, à onze heures et demie, Mgr l'archevêque de Paris, la mître en tête et la crosse à la main, accompagné de ses vicaires généraux et précédé de près de mille prêtres en surplis blancs. Aussitôt arrivé, le vénérable prélat monte à l'autel. Le clergé se range sur les degrés.

« A midi et demi, le canon annonce le départ du prince-président, qui, entouré du plus brillant cortége de maréchaux, de généraux et de sa maison militaire, arrive des Tuileries par le Cours-la-Reine. On remarque à sa suite les chefs arabes de l'Algérie, et on admire leur costume aussi riche que pittoresque. »

Louis-Napoléon passe au galop une revue rapide des forces militaires échelonnées dans cet immense espace, puis descend de cheval au pied des degrés de l'estrade où la distribution des drapeaux doit avoir lieu, et monte ensuite les marches de la tribune préparée pour le recevoir. Alors commence la cérémonio; chaque chef de corps vient successivement se présenter devant le prince, pour recevoir le drapeau qui lui est destiné.

La distribution finie, Louis-Napoléon prononce d'une voix vibrante le discours suivant :

« Soldats !

« L'histoire des peuples est en grande partie l'histoire des armées. De leurs succès ou de leurs revers dépend le sort de la civilisation et de la patrie. Vaincues, c'est l'invasion ou l'anarchie ; victorieuses, c'est la gloire ou l'ordre.

« Aussi, les nations comme les armées portent-elles une vénération religieuse à ces emblèmes de l'honneur militaire qui résument en eux tout un passé de luttes et de triomphes.

« L'aigle romaine, adoptée par l'empereur Napoléon au commencement de ce siècle, fut la signification la plus éclatante de la régénération et de la grandeur de la France. Elle disparut dans nos malheurs. Elle devait revenir lorsque la France, relevée de ses défaites, maîtresse d'elle-même, ne semblerait plus répudier sa propre gloire.

« Soldats !

« Reprenez donc ces aigles, non comme une menace contre les étrangers, mais comme le symbole de notre indépendance, comme le souvenir d'une époque héroïque, comme le signe de noblesse de chaque régiment.

« Reprenez ces aigles qui ont si souvent conduit nos pères à la victoire, et jurez de mourir, s'il le faut, pour les défendre. »

Aussitôt que le prince a cessé de parler, une musique sacrée, qui pénètre les âmes d'une religieuse émotion, se fait entendre, et tous les chefs de corps, tenant à la main les drapeaux qu'ils viennent de recevoir, environnent l'autel où Mgr l'archevêque de Paris va célébrer le service divin.

La messe a commencé, puis, tout à coup, le canon retentit : c'est le moment de l'*Élévation ;* il se passe alors quelque chose de vraiment saisissant; les tambours, les trompettes résonnent à la fois, et par un mouvement unanime, avec une admirable précision, 60,000 hommes présentent en même temps les armes. Au même instant, les trois cent mille curieux groupés, soit en dehors, soit en dedans de l'enceinte du Champ-de-Mars, dans les maisons, sur les tertres, dans les tribunes, découvrent simultanément leurs têtes, et tous les fronts se courbent pieusement. La messe terminée, le canon retentit de nouveau, le prélat commence la bénédiction des aigles, puis il prononce un discours dont voici la péroraison :

« La paix est le dessein de Dieu, c'est le but vers lequel marchent les sociétés humaines, quand elles suivent dans leur cours régulier les principes de la justice et les inspirations d'en haut. La guerre n'est légitime qu'à la condition de conquérir et d'assurer la paix. Les armées sont dans la main de Dieu comme de puissants instruments de pacification et d'ordre public.

« Le droit a besoin de la force pour se faire respecter ici-bas ; mais, à son tour, la force a besoin du droit pour demeurer elle-même dans l'ordre providentiel. La paix est donc toujours le but ; la guerre, quelquefois le moyen, moyen terrible, mais nécessaire, hélas ! par l'effet des passions qui agitent le monde. »

Ce discours fut suivi du défilé des troupes, lequel vint clore la cérémonie.

Le 18 juillet, à l'inauguration du chemin de fer de Strasbourg, comme au 10 mai, la religion eut sa place réservée. Elle l'eut aussi au 15 août. Ce jour-là fut, en outre, témoin d'une fête splendide que le prince donna aux dames de la Halle de Paris. On avait converti le marché des Innocents en une immense salle de bal où trois cents lustres supportaient des milliers de bougies, où la belle fontaine de Jean Goujon épanchait l'eau de toutes parts. Cette salle improvisée avait été si habilement disposée que plus de 30,000 personnes purent y circuler et y danser à l'aise jusqu'à cinq heures du matin.

Se considérant comme un chef de famille, qui doit toujours et constamment veiller aux besoins des siens, le prince-président ne cessait de se rendre compte sur les lieux mêmes des besoins des populations.

C'est ainsi qu'après avoir visité l'une de nos provinces les plus déshéritées, la Sologne, et y avoir acquis le domaine de *Lamothe-Beuvron* afin de donner le premier l'exemple des travaux destinés à fertiliser ces terres incultes, le prince quitta Paris le 14 septembre pour visiter nos départements du Midi. Ce voyage fut un triomphe continuel, jour par jour, étape par étape. Les populations accouraient, pour le voir, de vingt, trente, quarante lieues à la ronde. Faute de place dans les maisons ou dans les hôtels, elles bivouaquaient sur les places publiques. Et il ne s'échappait de cette foule immense qu'une seule acclamation, comme si dans toutes ces poitrines avait battu un seul et même cœur : *L'Empire! l'Empire! c'est l'Empire qu'il nous faut! c'est l'Empire que nous demandons!*

A ces vœux l'Empereur répondit par le célèbre discours prononcé à Bordeaux, dont nous ne citerons que ce passage :

« L'Empire, c'est la paix, car la France la désire; et lorsque la France est satisfaite, le monde est tranquille.

« La gloire se lègue bien à titre d'héritage, mais non la guerre. Est-ce que les princes qui s'honoraient justement d'être les petits-fils de Louis XIV ont recommencé ses luttes?

« La guerre ne se fait pas par plaisir, elle se fait par nécessité. Et à ces époques de transition où, partout, à côté de tant d'éléments de prospérité, germent tant de causes de mort, on peut dire avec vérité : Malheur à celui qui donnerait le premier, en Europe, le signal d'une collision dont les conséquences seraient incalculables!

« J'en conviens, cependant, j'ai, comme l'Empereur, bien des conquêtes à faire.

« Je veux, comme lui, conquérir à la conciliation les partis dissidents, et ramener dans le courant du grand fleuve populaire les dérivations hostiles qui vont se perdre sans profit pour personne.

« Je veux conquérir à la religion, à la morale, à l'aisance, cette partie encore si nombreuse de la population qui, au milieu d'un pays de foi et de croyance, connaît à peine les préceptes du Christ; qui, au sein de la terre la plus fertile du monde, peut à peine jouir de ses produits de première nécessité.

« Nous avons d'immenses territoires incultes à défricher, des routes à ouvrir, des ports à creuser, des canaux à terminer, des rivières à rendre navigables, notre réseau de chemins de fer à compléter ; nous avons en face de Marseille un vaste royaume à assimiler à la France ; nous avons tous nos grands ports de l'Ouest à rapprocher du continent américain par la rapidité de ces communications qui nous manquent encore. Nous avons enfin partout des ruines à relever, de faux dieux à abattre, des vérités à faire triompher.

« Voilà comment je comprendrais l'Empire, si l'Empire doit se rétablir.

« Telles sont les conquêtes que je médite, et vous tous qui m'entourez, qui voulez comme moi le bien de votre patrie, vous êtes mes soldats ! »

Paris tout entier s'associa au vœu universellement et spontanément émis par les départements. Jamais souverain ne se vit salué par une joie plus complète, plus expansive que celle dont cette grande cité offrit le spectacle le jour de l'entrée de Louis-Napoléon dans la capitale : il fut acclamé *en Empereur*, quoiqu'il ne le fût pas encore légalement.

Ainsi, c'était la totalité de la France qui demandait le rétablissement de l'Empire. Devant cette unanimité le prince crut devoir convoquer pour le 4 novembre le Sénat, afin que ce corps décidât si cette grande modification à la constitution lui paraissait devoir être régulièrement proposée au pays.

L'intervalle qui sépare le 19 octobre du 4 novembre fut signalé par un acte trop éclatant de réparation et de justice pour qu'on puisse le passer sous silence.

Abd-el-Kader subissait sans se plaindre sa captivité dans le château d'Amboise.

Le prince-président se rendit dans cette résidence et se fit présenter l'émir.

« Abd-el-Kader, lui dit-il, je viens vous annoncer votre mise en liberté. Vous serez conduit à Brousse, dans les États du Sultan, dès que les préparatifs nécessaires seront faits, et vous y recevrez du gouvernement français un traitement digne de votre ancien rang.

« Depuis longtemps, vous le savez, votre captivité me causait une peine véritable, car elle me rappelait sans cesse que le gouvernement qui m'a précédé n'avait pas tenu les engagements pris envers un ennemi malheureux, et rien à mes yeux de plus humiliant pour le gouvernement d'une grande nation que de méconnaître sa force au point de manquer à sa promesse. La générosité est toujours la meilleure conseillère, et je suis convaincu que votre séjour en Turquie ne nuira pas à la tranquillité de nos possessions d'Afrique.

« Votre religion, comme la nôtre, apprend à se soumettre aux décrets de la Providence. Or, si la France est maîtresse de l'Algérie, c'est que Dieu l'a voulu, et la nation ne renoncera jamais à cette conquête.

« Vous avez été l'ennemi de la France, mais je n'en rends pas moins justice à votre courage, à votre caractère, à votre résignation dans le malheur; c'est pourquoi je tiens à honneur de faire cesser votre captivité, ayant pleine foi dans votre parole. »

Après avoir exprimé au prince sa respectueuse reconnaissance, l'émir jura sur le livre sacré du Koran qu'il ne tenterait jamais de troubler notre domination en Afrique et qu'il se soumettait, sans arrière-pensée, aux volontés de la France. Abd-el-Kader ajouta que ce serait bien mal connaître l'esprit et la lettre de la loi du Prophète que de penser qu'elle permet de violer les engagements pris envers les chrétiens, et il montra au prince un verset du Koran qui condamne formellement, sans exception ni réserve aucune, quiconque viole la foi jurée, même aux *infidèles*.

Le 30 octobre, le général de Saint-Arnaud, ministre de la guerre, présenta au prince-président, au château de Saint-Cloud, l'émir Abd-el-Kader.

L'émir fut accueilli par le prince avec une bienveillance marquée. Louis-Napoléon, qui était entouré de tous les membres du cabinet et de la plupart de ses aides de camp, releva Abd-el-Kader, qui s'inclinait pour lui baiser la main, et le serra dans ses bras avec effusion.

Après ces salutations, le prince lui offrit de lui faire visiter le palais ; mais l'émir voulut, auparavant, renouveler solennellement le serment qu'il avait fait à Amboise, et il demanda au prince-président la permission de lui adresser quelques paroles dont voici le résumé :

« Monseigneur,

« Vous avez été bon, généreux pour moi ; je vous dois la liberté que d'autres m'avaient promise, que vous ne m'aviez pas promise, et que, cependant, vous m'avez accordée. Je vous jure de ne jamais violer le serment que je vous ai fait.

« Je sais qu'on vous dit que je manquerai à mes promesses, mais ne le croyez pas ; je suis lié par la reconnaissance et par ma parole ; soyez assuré que je n'oublierai pas ce que l'une et l'autre imposent à un descendant du Prophète et à un homme de ma race. »

Puis l'émir a ajouté :

« Je ne veux pas vous le dire seulement de vive voix, je veux encore laisser entre vos mains un écrit qui soit pour tous un témoignage du serment que je viens de renouveler. Je vous remets donc cette lettre ; elle est la reproduction fidèle de ma pensée. »

Il n'y eut qu'une voix dans toute la France pour applaudir à la mise en liberté d'Abd-el-Kader.

Quelques jours plus tard, le 7 novembre, le Sénat adoptait, à la majorité de 86 voix sur 87 votants, le sénatus-consulte concernant le rétablissement de la dignité impériale. L'article 8 de cet acte portait que la proposition suivante serait présentée à l'acceptation du peuple français :

« Le peuple veut le rétablissement de la dignité impériale dans la personne de Louis-Napoléon Bonaparte, avec hérédité dans sa descendance directe, légitime ou adoptive, et lui donne le droit de régler l'ordre de succession au trône de la famille Bonaparte ainsi qu'il est prévu par le sénatus-consulte du 7 novembre 1852. »

Par suite de cette décision du premier corps de l'État, un décret en date du même jour convoquait le peuple dans ses comices pour les 21 et 22 novembre, à l'effet d'adopter par OUI ou par NON la proposition contenue dans l'article 8 du sénatus-consulte. Un deuxième décret convoquait également le Corps législatif pour le 25 du même mois, afin de constater la régularité et la sincérité du vote, de faire le recensement des suffrages et d'en déclarer le résultat. Quelques instants avant de signer ces décrets, le prince répondait dans les termes suivants aux membres du Sénat qui étaient allés en costume et en corps, au palais de Saint-Cloud, lui présenter le sénatus-consulte :

« Messieurs les Sénateurs,

« Je remercie le Sénat de l'empressement avec lequel il a répondu au vœu du pays, en délibérant sur le rétablissement de l'Empire et en rédigeant le sénatus-consulte qui doit être soumis à l'acceptation du peuple.

« Lorsque, il y a quarante-huit ans, dans ce même palais, dans cette même salle et dans des circonstances analogues, le Sénat vint offrir la couronne au chef de ma famille, l'Empereur répondit par ces paroles mémorables : « *Mon esprit ne* « *serait plus avec ma postérité du jour où elle cesserait de* « *mériter l'amour et la confiance de la grande nation.* »

« Eh bien! aujourd'hui, ce qui touche le plus mon cœur, c'est de penser que l'esprit de l'Empereur est avec moi, que sa pensée me guide, que son ombre me protége, puisque par une démarche solennelle vous venez, au nom du peuple français, me prouver que j'ai mérité la confiance du pays. Je n'ai pas besoin de vous dire que ma préoccupation constante sera de travailler avec vous à la grandeur et à la prospérité de la France. »

Le jour solennel du vote arriva, et sept millions huit cent mille suffrages appelèrent Louis-Napoléon à la dignité impériale sous le nom de Napoléon III.

Ce vote tenait du miracle, c'était un succès prodigieux. Et, chose digne de remarque, le chiffre allait toujours croissant depuis quatre ans. En 1848, c'était cinq millions et demi ; en 1851, sept millions cinq cent mille ; en 1852, c'était près de huit millions. La popularité du prince montait, montait toujours.

Le 1er décembre, le Corps législatif avait terminé ses opérations, et le soir à huit heures, tous ses membres, M. Billaut, président, à leur tête, tous les membres du Sénat et tous les conseillers d'État se rendaient à Saint-Cloud.

La cérémonie se passa dans la grande galerie d'Apollon.

Le cadre restreint de notre travail ne nous permet de reproduire que la réponse faite par l'Empereur aux grands dignitaires de l'État :

« Messieurs, dit Sa Majesté, le nouveau règne que vous inaugurez aujourd'hui n'a pas pour origine, comme tant d'autres dans l'histoire, la violence, la conquête ou la ruse. Il est, vous venez de le déclarer, le résultat légal de la volonté de tout un peuple qui consolide au milieu du calme ce qu'il avait fondé au sein des agitations. Je suis pénétré de reconnaissance envers la nation qui, trois fois en quatre années, m'a soutenu de ses suffrages, et chaque fois n'a augmenté sa majorité que pour accroître mon pouvoir.

« Mais plus le pouvoir gagne en étendue et en force vitale, plus il a besoin d'hommes éclairés comme ceux qui m'entourent chaque jour, d'hommes indépendants comme ceux auxquels je m'adresse pour m'aider de leurs conseils, pour ramener mon autorité dans de justes limites si elle pouvait s'en écarter jamais.

« Je prends, dès aujourd'hui, avec la couronne, le nom de Napoléon III, parce que la logique du peuple me l'a déjà donné dans ses acclamations, parce que le Sénat l'a proposé légalement et parce que la nation entière l'a ratifié.

« Est-ce à dire cependant qu'en acceptant ce titre je tombe dans l'erreur reprochée au prince qui, revenant de l'exil, déclara nul et non avenu tout ce qui s'était fait en son absence? Loin de moi un semblable égarement. Non-seulement je reconnais les gouvernements qui m'ont précédé, mais j'hérite en quelque sorte de ce qu'ils ont fait de bien ou de mal, car les gouvernements qui se succèdent, sont, malgré leurs origines différentes, solidaires de leurs devanciers. Mais plus j'accepte tout ce que, depuis cinquante ans, l'histoire nous transmet avec son inflexible autorité, moins il m'était permis de passer sous silence le règne du chef de ma famille et le titre glorieux, quoique éphémère, de son fils, que les Chambres proclamèrent dans le dernier élan du patriotisme vaincu. Ainsi donc le titre de Napoléon III n'est pas une de ces prétentions dynastiques et surannées qui semblent une insulte au bon sens et à la vérité; c'est l'hommage rendu à un gouvernement qui fut légitime et auquel nous devons les plus belles pages de notre histoire moderne. Mon règne ne date pas de 1815; il date de ce moment même où vous venez me faire connaître les suffrages de la nation.

« Recevez donc mes remercîments, Messieurs les Députés, pour l'éclat que vous avez donné à la manifestation de la volonté nationale en la rendant plus évidente par votre contrôle, plus imposante par votre déclaration. Je vous remercie aussi, Messieurs les Sénateurs, d'avoir été les premiers à m'adresser vos félicitations comme vous avez été les premiers à formuler le vœu populaire.

« Aidez-moi tous à asseoir, sur cette terre bouleversée par tant de révolutions, un gouvernement stable qui ait pour bases la religion, la justice, la probité, l'amour des classes souffrantes.

« Recevez ici le serment que rien ne me coûtera pour assurer la prospérité de la patrie, et que, tout en maintenant la paix, je ne céderai rien de tout ce qui touche à l'honneur et à la dignité de la France. »

Le lendemain, 2 décembre, l'Empereur quittait le

palais de Saint-Cloud à midi. Il était à cheval, en uniforme de général de division et décoré du grand cordon de la Légion d'honneur. Il s'avançait seul et à quelque distance de son cortége entre les deux lignes de la garde nationale et de l'armée qui s'étendaient de la porte Maillot jusqu'à la place de la Concorde ; son mâle visage reflétait le bonheur profond que lui faisaient éprouver les acclamations enthousiastes dont il était l'objet et qui l'accompagnèrent jusqu'au palais des Tuileries.

L'Empire ne fut pas inauguré par des réjouissances officielles. Napoléon III ne le voulut pas, il préféra ouvrir son règne par des actes de clémence et par de nombreux bienfaits en faveur des classes pauvres ou souffrantes.

Nous n'entreprendrons pas de rappeler ici tous les faits qui marquent le gouvernement de Napoléon III d'un sceau indélébile de grandeur et de nationalité. Ce n'est pas l'histoire d'un règne que nous avons cherché à analyser, mais bien une étude que nous avons essayée sur un puissant souverain qui tient actuellement entre ses mains la solution de la paix ou de la guerre en Europe.

Nous nous bornerons donc à mentionner les événements qui se rattachent le plus intimement à la personne même de Sa Majesté, ou ceux de ses discours qui, comme autant de monuments historiques, tracent la voie ascendante parcourue par la France depuis le rétablissement de l'Empire.

On ne peut apprécier l'étonnant et prodigieux caractère de cette marche progressive qu'en comparant l'état où se trouve aujourd'hui notre pays avec celui où il était sous les Bourbons. La France s'est presque totalement transformée dans cet espace de temps. L'Empereur règne en ce moment sur un État beaucoup plus puissant que lorsqu'il reçut la couronne des mains du peuple. Sur les grandes questions d'influence parmi les puissances étrangères, de force et de stabilité à l'intérieur, la situation actuelle de la France offre un contraste frappant avec ce qu'elle était sous les précédents régimes, et surtout sous le gouvernement républicain de 1848. Le pays a noblement soutenu son antique renom et recouvré son rang éminent dans les conseils de l'Europe.

Napoléon III a montré que ses soldats savent encore vaincre et que ses diplomates sont toujours aussi habiles. Il a prouvé que son système est le plus parfait qu'il y ait en Europe, que son armée est douée de l'indomptable courage et de l'invincible enthousiasme d'autres époques, et que les exploits de ses troupes sur le champ de bataille sont puissamment secondés par l'inépuisable sympathie et le chaleureux dévouement des populations. Il a prouvé par-dessus tout que le sentiment du pouvoir et même la passion de la gloire militaire sont subordonnés aux inspirations plus généreuses desquelles dépendent la paix et le bonheur du monde, et que ses hommes d'État peuvent porter assez dignement l'immense responsabilité qui leur incombe pour que la France, au lieu d'être une source de troubles et d'alarmes, devienne la grande civilisatrice et la grande pacificatrice de l'Europe.

Le principal mérite de l'Empereur, ont avancé quelques écrivains, est de mettre l'oreille contre terre et d'écouter la voix du peuple, qui lui a dit d'achever le Louvre, de construire des cités ouvrières, d'embellir Paris, de faire la guerre pour l'honneur du drapeau et la paix pour le bien public, le repos de l'Europe, la prospérité du commerce, le développement de l'industrie. Quoi d'ailleurs de plus conforme à cet idéal de la monarchie qu'il a lui-même défini ainsi : *Identité des intérêts entre le souverain et le peuple!*

II

C'est encore la voix du peuple que l'Empereur a écoutée lorsqu'il a songé à appeler à ses côtés, sur le trône, une compagne douée de toutes les qualités de l'âme qui firent chérir l'impératrice Joséphine et la reine Hortense.

Ce fut le 22 janvier 1853 que Napoléon III notifia ses intentions aux grands corps de l'État, rassemblés autour de sa personne.

Dans sa communication au Sénat, au Corps législatif et au Conseil d'État, l'Empereur avait fait connaître dans les termes suivants cette union qui allait augmenter encore sa popularité :

« La France, par ses révolutions successives, s'est toujours brusquement séparée du reste de l'Europe; tout gouvernement sensé doit chercher à la faire rentrer dans le giron des vieilles monarchies; mais ce résultat sera bien plus sûrement atteint par une politique droite et franche, par la loyauté des transactions, que par des alliances royales qui créent de fausses sécurités et substituent souvent l'intérêt de famille à l'intérêt national. D'ailleurs, les exemples du passé ont laissé dans l'esprit des peuples des croyances superstitieuses; il n'a pas oublié que depuis soixante-dix ans les princesses étrangères n'ont monté les degrés du trône que pour voir leur race dispersée et proscrite par la guerre ou par la révolution. Une seule femme a semblé porter bonheur et vivre plus que les autres dans le souvenir du peuple, et cette femme, épouse modeste et bonne du général Bonaparte, n'était pas issue d'un sang royal.

« Il faut cependant le reconnaître : en 1810 le mariage de Napoléon Ier avec Marie-Louise fut un grand événement ; c'était un gage pour l'avenir, une véritable satisfaction pour l'orgueil national, puisqu'on voyait l'antique et illustre maison d'Autriche, qui nous avait fait si longtemps la guerre, briguer l'alliance du chef d'un nouvel empire. Sous le dernier règne, au contraire, l'amour-propre du pays n'a-t-il pas eu à souffrir lorsque l'héritier de la couronne sollicitait infructueusement, pendant plusieurs années, l'alliance d'une maison souveraine et obtenait enfin une princesse accomplie sans doute, mais seulement dans les rangs secondaires et dans une autre religion ?

« Quand, en face de la vieille Europe, on est porté par la force d'un nouveau principe à la hauteur des anciennes dynasties, ce n'est pas en vieillissant son blason et en cherchant à s'introduire à tout prix dans les familles des rois que l'on se fait accepter ; c'est bien plutôt en se souvenant de son origine, en conservant son caractère propre, et en prenant franchement vis-à-vis de l'Europe la position de parvenu, titre glorieux lorsqu'on parvient par le libre suffrage d'un grand peuple.

« Ainsi obligé de s'écarter des précédents suivis jusqu'à ce jour, mon mariage n'était plus qu'une affaire privée. Il restait seulement le choix de la personne.

« Celle qui est devenue l'objet de ma préférence est d'une naissance élevée. Française par le cœur, par l'éducation, par le souvenir du sang que versa son père pour la cause de l'Empire, elle a, comme Espagnole, l'avantage de ne pas avoir en France de famille à laquelle il faille donner honneurs et dignités. Douée de toutes les qualités de l'âme, elle sera l'ornement du trône comme au jour du danger elle deviendrait un de ses courageux appuis. Catholique et pieuse, elle adressera au ciel les mêmes prières que moi pour le bonheur de la France ; gracieuse et bonne, elle fera revivre dans la même position, j'en ai le ferme espoir, les vertus de l'impératrice Joséphine. »

Cette cérémonie s'était prolongée au delà des prévisions de l'Empereur ; mais, dès qu'elle fut terminée,

Sa Majesté s'empressa d'aller à l'Élysée, où venaient de se rendre Son Excellence le maréchal Vaillant, grand-maréchal du palais, et M. le général Vaudrey. Déjà ils y avaient été précédés par l'auguste princesse qui allait monter sur le trône de France.

En effet, vers trois heures de l'après-midi, une voiture de ville, sans armoiries, entra dans la cour de l'Élysée, et deux dames en descendirent : c'étaient la duchesse de Montijo et la comtesse de Téba. Elles furent reçues par M. Girard de Charbonnière, commandant militaire du palais, qui n'avait été prévenu que très-peu de temps à l'avance. Le petit nombre de témoins présents à cette réception furent frappés de la simplicité et de l'air modeste de la comtesse de Téba.

Un instant après avoir été introduites dans les appartements réservés, la duchesse de Montijo et la comtesse de Téba reçurent la visite de l'Empereur; puis la musique du 3e léger, réunie à la hâte par le commandant Girard de Charbonnière, donna une sérénade à la future Impératrice des Français et fit entendre l'air de la reine Hortense.

Le mariage civil eut lieu le 29, et le lendemain l'union des augustes époux fut célébrée à Notre-Dame.

Le rôle de l'Impératrice était marqué; elle devait être souveraine de la charité, des bienfaits et des encouragements. Les enfants, les femmes, les malades et les blessés étaient son peuple, celui auquel elle consacrerait son existence, ses veilles, ses intercessions.

« L'Empereur — dit l'auteur des *Portraits historiques au* XIXe *siècle* — voulut pour ainsi dire qu'elle prît possession officiellement de ce noble rôle, et il attacha à la couronne de l'Impératrice, comme le plus précieux diamant, le titre de présidente des sociétés de charité de l'Empire.

« L'asile, l'ouvroir, la crèche, l'hospice, l'atelier furent ses domaines à féconder, à enrichir. La faiblesse, la maladie, la souffrance, le travail pénible furent confiés à la jeune et pieuse Impératrice, pour qu'elle en prît soin et pour qu'elle demeurât une noble femme savante en douleurs et en misères, toujours appelée à secourir, toujours prête à consoler, à relever quiconque est prêt à succomber.

« Ces admirables devoirs qu'une organisation délicate et intelligente à la fois peut seule remplir, ces devoirs sont le bonheur de l'Impératrice, et elle en a pris la charge avec ardeur et joie, n'éprouvant de soucis que lorsqu'elle est obligée, par le nombre des infortunes, de s'attacher aux plus pressantes et de retarder pour d'autres l'époque où elle doit les faire cesser.

« Dès le début, l'Impératrice manifesta sa sérieuse et touchante sollicitude et la grandeur avec laquelle elle comprenait sa mission.

« La ville de Paris avait voté une somme de 600,000 fr. pour offrir une parure à l'auguste compagne de Napoléon III à l'occasion de la célébration de son mariage. Sa Majesté n'accepta le présent qu'en le transformant aussitôt; elle se fit donner, non un écrin, mais une offrande plus belle, une maison d'éducation pour les orphelins pauvres. La somme votée par le conseil municipal fut employée, d'après les plans de l'Impératrice, à la fondation de cet établissement qui doit remplacer pour de malheureux enfants la famille dont ils sont privés, leur assurer des soins peut-être plus intelligents et leur procurer la certitude d'une existence honnête en leur apprenant le travail approprié à leur situation.

« Un hôpital porta bientôt le nom de l'Impératrice Eugénie et le signala à une reconnaissance nouvelle.

« S'inquiéter des moindres détails, faire couler une source intarissable de dons particuliers inscrits sur les registres de ses commandements, montrer une activité incessante dans ses recherches, ses projets, proposer à l'Empereur créations sur créations et ne jamais détourner un seul instant son regard de ceux que le malheur a frappés, telle est l'existence de l'Impératrice, existence qui la maintient, comme les médecins et les prêtres, constamment en présence de spectacles tristes et émouvants, mais qui donnent un élan plus vif à sa piété, à sa charité.

« Des ennemis, elle n'en veut point avoir; elle n'en a pas. La religion lui fait une pitié plus grande encore pour eux lorsqu'ils se trouvent frappés. »

Chaque fête, chaque bal, est une occasion pour l'Impératrice de témoigner sa sollicitude à ses protégés; elle est, si l'on peut ainsi s'exprimer, *ingénieuse en charité.*

La physionomie de l'Impératrice est souriante et ferme, empreinte de candeur et de décision. Sa taille est élégante et noble; son goût d'ajustement parfait. Son aspect donne bien l'idée d'une souveraine heureuse, bienveillante, confiante en Dieu, en son auguste époux et dans la nation qui l'a adoptée.

C'est dans les sillons de Waterloo que la vieille garde s'est ensevelie avec ses aigles; c'est sur ce champ de bataille, témoin de sa dernière lutte, que les peuples iront chercher les traditions de gloire et de dévouement laissés en exemple aux générations futures par cette phalange de héros.

Ce qui distinguait éminemment la garde impériale, c'était une discipline d'autant plus exemplaire qu'elle était basée, non sur la crainte de la répression, mais sur le sentiment du devoir. En parlant de sa garde, Napoléon avait dit : « Si un corps privilégié ne se comporte pas avec sagesse et mesure, il faut le dissoudre. Je veux avoir des soldats aguerris, mais je ne veux pas de soldats indisciplinés ; quel que fût leur uniforme, ces hommes ne seraient à mes yeux que des janissaires ou des prétoriens. »

La jeune garde impériale, créée par un décret du 1er mai 1854, s'est montrée en tous points digne de l'héritage de gloire que lui avait légué son aînée. En Crimée, en Italie, ces braves soldats d'élite ont prouvé qu'ils étaient les dignes fils des héros de Marengo, d'Austerlitz, de la Moskowa.

On sait que la garde impériale actuelle forme deux fortes divisions d'infanterie à deux brigades et une division de cavalérie à trois brigades. Elle se compose de soldats empruntés à tous les corps de l'armée française, sans autres conditions que celles de la bonne conduite, de l'instruction et des services rendus.

Lorsqu'une partie de ce corps d'élite partit pour l'armée d'Orient, l'Empereur lui adressa l'allocution suivante, le 9 janvier 1855 :

« Soldats, le peuple français, par sa souveraine volonté, a ressuscité bien des choses qu'on croyait mortes à jamais, et aujourd'hui l'Empire est reconstitué. D'intimes alliances existent avec nos anciens ennemis. Le drapeau de la France flotte avec honneur sur ces rives lointaines, où le vol audacieux de nos aigles n'était pas encore parvenu. La garde impériale, représentation héroïque de la gloire et de l'honneur militaires, est ici devant moi, entourant l'Empereur, ainsi qu'autrefois, portant le même uniforme, le même drapeau, et ayant surtout dans le cœur les mêmes sentiments de dévouement à la patrie. Recevez donc ces drapeaux qui vous conduiront à la victoire comme ils y ont conduit vos pères, comme ils viennent d'y conduire vos camarades. Allez prendre votre part de ce qui reste encore de dangers à surmonter, de gloire à recueillir. Bientôt vous aurez reçu le noble baptême que vous ambitionnez et vous aurez concouru à planter nos aigles sur les murs de Sébastopol. »

L'année 1854 avait vu commencer les hostilités (1). L'armée expéditionnaire de la Baltique s'était emparée de Bomarsund; l'armée de Crimée avait été victorieuse à l'Alma et à Inkermann.

« L'armée d'Orient, disait l'Empereur à la réception du jour de l'an, a jusqu'à ce jour tout souffert et tout surmonté : l'épidémie, l'incendie, la tempête, les privations, une place sans cesse ravitaillée, défendue par une artillerie formidable de terre et de mer, une armée ennemie supérieure en nombre, rien n'a pu affaiblir son courage ni arrêter son élan, chacun a fait noblement son devoir, depuis le maréchal, qui a semblé forcer la mort à attendre qu'il eût vaincu, jusqu'au soldat et au matelot dont le dernier cri en expirant était un vœu pour la France, une acclamation pour l'élu du pays. Déclarons-le donc ensemble, l'armée et la flotte ont bien mérité de la patrie.

« La lutte qui se poursuit, circonscrite par la modération et la justice, tout en faisant palpiter les cœurs, effraye si peu les intérêts que bientôt des diverses parties du globe se réuniront ici tous les produits de la paix. Les étrangers ne pourront

---

(1) Ce chapitre ne contient que l'indication nominative de nos glorieuses batailles en Orient et en Italie, pour ne pas faire double emploi avec les autres parties de nos Études sur la Russie, la Turquie et l'Autriche, auxquelles se relient ces faits mémorables.

Le chapitre IV du présent volume ayant pour titre *les Lieutenants de l'Empereur*, contient d'ailleurs des détails précis sur les faits les plus remarquables de ces deux importantes campagnes.

manquer d'être frappés du saisissant spectacle d'un pays qui, comptant sur la protection divine, soutient avec énergie une guerre à six cents lieues de ses frontières, et qui développe avec la même ardeur ses richesses intérieures; un pays où la guerre n'empêche pas l'agriculture et l'industrie de prospérer, les arts de fleurir, et où le génie de la nation se révèle dans tout ce qui peut faire la gloire de la France. »

L'exposition universelle de 1855, au palais de l'Industrie, vint donner à ces paroles la consécration dont elles étaient dignes. C'est pendant une guerre sérieuse, comme l'avait dit Napoléon III à la séance solennelle de la distribution des récompenses, le 15 novembre de la même année, que de tous les points de l'univers étaient accourus à Paris, pour y exposer leurs travaux, les hommes les plus distingués de la science, des arts et de l'industrie.

La reine d'Angleterre et le prince Albert, son royal époux, étaient venus donner par leur présence un éclat de plus à l'immense concours des Champs-Élysées. Cette visite, qui suivait de près celle faite à Osborne, par l'Empereur et l'Impératrice, durant le mois d'avril précédent, venait donner un gage de plus à l'alliance anglo-française.

« L'Angleterre et la France, avait dit l'Empereur en répondant au maire de Londres, le 19 avril 1855, se trouvent naturellement d'accord sur les grandes questions de politique et d'humanité qui agitent le monde. Depuis les rivages de l'Atlantique jusqu'à ceux de la Méditerranée, depuis la Baltique jusqu'à la mer Noire, depuis l'abolition de l'esclavage jusqu'aux vœux pour l'amélioration du sort des contrées de l'Europe, je ne vois dans le monde moral comme dans le monde politique pour nos deux nations qu'une même route à suivre, qu'un même but à atteindre. Il n'y a donc que des intérêts secondaires ou des rivalités mesquines qui pourraient les diviser. Le bon sens à lui seul nous répond de l'avenir. »

La prise de Malakoff, après la sanglante rencontre

de la Tchernaïa, avait mis Sébastopol à notre merci. La fin de ce grand et terrible drame approchait. C'est dans ces circonstances que le fils glorieux de Charles-Albert, le vaillant soldat de Goïo et de Novare, le roi Victor-Emmanuel se rendit à Paris; la population entière le salua de ses plus chaleureuses acclamations.

« Le roi de Sardaigne — dit l'auteur de l'*Histoire du Congrès de Paris* — passa six jours entiers dans cette capitale; ce temps suffit pour faire apprécier les hautes qualités du prince et sa bienveillance naturelle pour tous ceux qui purent l'approcher. La gloire et la popularité du père rejaillissaient sur le fils et se confondaient dans les sentiments d'estime et de vive sympathie qu'inspiraient ses mérites personnels. Le peuple de Paris, en voyant la mâle et intelligente figure de notre chevaleresque allié, se rappelait avec émotion les terribles malheurs qui l'avaient, coup sur coup, si cruellement frappé dans ses affections les plus chères. On n'oubliait pas non plus cette valeureuse armée piémontaise qui avait combattu en Crimée à côté de la nôtre. Les manifestations dont ce prince était l'objet n'étaient donc pas un simple et banal hommage rendu au prestige du pouvoir; c'était de l'admiration réfléchie mêlée à la reconnaissance. »

Tandis qu'à Sébastopol on établissait de nouvelles et formidables batteries pour répondre au feu du fort Constantin, huit régiments de ligne et la garde impériale avaient été désignés pour opérer leur retour en France.

Ce fut le 29 décembre qu'eut lieu la réception de ces troupes. Au pied de la colonne de Juillet, faisant face au boulevard, l'Empereur adressa la harangue suivante à ces braves soldats qui portaient sur leurs figures les traces des rudes et longues fatigues de cette laborieuse campagne.

« Soldats,

« Je viens au-devant de vous, comme autrefois le Sénat romain allait aux portes de cette ville au-devant de ses légions victorieuses. Je viens vous dire que vous avez bien mérité de la patrie.

« Mon émotion est grande, car au bonheur de vous revoir se mêlent de douloureux regrets pour ceux qui ne sont plus et un profond chagrin de n'avoir pu moi-même vous conduire au combat.

« Soldats de la garde comme soldats de la ligne, soyez les bienvenus.

« Vous représentez tous cette armée d'Orient dont le courage et la persévérance ont de nouveau illustré nos aigles et reconquis à la France le rang qui lui est dû.

« La patrie, attentive à tout ce qui s'accomplit en Orient, vous accueille avec d'autant plus d'orgueil qu'elle mesure vos efforts à la résistance opiniâtre de l'ennemi.

« Je vous ai rappelés quoique la guerre ne soit pas terminée, parce qu'il est juste de remplacer à leur tour les régiments qui ont le plus souffert. Chacun pourra ainsi aller prendre sa part de gloire, et le pays, qui entretient six cent mille soldats, a intérêt à ce qu'il y ait maintenant en France une armée nombreuse et aguerrie prête à se porter où le besoin l'exige.

« Gardez donc soigneusement les habitudes de la guerre ; fortifiez-vous dans l'expérience acquise ; tenez-vous prêts à répondre, s'il le faut, à mon appel ; mais en ce jour oubliez les épreuves de la vie du soldat ; remerciez Dieu de vous avoir épargnés, et marchez fièrement au milieu de vos frères d'armes et de vos concitoyens, dont les acclamations vous attendent. »

Ces belles paroles produisirent un effet immense, indescriptible.

La journée fut magnifique d'enthousiasme.

Cette année 1855, qui avait été témoin de si grands événements, vit aussi se fonder une création bien utile pour le soldat : nous voulons parler de la *Caisse de la dotation de l'armée*, instituée par la loi du 26 avril 1855. Cette caisse offre l'immense avantage d'accroître le nombre des anciens soldats, en assurant à ceux qui ont fini leurs sept années de service obligatoire, et qui sont disposés à rester dans les rangs de l'armée, des avantages tels qu'un avenir est assuré à leur existence, désormais exempte de trop dures privations.

III

Nous ne parlerons que très-succinctement du congrès de Paris, dont nous avons rendu un compte assez détaillé dans notre *Étude sur Alexandre II.*

C'est le 25 février 1856 que les plénipotentiaires des diverses puissances désignés pour faire partie de ce congrès se sont réunis au ministère des affaires étrangères, sous la présidence de M. le comte Walewski, et, le 3 mars suivant, l'Empereur fit pressentir, par un paragraphe du discours qu'il prononça aux Tuileries, à l'occasion de l'ouverture de la session législative, que l'esprit de modération et d'équité qui animait les plénipotentiaires était de nature à faire espérer un résultat favorable.

En effet, le dimanche 30 mars, le *Moniteur* publia un supplément extraordinaire pour faire connaître à la nation que la paix avait été signée le même jour à midi. Dès que cette heureuse nouvelle fut connue, la joie fut universelle; les maisons se pavoisèrent de drapeaux français, anglais, prussiens, autrichiens, piémontais et turcs, et le soir la ville entière fut illuminée.

A l'occasion de la naissance du prince impérial, les

plénipotentiaires ayant adressé à l'Empereur leurs félicitations, Sa Majesté leur répondit :

« Je remercie le congrès des vœux et des félicitations qu'il m'adresse. Je suis heureux que la Providence m'ait envoyé un fils au moment où une ère de réconciliation générale s'annonce pour l'Europe. Je l'élèverai dans ce sentiment que les peuples ne doivent pas être égoïstes et que le repos de l'Europe dépend de la prospérité de chaque nation. »

A la députation du Corps législatif, l'Empereur dit :

« J'ai été bien touché de la manifestation de vos sentiments à la naissance du fils que la Providence a bien voulu m'accorder. Vous avez salué en lui l'espoir dont on aime à se bercer, de la perpétuité d'un système qu'on regarde comme la plus sûre garantie des intérêts généraux du pays ; mais les acclamations unanimes qui entourent son berceau ne m'empêchent pas de réfléchir sur la destinée de ceux qui sont nés et dans le même lieu et dans des circonstances analogues. Si j'espère que son sort sera plus heureux, c'est que, d'abord, confiant dans la Providence, je ne puis douter de sa protection en la voyant relever par un concours de circonstances extraordinaires tout ce qui lui avait plu d'abattre, il y a quarante ans, comme si elle avait voulu vieillir par le martyre et par le malheur une nouvelle dynastie sortie des rangs du peuple. Ensuite, l'histoire a des enseignements que je n'oublierai pas. Elle me dit, d'une part, qu'il ne faut jamais abuser des faveurs de la fortune ; d'une autre, qu'une dynastie n'a de chance de stabilité que si elle reste fidèle à son origine en s'occupant uniquement des intérêts populaires pour lesquels elle a été créée. »

Le prince impérial était né le 16 mars 1856.

La ville de Paris, selon l'usage, qui est son privilége, offrit le berceau pour l'enfant impérial. La maison des Enfants de France fut constituée et composée par mesdames l'amirale Bruat, gouvernante ; Bizot et de Brancion, sous-gouvernantes, toutes trois veuves de héros de l'armée d'Orient.

Le prince impérial fut inscrit comme enfant de troupe au 1er régiment de grenadiers de la garde impériale.

L'Impératrice voulut qu'à côté des réjouissances officielles qui fêtèrent la naissance du prince impérial, il y eût aussi des réjouissances domestiques. Elle fit distribuer d'abondants secours, envoya de nombreux dons à tous les établissements de bienfaisance. Les enfants nés le même jour que le prince impérial devinrent les filleuls de l'Empereur et de l'Impératrice. Des livrets de la caisse d'épargne furent inscrits au nom de ceux de ces enfants qui appartenaient à des familles pauvres.

Plus tard, une création touchante, celle de l'Orphelinat du prince impérial, vint assurer à ses jeunes pupilles un apprentissage et des soins éclairés.

Ce que vous donnez aux pauvres, vous me le donnez, dit le Christ, et c'est sous l'invocation de cette divine parole que Leurs Majestés présentent à tous de grands exemples de charité.

Les humbles, les souffrants, telle est la préoccupation constante de l'Empereur et de l'Impératrice. Sous leur main protectrice, la prévoyance va au-devant de toutes les misères.

La transformation successive des établissements d'assistance publique, l'organisation du traitement des malades à domicile, des sociétés de secours mutuels, ont plus fait en quelques années pour les classes populaires que les gouvernements qui se sont succédé depuis le premier Empire.

Et quand les inondations désolent le midi de la France, on voit l'Empereur quitter à la hâte les Tuileries pour se rendre lui-même sur les lieux du désastre. Au milieu de toutes ces familles désolées, il apparaît comme un père, comme un sauveur attendu par ses enfants. C'est au sein des eaux débordées qu'il pousse son cheval, bravant le danger pour atteindre le malheureux qui l'implore.

Rentré dans Paris lorsque les traces de ces infortunes commencent à s'effacer, l'Empereur préside à la cérémonie de l'inauguration du nouveau Louvre, et transforme pour la population parisienne le bois de Boulogne en un parc délicieux précédé d'une avenue grandiose, l'avenue de l'*Impératrice*. Le bois de Vincennes, plus à portée des populations ouvrières, est aussi transformé avec un goût parfait ; des lacs y sont creusés, des pelouses, des allées y sont gracieusement dessinées, et nos honnêtes travailleurs du faubourg Saint-Antoine y vont maintenant tous les dimanches, pour respirer le grand air avec leurs familles.

La soumission de la grande Kabylie, le Code de justice militaire et l'Asile impérial de Vincennes pour les ouvriers invalides sont autant d'éphémérides mémorables de l'année 1857.

Enfin, l'Empereur, voulant honorer par une distinction spéciale les militaires français et étrangers qui ont combattu sous les drapeaux de la France dans les grandes guerres de 1792 à 1815, institua en leur faveur, par un décret du 12 août 1857, la Médaille de *Sainte-Hélène*. Cette médaille commémorative est de bronze et de même module à peu près que la médaille militaire. Elle offre, d'un côté, l'effigie de Napoléon Ier, et de l'autre, cette légende : Campagnes de 1792 à 1815. — *A ses compagnons de gloire sa dernière pensée. Sainte-Hélène, 5 mai* 1821.

Le voyage de S. A. I. le grand-duc Constantin, frère de l'Empereur de Russie, l'entrevue de Napoléon III et d'Alexandre II, à Stuttgard, comptent encore dans les faits importants de 1857.

La présence du grand-duc Constantin en France, un an après la signature du traité de paix entre les puissances alliées et la Russie, fut signalée comme une preuve irrécusable de la bonne entente qui existait entre les deux empereurs Napoléon III et Alexandre II.

Durant son court séjour à Paris, le prince visita nos établissements consacrés aux arts et aux sciences. Par son attitude, par son langage, par ses connaissances approfondies en toutes choses, le grand-duc Constantin conquit la faveur publique. Jamais prince étranger n'avait reçu jusque-là, en France, un accueil aussi sympathique.

C'est vers le milieu de mai 1857 que le frère du tzar avait pris congé de l'Empereur des Français. Le 25 septembre de la même année, Napoléon III entrait à Stuttgard, et à peine y était-il arrivé qu'Alexandre II venait lui faire une visite (1).

Bien que le sujet de cette entrevue soit demeuré secret, il est permis de penser, d'après les versions les plus accréditées, que les conférences des deux souverains eurent pour objets principaux les mesures à prendre pour la pacification de l'Europe.

L'année 1858 s'ouvrit sous de funestes auspices.

« Le 14 janvier — dit l'auteur des *Portraits histo-*

(1) Le voyage de S. A. I. le grand-duc Constantin, et l'entrevue de Napoléon III et d'Alexandre II, à Stuttgard, sont l'objet d'un récit spécial dans notre *Étude sur Alexandre II*, publiée par la librairie A. Franck, rue Richelieu, 67.

riques au XIXᵉ siècle — l'Empereur et l'Impératrice, partis le soir à huit heures dix minutes du palais des Tuileries, se rendaient à l'Opéra pour assister à une représentation donnée au bénéfice du chanteur Levasseur. L'escorte, formée par un peloton de lanciers de la garde, était à peine arrivée devant le théâtre, qu'une effroyable détonation retentit. La voiture impériale est ébranlée dans toute sa membrure par un choc violent. Une fumée épaisse monte le long des maisons. Parmi la foule rassemblée sur le passage de Leurs Majestés éclatent des cris d'effroi et de douleur. Au même moment, une seconde, une troisième explosion se succèdent; tout fuit, tout tombe, la rue est jonchée de blessés et de mourants comme un champ de bataille. Des éclats de fer pleuvent autour de l'Empereur et de l'Impératrice, teints de sang de leurs serviteurs. La voiture semble se déchirer sous une étreinte formidable. Une indicible angoisse suspend toute autre sensation.

« Quelle catastrophe se prépare, quel volcan va faire éruption! Puis, aussitôt la pensée de préserver l'homme sur qui reposent les destinées du pays et sa noble compagne s'empare de tous les esprits. Officiers de la cour, soldats, ouvriers, sergents de ville, se précipitent pour leur faire un rempart de leurs corps. On supplie l'Empereur de retourner sur ses pas, de ne point pénétrer dans ce théâtre où quelque machine infernale l'attend peut-être pour achever le crime qui a échoué au dehors.

— « Montrons-leur que nous sommes plus braves qu'eux! s'écrie l'Impératrice. »

Et d'un pas ferme elle accompagne l'Empereur dans la loge impériale, où ils sont accueillis par le plus chaleureux enthousiasme. Alors elle s'aperçoit que sa robe est déchirée et sanglante, triste appel des victimes tombées autour d'elle et qu'elle n'a pas oubliées. L'héroïque Impératrice et l'Empereur envoient leur suite s'informer de l'étendue des malheurs, du nom et de la position de ceux qui ont été frappés.

Leurs Majestés restèrent au théâtre une grande partie de la représentation. L'Impératrice était impatiente d'aller embrasser son fils et de remercier Dieu de la protection dont il l'avait couverte. Ces actions de grâces, elle ne les différa pas, et, en rentrant aux Tuileries, elle prit son fils dans ses bras, mêlant ainsi l'innocent enfant à ses prières.

Le lendemain, l'Empereur et l'Impératrice allèrent visiter les hôpitaux. Ils suivirent la ligne des boulevards. L'Impératrice ne cachait plus sa tristesse à la population qui la contemplait en exaltant son courage. Elle aurait voulu pouvoir racheter tant d'existences détruites, et son émotion fut telle, en revoyant les lieux témoins de l'épouvantable événement, qu'elle fut obligée de s'appuyer sur le bras de l'Empereur. La tendre faiblesse de la femme reprenait ses droits.

L'Impératrice pria pour les coupables et sollicita la grâce de la vie pour eux. Le matin même où ils expièrent leur crime, Sa Majesté, agenouillée dans sa chapelle, entendit la messe et pria pour le repos de leurs âmes, en faisant vœu de secourir leurs veuves et leurs enfants, dont le malheur lui semblait le plus grand de tous, le plus irréparable.

Les plaies causées par l'attentat du 14 janvier se cicatrisèrent peu à peu, et l'Impératrice, que ce crime abominable avait remplie de mélancolie, revint à son ancienne humeur de gaieté sereine, quoique de si effroyables souvenirs l'assombrissent encore parfois.

Le voyage en Normandie et en Bretagne, l'enthousiasme sincère des populations qui se portaient sur le passage de l'Empereur et de l'Impératrice, demandant à voir l'*enfant*, dissipèrent ces nuages.

Commencé le 3 août 1858, ce voyage se termina le 21 du même mois. Ces dix-huit jours furent dix-huit jours d'ovation continuelle.

On sait que la reine d'Angleterre, sur l'invitation de l'Empereur, s'était rendue à Cherbourg avec le prince-époux.

L'accueil fait à la reine Victoria fut empreint d'une grande et respectueuse dignité.

Après le départ de la reine d'Angleterre, l'Empereur assista à l'inauguration de la statue équestre de Napoléon Ier.

Dans la réponse faite au maire de Cherbourg, par l'Empereur, à l'occasion de cette cérémonie, nous remarquons les paroles que voici :

« L'idée première de la création du port de Cherbourg remonte à celui qui créa tous nos ports militaires et toutes nos places fortes, à Louis XIV, secondé du génie de Vauban. Louis XVI continua activement les travaux. Le chef de ma famille leur donna une impulsion décisive, et depuis, chaque gouvernement a regardé comme un devoir de la suivre. Je remercie la ville de Cherbourg d'avoir élevé une statue à l'Empereur dans les lieux qu'il a entourés de toute sa sollicitude. »

Avant ce voyage de Normandie et de Bretagne, le rapport du contre-amiral Rigault de Genouilly, commandant en chef des forces françaises dans les mers de la Chine, fit connaître l'attaque et la prise des forts de l'embouchure de Peï-Ho par les escadres combinées de la France et de l'Angleterre.

Dès le mois de mars 1858 la ville de Canton avait été prise. Quelques milliers de soldats avaient suffi à dissiper une armée dépourvue des ressources de la tactique moderne.

Le 27 juin de la même année, un traité était signé avec la Chine par notre ambassadeur, M. le baron Gros. Aux termes de ce traité, ratifié par l'Empereur, le 3 juillet suivant, la Chine était ouverte au christianisme et au commerce de l'Occident.

Pendant l'année 1859, une autre campagne, bien autrement glorieuse, devait s'ouvrir en Italie ; mais, avant de s'unir dans cette cause commune, la France et le Piémont avaient déjà resserré leur ancienne alliance par le mariage du prince Napoléon, fils du roi Jérôme, avec la princesse Clotilde, fille du roi Victor-Emmanuel. Des fêtes brillantes inaugurèrent cette union, qui eut lieu le 30 janvier 1859. Quelques jours après, le prince Napoléon put ramener à Paris sa jeune épouse et la présenter à Leurs Majestés, qui l'accueillirent avec la plus affectueuse sympathie.

Douée d'une grâce qui ne le cède qu'à sa bonté, la princesse Clotilde est la digne fille de Victor-Emmanuel.

...Mais voici venir Montebello, Palestro, Magenta, Marignan, Solférino, noms immortels désormais inscrits sur nos drapeaux. A Palestro, Victor-Emmanuel se montra digne de sa grande renommée. A Magenta, à Solférino, Napoléon III révéla les talents d'un grand général.

Ces immortelles journées, ces brillants faits d'armes ont eu leurs peintres, leurs poëtes, leurs écrivains ; nous rappellerons seulement que cette courte mais glorieuse campagne fut terminée par le traité de Zurich, amené par la paix signée entre les deux Empereurs, lors de la célèbre entrevue de Villa-Franca.

En trois mois, que de prodiges s'étaient accomplis! Mais la plus belle de toutes les victoires était celle que l'Empereur avait remportée sur lui-même en s'arrêtant dans le cours de ses triomphes.

Aux discours prononcés par le Sénat, le Corps législatif et le Conseil d'État, qui s'étaient rendus à Saint-Cloud, le 19 juillet, pour présenter leurs félicitations à l'Empereur, Sa Majesté répondit :

« Messieurs,

« En me retrouvant au milieu de vous, qui, pendant mon absence, avez entouré l'Impératrice et mon Fils de tant de dévouement, j'éprouve le besoin de vous remercier d'abord, et ensuite de vous expliquer quel a été le mobile de ma conduite.

« Après une heureuse campagne de deux mois, les armées française et sarde arrivèrent sous les murs de Vérone; la lutte allait inévitablement changer de nature, tant sous le rapport militaire que sous le rapport politique.

« J'étais fatalement obligé d'attaquer de front un ennemi retranché derrière de grandes forteresses, protégé contre toute diversion sur les flancs par la neutralité des territoires qui l'entouraient; et, en commençant la longue et stérile guerre des siéges, je trouvais en face l'Europe en armes, prête, soit à disputer nos succès, soit à aggraver nos revers.

« Néanmoins la difficulté de l'entreprise n'aurait ni ébranlé ma résolution, ni arrêté l'élan de mon armée, si les moyens n'eussent pas été hors de proportion avec les résultats à atteindre.

« Il fallait se résoudre à briser hardiment les entraves opposées par les territoires neutres, et alors accepter la lutte sur le Rhin comme sur l'Adige. Il fallait partout franchement se fortifier du concours de la révolution.

« Il fallait répandre encore un sang précieux qui n'avait que trop coulé déjà : en un mot, pour triompher, il fallait risquer ce qu'il n'est permis à un souverain de mettre en jeu que pour l'indépendance de son pays.

« Si je me suis arrêté, ce n'est donc pas par lassitude ou par épuisement, ni par abandon de la noble cause que je voulais servir, mais parce que dans mon cœur quelque chose parlait plus haut encore : l'intérêt de la France.

« Croyez-vous donc qu'il ne m'en ait pas coûté de mettre un frein à l'ardeur de ces soldats qui, exaltés par la victoire, ne demandaient qu'à marcher en avant?

« Croyez-vous qu'il ne m'en ait pas coûté de retrancher ouvertement devant l'Europe de mon programme le territoire qui s'étend du Mincio à l'Adriatique?

« Croyez-vous qu'il ne m'en ait pas coûté de voir dans des cœurs honnêtes de nobles illusions se détruire, de patriotiques espérances s'évanouir?

« Pour servir l'indépendance italienne, j'ai fait la guerre contre le gré de l'Europe ; dès que les destinées de mon pays ont pu être en péril, j'ai fait la paix.

« Est-ce à dire maintenant que nos efforts et nos sacrifices aient été en pure perte? Non. Ainsi que je l'ai dit dans les adieux à mes soldats, nous avons droit d'être fiers de cette courte campagne.

« En quatre combats et deux batailles, une armée nombreuse, qui ne le cède à aucune en organisation et en bravoure, a été vaincue. Le roi de Piémont, appelé jadis le gardien des Alpes, a vu son pays délivré de l'invasion et la frontière de ses États portée du Tessin au Mincio.

« L'idée d'une nationalité italienne est admise par ceux qui la combattaient le plus. Tous les souverains de la Péninsule comprennent enfin le besoin impérieux de réformes salutaires.

« Ainsi, après avoir donné une nouvelle preuve de la puissance militaire de la France, la paix que je viens de conclure sera féconde en heureux résultats ; l'avenir les révélera chaque jour davantage, pour le bonheur de l'Italie, l'influence de la France, le repos de l'Europe. »

Le 14 août, il fut donné à près d'un million de spectateurs qui encombraient toute la longueur des boulevards, depuis la Bastille jusqu'à la rue de la Paix, de voir défiler en colonnes serrées plus de 80,000 hommes, précédés de leurs glorieux trophées. Ce jour-là, Paris tout entier fut debout et n'eut qu'une seule et immense acclamation : *Vive l'Empereur ! Vive l'armée !*

Après les solennités de la place publique, un grand acte s'accomplissait : une amnistie générale était accordée sans aucune réserve par S. M. Napoléon III à tous les condamnés politiques.

Le 17 du même mois le *Moniteur* contenait le décret suivant :

« Napoléon,

« Par la grâce de Dieu et la volonté nationale, Empereur des Français,

« A tous présents et à venir, salut :

« Avons décrété et décrétons ce qui suit :

« Art. 1er. Amnistie pleine et entière est accordée à tous les individus qui ont été condamnés pour crimes et délits politiques, ou qui ont été l'objet de mesures de sûreté générale.

« Art. 2. Notre garde des sceaux, ministre de la justice, et notre ministre de l'intérieur, sont chargés de l'exécution des présentes.

« Fait au palais des Tuileries, le 16 août 1859.

« NAPOLÉON. »

Il y a dans ce décret un cachet de grandeur qui frappa tout le monde. C'est sans conditions, sans nulle réserve que les victimes de nos discordes civiles étaient rendues à la liberté et pouvaient respirer librement l'air de la patrie.

Deux autres décrets, en date du même jour, annulaient les avertissements donnés jusqu'à cette époque aux feuilles périodiques de Paris, des départements, de l'Algérie et des colonies, en vertu du décret du 17 février 1852.

Ces mesures furent accueillies avec le plus vif

enthousiasme par la France entière. C'est que, chez notre généreuse nation, il n'y a place après les discordes civiles, après les luttes des partis, que pour la plus touchante sympathie en faveur de tous ceux de nos compatriotes qui sont dans l'exil. On ne voit plus dans le banni que l'enfant d'une même mère qui ne peut vivre loin de son berceau, loin de la tombe de ses pères.

« *Dans l'exil, l'air qui vous entoure vous étouffe, et* « *vous ne vivez que du souffle affaibli qui vient des rives* « *lointaines de la terre natale.* »

La même main qui avait tracé loin de la France ces mots si profondément sentis, venait de signer aux Tuileries le décret d'amnistie.

Vers les premiers jours de novembre 1859, pendant que l'Empereur et l'Impératrice se trouvaient à Compiègne, où Leurs Majestés donnent chaque année, à l'occasion des chasses, des fêtes brillantes aux dignitaires de la couronne et aux étrangers de distinction, la grande-duchesse Marie de Russie, sœur de l'empereur Alexandre II, alla y passer une semaine.

Cette princesse, par son mariage avec le duc de Leuchtenberg, est alliée à S. M. Napoléon III, et lorsque M. le comte de Morny alla, comme ambassadeur extraordinaire, assister au couronnement de l'Empereur de Russie, elle lui témoigna alors son intention de faire une visite à son cousin Napoléon, dont elle désirait, disait-elle, faire la connaissance.

La grande-duchesse Marie est une des femmes les plus remarquables de notre époque, et alors même qu'elle ne serait pas née sur les marches d'un trône, elle serait princesse par sa beauté, par sa grâce et par son intelligence. Bienveillante sans faiblesse, sérieuse sans austérité, elle a une puissance d'attraction, une finesse aimable, un charme, enfin, qui agissent également sur la foule et sur les hommes d'élite.

Cette princesse a une véritable passion pour les beaux-arts, mais cette passion est éclairée par le goût le plus pur. Elle possède à Munich une collection des plus célèbres; or, comme cette galerie lui vient du duc de Leuchtenberg, dont elle porte le nom, elle ne peut pas, assure-t-on, aux termes des traités existants, quitter Munich. Pour s'en dédommager, la grande-duchesse Marie a formé elle-même une galerie de tableaux modernes dont le choix des sujets et des maîtres ne laisse rien à désirer. Elle possède en outre un album qui est une merveille, une véritable galerie portative qu'elle enrichit tous les ans, pendant ses voyages à l'étranger.

A chaque exposition des beaux-arts, la grande-duchesse Marie fait acheter de nombreux tableaux, et des meilleurs. Elle en commande aussi un grand nombre aux artistes en renom, qu'elle aime et qu'elle rétribue d'une manière vraiment princière.

Enfin, elle consacre en encouragements aux beaux-arts et à la littérature une partie de son immense fortune, car la grande-duchesse Marie est aussi une des princesses les plus riches de l'Europe; et cependant, malgré cette grande fortune, malgré son rang, elle mène la vie la plus simple du monde. Cette simplicité est d'ailleurs dans les goûts de la famille impériale de Russie, qui, tout aristocratique qu'elle est, aime à vivre sans gêne et sans étiquette dans son intérieur.

Une princesse aussi accomplie, aussi parfaite, devait être comprise par la famille impériale de France; elle a reçu, en effet, l'accueil le plus sympathique à Compiègne, et l'impératrice Eugénie éprouva une vive émotion lorsqu'elle dut se séparer de cette nature d'élite.

De son côté, la grande-duchesse Marie n'a pas oublié cet accueil, car elle est revenue en France l'année suivante. Plus d'une fois, pendant ses voyages, elle a répété qu'elle aimait beaucoup la France.

L'année 1860 voit s'accomplir à son début un fait des plus importants pour la capitale de la France. L'annexion de la banlieue à Paris étend le cercle déjà si vaste de la grande cité et augmente considérablement sa population. Les anciennes barrières disparaissent et les octrois sont portés aux murs d'enceinte des fortifications.

De hautes tours en charpente s'élèvent de toutes parts, et sur ces faîtes improvisés, une armée d'ingénieurs est occupée à lever un nouveau plan de la grande ville.

Partout où la lumière manque, la lumière se fera.

Des maisons saines, aérées, remplaceront des logements infects, insalubres.

Les rues tortueuses, les carrefours ignorés de notre antique Lutèce céderont la place aux magnifiques boulevarts, aux squares ombragés qui ont déjà inauguré sur beaucoup de points l'ère impériale.

Paris aura été agrandi, assaini, reconstruit, et si l'on considère que les conditions morales d'un peuple tiennent beaucoup à son bien-être, les millions qui auront été dépensés pour cette œuvre de réédification constituent une dépense nationale dont pas un de nos neveux ne songera à répudier l'origine.

Un autre fait non moins considérable marque d'une

date impérissable le mois de janvier 1860 : c'est la lettre adressée par l'Empereur à son ministre d'État, et qui pose avec tant de clarté et d'autorité tout à la fois le programme des réformes économiques à introduire dans le commerce, l'industrie et l'agriculture de notre pays.

Voici ce document dans son entier:

Palais des Tuileries, le 5 janvier 1860.

« Monsieur le ministre,

« Malgré l'incertitude qui règne encore sur certains points de la politique étrangère, on peut prévoir avec confiance une solution pacifique. Le moment est donc venu de nous occuper des moyens d'imprimer un grand essor aux diverses branches de la richesse nationale.

« Je vous adresse dans ce but les bases d'un programme dont plusieurs parties devront recevoir l'approbation des Chambres, et sur lequel vous vous concerterez avec vos collègues, afin de préparer les mesures les plus propres à donner une vive impulsion à l'agriculture, à l'industrie et au commerce.

« Depuis longtemps on proclame cette vérité qu'il faut multiplier les moyens d'échange pour rendre le commerce florissant ; que sans concurrence l'industrie reste stationnaire et conserve des prix élevés qui s'opposent aux progrès de la consommation ; que sans une industrie prospère qui développe les capitaux, l'agriculture elle-même demeure dans l'enfance. Tout s'enchaîne donc dans le développement successif des éléments de la prospérité publique ! Mais la question essentielle est de savoir dans quelles limites l'État doit favoriser ces divers intérêts et quel ordre de préférence il doit accorder à chacun d'eux.

« Ainsi, avant de développer notre commerce étranger par l'échange des produits, il faut améliorer notre agriculture et affranchir notre industrie de toutes les entraves intérieures qui la placent dans des conditions d'infériorité. Aujourd'hui, non-seulement nos grandes exploitations sont gênées par une foule de règlements restrictifs, mais encore le bien-être de ceux qui travaillent est loin d'être arrivé au développement qu'il a atteint dans un pays voisin. Il n'y a donc qu'un système général de bonne économie politique qui puisse, en créant la richesse nationale, répandre l'aisance dans la classe ouvrière.

« En ce qui touche l'agriculture, il faut la faire participer aux bienfaits des institutions de crédit : défricher les forêts situées dans les plaines et reboiser les montagnes, affecter tous les ans une somme considérable aux grands travaux de desséchement, d'irrigation et de défrichement. Ces travaux, transformant les communaux incultes en terrains cultivés, enrichiront les communes sans appauvrir l'État, qui recouvrera ses avances par la vente d'une partie de ces terres rendues à l'agriculture.

« Pour encourager la production industrielle, il faut affranchir de tout droit les matières premières indispensables à l'industrie et lui prêter, exceptionnellement et à un taux modéré, comme on l'a déjà fait à l'agriculture pour le drainage, les capitaux qui l'aideront à perfectionner son matériel.

« Un des plus grands services à rendre au pays est de faciliter le transport des matières de première nécessité pour l'agriculture et l'industrie ; à cet effet, le ministre des travaux publics fera exécuter le plus promptement possible les voies de communication, canaux, routes et chemins de fer, qui auront surtout pour but d'amener la houille et les engrais sur les lieux où les besoins de la production les réclament, et il s'efforcera de réduire les tarifs, en établissant une juste concurrence entre les canaux et les chemins de fer.

« L'encouragement au commerce par la multiplication des moyens d'échange viendra alors comme conséquence naturelle des mesures précédentes. L'abaissement successif de l'impôt sur les denrées de grande consommation sera donc une nécessité, ainsi que la substitution de droits protecteurs au système prohibitif qui limite nos relations commerciales.

« Par ces mesures, l'agriculture trouvera l'écoulement de ses produits ; l'industrie, affranchie d'entraves intérieures, aidée par le Gouvernement, stimulée par la concurrence, luttera avantageusement avec les produits étrangers, et notre commerce, au lieu de languir, prendra un nouvel essor.

« Désirant avant tout que l'ordre soit maintenu dans nos finances, voici comment, sans en troubler l'équilibre, ces améliorations pourraient être obtenues :

« La conclusion de la paix a permis de ne pas épuiser le montant de l'emprunt. Il reste une somme considérable disponible qui, réunie à d'autres ressources, s'élève à environ 160 millions. En demandant au Corps législatif l'autorisation d'appliquer cette somme à de grands travaux publics et en la divisant en trois annuités, on aurait environ 50 millions par an à ajouter aux sommes considérables déjà portées annuellement au budget.

« Cette ressource extraordinaire nous facilitera non-seulement le prompt achèvement des chemins de fer, des canaux, des voies de navigation, des routes, des ports, mais elle nous permettra encore de relever en moins de temps nos cathédrales, nos églises, et d'encourager dignement les sciences, les lettres et les arts.

« Pour compenser la perte qu'éprouvera momentanément le Trésor, par la réduction des droits sur les matières premières et sur les denrées de grande consommation, notre budget offre la ressource de l'amortissement, qu'il suffit de suspendre jusqu'à ce que le revenu public, accru par l'augmentation du commerce, permette de faire fonctionner de nouveau l'amortissement.

« Ainsi, en résumé :

« — Suppression des droits sur la laine et les cotons ;

« — Réduction successive sur les sucres et les cafés ;

« — Amélioration énergiquement poursuivie des voies de communication ;

« — Réduction des droits sur les canaux, et par suite abaissement général des frais de transport ;

« — Prêts à l'agriculture et à l'industrie ;

« — Travaux considérables d'utilité publique ;

« — Suppression des prohibitions ;

« — Traités de commerce avec les puissances étrangères :

« — Telles sont les bases générales du programme sur lequel je vous prie d'attirer l'attention de vos collègues, qui devront préparer sans retard les projets de lois destinés à le réaliser. Il obtiendra, j'en ai la ferme conviction, l'appui du Sénat et du Corps législatif, jaloux d'inaugurer avec moi une nouvelle ère de paix et d'en assurer les bienfaits à la France.

« Sur ce, je prie Dieu qu'il vous ait en sa sainte garde.

« NAPOLÉON. »

Ce programme devait recevoir la plus rapide exécution. Ainsi, le 23 janvier, un traité de commerce était conclu entre la France et l'Angleterre, et avant la fin de février, le département de l'agriculture, du commerce et des travaux publics avait soumis à Sa Majesté trois rapports : le premier sur la réforme du tarif des matières premières, le second sur le transport de la houille, le troisième sur l'amélioration des voies de communication intérieure.

Au milieu des graves préoccupations de sa pensée, l'Empereur éprouva un vif chagrin en apprenant la mort de S. A. I. et R. la grande-duchesse Stéphanie de Bade. C'est le 29 janvier qu'avait eu lieu ce triste événement. Le général Roguet, aide de camp de l'Empereur, partit immédiatement de Paris pour aller accompagner de Nice jusqu'à la frontière de Bade les restes mortels de la grande-duchesse.

« Je laisse à ma cousine la grande-duchesse de « Bade, écrit la reine Hortense dans son testament, « daté du 3 avril 1837, les boucles d'oreilles en « perles fines qui me viennent de ma mère, et que « je porte constamment. Ce sera sans doute le « dernier objet qui m'aura touchée, car il faudra « les ôter de mes oreilles après ma mort ; elle y « pensera avec douceur, je l'espère, et je désire que « ce souvenir soit pour elle une preuve de ma tendre « amitié. »

Ce délicat témoignage d'affection révèle combien la grande-duchesse de Bade, Stéphanie de Beauharnais, était chère à la reine Hortense, qui, aux jours de l'exil, avait trouvé chez elle une amie sûre, une parente toute dévouée.

L'ouverture de la session législative de 1860 a

laissé dans les souvenirs du pays ces paroles qui terminaient le discours de l'Empereur :

« La France ne menace personne ; elle désire développer en paix, dans la plénitude de son indépendance, les ressources immenses que le ciel lui a données, et elle ne saurait éveiller d'ombrageuses susceptibilités, puisque de l'état de civilisation où nous sommes, ressort de jour en jour plus éclatante cette vérité qui console et rassure l'humanité : c'est que plus un peuple est riche et prospère, plus il contribue à la richesse et à la prospérité des autres. »

Peu de temps après l'ouverture de la session législative, notre orgueil et notre intérêt national trouvèrent tout à la fois une légitime satisfaction dans le traité par lequel S. M. le roi de Sardaigne consentit la réunion de la Savoie et du comté de Nice à la France.

Voici les principales dispositions de ce traité signé le 24 mars :

« Art. 1er. Le roi de Sardaigne consent à la réunion de la Savoie et de l'arrondissement de Nice à la France, et renonce pour lui et ses descendants et successeurs en faveur de l'Empereur des Français à ses droits sur ces territoires. Cette réunion sera effectuée sans nulle contrainte de la volonté des populations, et les deux Gouvernements se concerteront sur les meilleurs moyens d'apprécier et de constater les manifestations de cette volonté.

« Art. 2. Le roi de Sardaigne transfère les parties neutralisées de la Savoie aux conditions auxquelles il les possède lui-même, et l'Empereur des Français promet de s'entendre à ce sujet, tant avec les puissances représentées au congrès de Vienne qu'avec la Confédération helvétique.

« Art. 3, 4 et 5. Des commissions mixtes détermineront les frontières des deux États et seront chargées de résoudre les diverses questions incidentes auxquelles donnera lieu la réunion.

« Art. 6. Les sujets sardes, originaires de la Savoie et de l'arrondissement de Nice, jouiront pendant l'espace d'une année de la faculté de réclamer la conservation de la nationalité sarde. »

Dans une proclamation adressée le 1er avril aux populations de Nice et de la Savoie, le roi Victor-Emmanuel leur fit connaître que cette annexion, loin de leur être imposée, devait être le libre résultat de leur consentement.

« Telle est ma ferme volonté, disait en terminant Sa Majesté ; telle est aussi l'intention de l'Empereur des Français. »

Sur 130,839 votants, 130,533 répondirent *oui*, et consacrèrent ainsi, presqu'à l'unanimité, l'annexion à la France.

Au milieu des événements qui, dès le mois d'avril, avaient agité l'Italie, au milieu des émotions profondes que faisaient naître l'insurrection de Sicile et l'expédition de Garibaldi, le passage en France de S. A. I. le grand-duc Nicolas, second frère de S. M. Alexandre II, ne resta pas inaperçu. On retrouvait en lui les qualités brillantes et solides de la plupart des membres de la famille impériale de Russie. S. A. I. fut accueillie avec la plus haute distinction au palais des Tuileries par Leurs Majestés.

Quinze jours après le départ de France du grand-duc Nicolas, l'Empereur et l'Impératrice se rendaient à Lyon, où Leurs Majestés devaient se rencontrer avec l'impératrice douairière de Russie, qui allait séjourner quelques mois en Suisse.

La courte présence à Lyon de l'auguste veuve de l'empereur Nicolas fut l'objet des témoignages de la plus respectueuse sympathie de la part des populations. Épuisée par la maladie, minée par la souffrance, la noble fille de feu Frédéric-Guillaume III portait encore sur son front cette grâce souveraine, cette affable majesté qui la firent chérir de tous ceux qui l'ont connue. Jusqu'au moment de sa mort, qui eut lieu à

Saint-Pétersbourg, le 1er novembre 1860, Sa Majesté conserva toute l'aménité de son esprit, toute l'énergie de sa piété forte et résignée. Elle s'éteignit comme elle avait vécu, grande devant les hommes et devant Dieu.

A peine revenu de Lyon, l'Empereur passait au Champ-de-Mars, le 14 juin 1860, la revue de la garde nationale et de l'armée à l'occasion de la fête célébrée pour la réunion de la Savoie et du comté de Nice à la France.

L'impératrice Eugénie, entourée de LL. AA. II. la grande-duchesse Marie de Russie et des deux princes ses fils, assista au défilé.

La population s'était portée en foule au Champ-de-Mars et sur les quais pour assister à cet imposant spectacle.

Le lendemain de la revue, l'Empereur partait pour Bade. Bien que Sa Majesté voyageât dans le plus strict incognito, une foule immense stationnait sur tous les points de son passage. A la gare de Kehl, l'Empereur trouva S. A. R. le prince Guillaume, régent de Prusse, accompagné de S. A. R. le grand-duc de Bade.

Le 16 juin, Sa Majesté recevait successivement les visites du régent de Prusse, du roi de Wurtemberg, du roi de Saxe, du roi de Bavière et du roi de Hanôvre.

Dans ces réunions de têtes couronnées, nous voyons avec fierté la prépondérance qu'on attribue à l'élu de la France ; l'Allemagne était là représentée par tous ses chefs les plus puissants, les plus illustres, qui s'inclinaient devant la politique loyale et sage du digne héritier de Napoléon Ier.

Le 18 juin, l'Empereur rentrait à Paris en toute hâte

pour se rendre à Villegénis, où le prince Jérôme Napoléon, son oncle, était gravement malade. Le 18 juin, date de la bataille de Waterloo, commençait l'agonie de l'un des plus illustres représentants de cette grande journée.

Le 15 juin 1815, aux Quatre-Bras, le prince Jérôme commandait l'avant-garde formée d'une division du 2e corps de la Grande armée. Blessé dans le combat, il ne quitta pas le champ de bataille. Après avoir culbuté la garde anglaise et vu tomber devant lui le duc de Brunswick, il conserva la position toute la nuit.

Le 18 juin, à Waterloo, il faisait des prodiges de valeur, et ce n'est que lorsque notre armée fut en pleine retraite que, revendiquant ses droits de lieutenant de l'Empereur, il prit le commandement d'une partie des troupes et se replia sur Laon, où il remit au major-général de l'armée, le maréchal Soult, 25,000 hommes d'infanterie, 6,000 de cavalerie et deux batteries d'artillerie.

Pendant de longues années, les yeux tournés vers la France, le prince Jérôme, resté seul vivant des frères de Napoléon, attendait impatiemment que les portes de son pays fussent ouvertes à la famille Bonaparte. Ce n'est qu'après la révolution de 1848 que ses plus chères espérances purent enfin se réaliser.

Nommé gouverneur des Invalides, après l'élection du 10 décembre, lorsqu'il quitta ses vieux compagnons mutilés pour aller habiter le Palais-Royal, le prince Jérôme voulut se réserver, à titre honorifique, la pieuse mission qui lui avait été léguée par le neveu de l'Empereur de veiller sur la tombe de son frère immortel.

Aujourd'hui, à côté de ce monument superbe, une tombe plus modeste renferme les dépouilles mortelles de l'ancien roi de Westphalie, mort le 24 juin 1860.

Le prince Napoléon, son fils, accompagné du maréchal Pélissier, duc de Malakoff, de toutes les illustrations de la France, conduisit le deuil. La douleur profonde dont était empreint le visage du prince Napoléon, qui rappelle à un si haut degré les traits de l'empereur Napoléon Ier, inspira aux nombreux témoins de cette touchante cérémonie la plus vive sympathie.

Cette mort était encore présente à tous les souvenirs lorsque parvint en France la triste nouvelle des massacres des chrétiens en Syrie. Ces massacres, bien que le Sultan eût promis à l'Empereur d'en faire justice, demandaient une prompte et énergique répression. L'intervention de la France était donc indispensable (1). Aussi l'allocution que l'Empereur adressa le 7 août aux troupes du camp de Châlons appelées à faire partie de cette expédition, eut-elle un retentissement immense dans toute la France.

« Soldats, dit l'Empereur, vous partez pour la Syrie, et la France salue avec bonheur une expédition qui n'a qu'un but : celui de faire triompher les droits de la justice et de l'humanité.

« Vous n'allez pas, en effet, faire la guerre à une puissance quelconque, mais vous allez aider le sultan à faire rentrer dans l'obéissance des sujets aveuglés par un fanatisme d'un autre siècle.

« Sur cette terre lointaine, riche en grands souvenirs, vous ferez votre devoir et vous vous montrerez les dignes enfants de ces héros qui ont porté glorieusement dans ce pays la bannière du Christ.

« Vous ne partez pas en grand nombre, mais votre courage

(1) Les détails sur l'expédition de Syrie trouveront leur place toute naturelle dans une *Étude sur la Turquie*, que nous comptons publier bientôt.

et votre prestige y suppléeront, car partout, aujourd'hui, où l'on voit passer le drapeau de la France, les nations savent qu'il y a une grande cause qui le précède, un grand peuple qui le suit. »

Le 23 août, peu de temps après avoir quitté le camp de Châlons, l'Empereur et l'Impératrice partaient de Saint-Cloud pour visiter le midi de la France, les territoires annexés de la Savoie et de Nice, la Corse et l'Algérie.

A Lyon, où Sa Majesté inaugure le palais du Commerce ; à Nice, à Chambéry, partout la parole vivifiante de Napoléon III porta l'espoir, la confiance. A Ajaccio, devant le berceau de sa famille, Sa Majesté ne peut maîtriser son profond attendrissement, lorsque l'évêque le reçut sur le seuil de la cathédrale et lui dit :

« Cette église, toute modeste qu'elle est dans sa structure, est pourtant bien remarquable par les souvenirs qui s'y rattachent. Elle est le berceau spirituel de la dynastie qui règne sur la France et dont vous êtes, Sire, pour la gloire et la félicité du grand peuple soumis à votre sceptre, l'auguste représentant.

« C'est ici que Napoléon Ier et votre illustre père furent régénérés sur les fonts sacrés, et acquirent leurs droits à un trône infiniment plus haut et plus stable que les trônes de la terre. C'est ici qu'ils reçurent la première bénédiction, gage de tant d'autres.

« Les anges protecteurs de ce sanctuaire, qui accueillirent vos pères à leur entrée dans la société des enfants de Dieu, tressaillent d'allégresse en vous voyant venir, aujourd'hui, incliner votre front devant Celui par qui règnent les rois, dans cette même enceinte, sous cette même voûte, sur ces mêmes dalles où tant de fois s'agenouillèrent et prièrent vos nobles ancêtres. Puissiez-vous, Sire, y recueillir, à votre tour, une abondante moisson de bénédictions et de grâces pour la prospérité croissante de votre Empire et pour le bonheur intime de Votre Majesté. »

A Alger, le spectacle le plus splendide qui puisse être donné sur la terre d'Afrique attendait Leurs Majestés. Le général Jusuf avait réuni à l'entrée de la plaine de la Mitidja des contingents de fantassins kabyles et de cavaliers des trois provinces, tous les aghas et caïds en tête.

Après un simulacre de combat de tribu à tribu, après une fantasia de dix mille cavaliers se précipitant au triple galop et déchargeant leurs armes devant la tente de Leurs Majestés ; après une charge magnifique de douze escadrons de spahis, traversant la plaine comme un ouragan ; après des joutes, après des chasses à la gazelle, à l'autruche et au faucon, après le défilé des Touaregs à la face voilée, montés sur leurs chameaux, après le calme tableau du campement d'une tribu dans le désert, tous les goums, formant une immense ligne de bataille, se rapprochèrent majestueusement, fusil haut, bannières déployées, de l'éminence sur laquelle était dressée la tente de l'Empereur.

Alors les chefs aux burnous éclatants mirent pied à terre, et vinrent, tous ensemble, faire acte de soumission au souverain de la France. A ce moment, rendu solennel par la grandeur du théâtre, l'Empereur ne put se défendre d'une émotion visible.

S. A. le bey de Tunis, qui était venu à Alger pour présenter ses hommages à l'Impératrice, assistait à cette imposante cérémonie.

A l'issue de cette fête magnifique, l'Empereur se rendit au banquet qui lui était offert par la ville d'Alger. Nous reproduisons la réponse si remarquable que Sa Majesté adressa au président du conseil général d'Alger :

« Ma première pensée, en mettant le pied sur le sol africain, se porte vers l'armée, dont le courage et la persévérance ont accompli la conquête de ce vaste territoire.

« Mais le Dieu des armées n'envoie aux peuples le fléau de la guerre que comme châtiment ou comme rédemption. Dans nos mains, la conquête ne peut être qu'une rédemption, et notre premier devoir est de nous occuper du bonheur des trois millions d'Arabes que le sort des armes a fait passer sous notre domination.

« La Providence nous a appelés à répandre sur cette terre les bienfaits de la civilisation. Or, qu'est-ce que la civilisation ? C'est de compter le bien-être pour quelque chose, la vie de l'homme pour beaucoup, son perfectionnement moral pour le plus grand bien. Ainsi, élever les Arabes à la dignité d'hommes libres, répandre sur eux l'instruction, tout en respectant leur religion, améliorer leur existence en faisant sortir de cette terre tous les trésors que la Providence y a enfouis et qu'un mauvais gouvernement laisserait stériles, telle est notre mission : nous n'y faillirons pas.

« Quant à ces hardis colons qui sont venus implanter en Algérie le drapeau de la France, et avec lui tous les arts d'un peuple civilisé, ai-je besoin de dire que la protection de la métropole ne leur manquera jamais ? Les institutions que je leur ai données leur font déjà retrouver ici leur patrie tout entière, et, en persévérant dans cette voie, nous devons espérer que leur exemple sera suivi, et que de nouvelles populations viendront se fixer sur ce sol à jamais français.

« La paix européenne permettra à la France de se montrer plus généreuse encore envers les colonies ; et si j'ai traversé la mer pour rester quelques instants avec vous, c'est pour y laisser comme traces de mon passage la confiance dans l'avenir et une foi entière dans les destinées de la France, dont les efforts pour le bien de l'humanité sont toujours bénis par la Providence. »

Le 21 septembre 1860, Leurs Majestés débarquaient à Port-Vendres après une traversée contrariée par le gros temps.

Une grande affliction était réservée au cœur de l'Impératrice. C'est en mettant le pied sur le sol français qu'elle apprit la mort de sa sœur bien-aimée, la duchesse d'Albe. La duchesse d'Albe était morte à peine âgée de 35 ans. Sa beauté, sa grâce, son esprit l'avaient rendue l'arbitre de l'élégance, l'âme de toutes les fêtes à Madrid. Si son empire était grand dans les salons, son nom était aussi bien connu parmi les pauvres dont elle était la bienfaitrice. Les fatigues, les inquiétudes qu'elle éprouva par suite de la maladie d'un de ses enfants, portèrent de graves atteintes à sa santé. On la conduisit à Paris, pour consulter les plus habiles médecins ; mais déjà le mal défiait toutes les ressources de la science.

Cette femme, comblée de tous les dons de la fortune, cette heureuse mère, fille adorée, sœur et amie intime de souverains, montra dans ses derniers moments une force d'âme et une résignation dignes de sa race. Au milieu de vives souffrances elle ne perdit jamais sa sérénité ni même ce doux enjouement que ses amis lui connaissaient. Elle semblait ne s'appliquer qu'à ranimer les espérances ou plutôt les illusions de sa mère, tandis que celle-ci trouvait le courage de lui cacher les angoisses de son inquiétude.

Elle expira, le sourire sur les lèvres, le 16 septembre, au moment où l'impératrice Eugénie abordait dans la capitale de nos possessions d'Afrique.

Rien ne peut peindre la douleur poignante de l'Impératrice lorsqu'elle sut que cette sœur chérie était là, couchée, froide et inanimée sous les caveaux de l'église de la Madeleine, en attendant que le cercueil renfermant ses dépouilles mortelles pût être transporté en Espagne.

Mais un ange lui apparut ; cet ange au sourire consolateur tendait les bras à sa mère : c'était le jeune prince impérial, qui, dans son impatience d'embrasser ses augustes parents, avait voulu qu'on le conduisît à la grille du palais de Saint-Cloud bien longtemps avant l'arrivée de Leurs Majestés.

Nous connaissons tous ce frais et charmant visage d'enfant si sympathique à la population parisienne. Il y a déjà dans son regard quelque chose de cette flamme napoléonienne, de cette étincelle électrique qui va droit au cœur des masses. Quand nos régiments passent, à la garde montante, devant le prince impérial, leur petit caporal, qui se tient debout et grave aux fenêtres du rez-de-chaussée du pavillon de l'horloge, on ne saurait décrire les acclamations enthousiastes de nos braves soldats.

Pour nous, qui fuyons un peu les solennités de la place publique et qui aimons à suivre l'enfance dans la naïveté de ses premiers élans, qu'il nous soit permis de retracer ici une petite scène dont nous avons été l'un des témoins.

Le jeune prince courait et bondissait, sous le soleil de février, dans le grand carré réservé des Tuileries qui précède le jardin anglais. Il avait entrepris une chasse des plus difficiles la chasse aux moineaux. Oubliant la sévérité du grade dont il est revêtu, affranchi de son uniforme et libre de ses mouvements, il poursuivait avec la prudente célérité d'un Mohican la gent ailée, dont les visiteurs étaient, ce jour-là, fort nombreux.

A la fin, un des plus novices de la bande se trouve appréhendé au corps et enseveli sous le vaste chapeau galonné d'un valet de pied qui faisait l'office de rabatteur.

On amène le prisonnier au jeune prince, qui le prend d'abord dans ses mains avec la joie du triomphe; puis, tout à coup, il contemple avec tristesse ce pauvre moineau qui laisse entendre des cris de détresse, et, tout de suite : « Je veux qu'il s'envole, qu'il soit libre ! » s'écrie le jeune prince d'une voix tellement animée que ses paroles arrivèrent jusqu'à nous.

Et la chasse aussitôt prit fin.

Bonté de l'enfant, grandissez avec lui, et lorsqu'un jour, au milieu des exigences de la vie officielle, l'héritier de la couronne impériale aura à faire usage du privilége de grâce, qu'il soit aussi généreux, aussi débonnaire que dans le jardin où fleurissent ses premières années !

La santé de l'Impératrice avait été gravement altérée par la vive affliction qu'elle ressentait de la perte d'une sœur si tendrement aimée : aussi songea-t-on à l'éloigner quelque temps du milieu où tout lui rappelait à chaque instant celle qui se trouvait liée si étroitement à sa pensée.

Le climat brumeux de l'Écosse convenait bien à sa profonde tristesse. Ce voyage, entrepris au mois de novembre, devint, malgré toutes les précautions prises par Sa Majesté pour garder l'incognito, une ovation véritable.

En Ecosse, partout où l'Impératrice fut reconnue, les villes s'empressèrent de lui envoyer des adresses ; les grands seigneurs du pays vinrent à sa rencontre et lui firent à l'envi les honneurs de leurs admirables habitations.

Le 28 novembre, l'Impératrice fit une visite à sa cousine la princesse Marie, au château d'Hamilton.

A Stirling, à Glascow, les volontaires se mirent sous les armes et firent entendre des hourras pour l'Empereur et l'Impératrice.

A Preston et à Manchester, l'accueil fait à l'Impératrice fut d'autant plus significatif que Sa Majesté n'était pas attendue. Dans la grande cité manufacturière de Manchester, la réception prit un caractère tout particulier d'enthousiasme. *Vive la France! Vive la paix!* tel était le cri général sur le passage de Sa Majesté.

Le 3 décembre, l'Impératrice alla rendre visite à la reine d'Angleterre, au château de Windsor. Reçue, en descendant du chemin de fer, par le prince Albert, et conduite au château dans une voiture de la cour, Sa Majesté trouva réunis sur la plate-forme les principaux magistrats de la ville, ainsi que les officiers des troupes en garnison qui l'attendaient pour la complimenter.

A son entrée au château, l'Impératrice fut reçue par la reine Victoria, accompagnée de la princesse Alice, du prince Alfred et des dames et gentilshommes de service. Le duc de Cambridge, le prince Louis de Hesse, le comte de Granville, le duc de Newcastle et le vicomte Palmerston étaient venus offrir leurs hommages à Sa Majesté. La duchesse de Kent s'était également rendue à Windsor.

Après une visite de deux heures, l'Impératrice repartit pour Londres au milieu des acclamations les plus chaleureuses de la population.

Au moment de quitter l'Angleterre pour rentrer en France, Sa Majesté fut l'objet, de la part de la presse anglaise, des plus sympathiques manifestations.

Le *Sun* disait à ce sujet : « La visite que l'Impératrice des Français vient de nous faire nous a profondément touchés. Sa Majesté est dans la douleur, elle pleure une sœur tendrement aimée, elle souffre d'une épreuve que chacun de nous comprend. Les Anglais voient dans l'Impératrice des Français une princesse qui doit la haute position qu'elle occupe, non pas au hasard de la naissance, mais à ses mérites et à sa grâce. »

Au milieu du deuil profond que causait la mort de la duchesse d'Albe à la cour et dans les rangs de la haute société de Paris, arriva la nouvelle de la victoire de Palikao.

La petite armée franco-anglaise, forte tout au plus de 15,000 hommes, avait mis en déroute complète l'armée chinoise, qui comptait de 50 à 60,000 hommes.

Le général de Montauban et sir Hope Grant, commandants des forces alliées, avaient parfaitement compris la nécessité de menacer la dynastie mantchoue dans sa capitale.

La prise de Tien-Tsin, ville commerciale très-importante et dont la population n'est pas moindre de 500,000 habitants, inaugura ce plan de campagne. C'est dans cette ville, située sur la rive méridionale du Peï-Ho, que les ambassadeurs français et anglais entamèrent les pourparlers avec trois mandarins délégués par l'empereur pour traiter de la paix.

Les conférences commencèrent le 31 août, et suivirent pendant plusieurs jours les phases que leur imposa l'étiquette chinoise. Enfin, le 7 septembre, au moment de signer, les commissaires impériaux déclarèrent qu'ils n'avaient pas les pouvoirs nécessaires pour valider le traité conclu.

Bien convaincus de la duplicité des diplomates chinois, le baron Gros et lord Elgin donnèrent l'ordre à l'armée de se mettre en route le lendemain, 8 septembre, et de marcher sur Pékin.

Mais, avant d'arriver sous les murs de la capitale, nos troupes trouvèrent les abords occupés par des groupes nombreux de cavalerie tartare qui, le 18 septembre, ouvrirent le feu contre la colonne expéditionnaire. Ces masses de cavaliers se dispersèrent bientôt devant le feu de nos bataillons, laissant le champ de bataille couvert de leurs morts.

Les commandants en chef de l'armée franco-anglaise se dirigèrent alors vers le grand canal qui précède Pékin. Là, l'ennemi s'était massé très-nombreux sur les deux ponts de Palikao. La lutte commença vive et meurtrière, mais elle ne fut pas de longue durée. La cavalerie de San-Ko-lin-sin se débanda après une heure et demie d'engagement, et sa retraite fut couverte par des corps de fantassins. Le soir même les alliés campaient en avant de Palikao, ayant à une dizaine de kilomètres devant eux la capitale de l'empire chinois.

Le 3 octobre, on se mit en route, vers Pékin, à la poursuite des tirailleurs de l'armée tartare, et le 6, les troupes alliées enlevèrent une partie de la ville et le palais d'été de l'empereur.

En présence de la menace d'un siége régulier, les délégués du prince Kong, frère de l'empereur, consentirent à l'entière reddition de la place.

Dans ce dénoûment si glorieux pour nos armes, si important pour l'avenir de nos relations commerciales avec le Céleste-Empire, nous avons à déplorer amèrement les barbaries cruelles exercées contre quelques-uns des prisonniers français et anglais qui sont morts en héroïques martyrs.

Espérons que la prise de Pékin, que cette trouée faite au cœur même de la cité jusqu'ici inabordable, mettra fin aux tergiversations, aux duplicités sans cesse renaissantes de la diplomatie chinoise.

Aux termes du traité de paix nous aurons désormais une mission diplomatique permanente et une église catholique à Pékin. Cette concession est immense et ne pourra qu'augmenter la prépondérance de notre nation dans cette vaste contrée.

On ne peut méconnaître que nos missionnaires ont jeté dans ce pays les racines les plus profondes de notre influence. Les pompes de l'Église romaine impressionnent beaucoup les Chinois, et le jour où le traité de paix rendit les cérémonies catholiques à toute leur liberté, on vit un nombre considérable de prêtres indigènes de tout âge et de tout rang se montrer même au milieu des mandarins.

Pendant qu'au dehors notre drapeau flottait, salué par les acclamations des peuples civilisés, de graves réformes politiques se préparaient en France.

Le décret du 24 novembre 1860, émanation directe des hautes intentions de l'Empereur, venait donner au Sénat et au Corps législatif des pouvoirs plus étendus que par le passé, et élargissait ainsi le cercle de la vie politique de nos grands corps de l'État.

Voici la teneur de cet acte considérable :

Napoléon, par la grâce de Dieu et la volonté nationale, Empereur des Français,

A tous présents et à venir, salut :

Voulant donner aux grands corps de l'État une participation plus directe à la politique générale de notre Gouvernement et un témoignage éclatant de notre confiance,

Avons décrété et décrétons ce qui suit :

Art. 1er. Le Sénat et le Corps législatif voteront tous les ans, à l'ouverture de la session, une adresse en réponse à notre discours.

Art. 2. L'adresse sera discutée en présence des commissaires du Gouvernement, qui donneront aux Chambres toutes les explications nécessaires sur la politique intérieure et extérieure de l'empire.

Art. 3. Afin de faciliter au Corps législatif l'expression de son opinion dans la confection des lois et l'exercice du droit d'amendement, l'article 54 de notre décret du 22 mars 1852 est remis en vigueur, et le règlement du Corps législatif est modifié de la manière suivante :

« Immédiatement après la distribution des projets de loi et « au jour fixé par le président, le Corps législatif, avant de « nommer sa commission, se réunit en comité secret ; une « discussion sommaire est ouverte sur le projet de loi, et les « commissaires du Gouvernement y prennent part.

« La présente disposition n'est applicable ni aux projets de « loi d'intérêt local ni dans le cas d'urgence. »

Art. 4. Dans le but de rendre plus prompte et plus complète la reproduction des débats du Sénat et du Corps législatif, le projet de sénatus-consulte suivant sera présenté au Sénat :

« Les comptes rendus des séances du Sénat et du Corps lé- « gislatif, rédigés par des secrétaires-rédacteurs placés sous « l'autorité du président de chaque assemblée, sont adressés « chaque soir à tous les journaux. En outre, les débats de « chaque séance sont reproduits par la sténographie et insérés « *in extenso* dans le journal officiel du lendemain. »

Art. 5. Pendant la durée des sessions, l'Empereur désignera des ministres sans portefeuille pour défendre devant les Chambres, de concert avec le président et les membres du conseil d'État, les projets de loi du Gouvernement.

Art. 6. Le ministère de notre maison est supprimé ; ses attributions sont réunies à celles du grand-maréchal du palais.

Art. 7. Le ministère de l'Algérie et des colonies est supprimé ; les colonies sont réunies au ministère de la marine.

Art. 8. Sont distraits du ministère de l'instruction publique, pour être placés dans les attributions du ministère d'État, les services qui ne touchent pas directement à l'enseignement public ou aux établissements spéciaux de l'Université.

Art. 9. Le service des haras est distrait du ministère de l'agriculture, du commerce et des travaux publics pour être placé dans les attributions du ministère d'État.

Art. 10. M. le comte de Chasseloup-Laubat, ancien ministre de l'Algérie et des colonies, est nommé ministre de la marine et des colonies, en remplacement de M. l'amiral Hamelin, appelé à d'autres fonctions.

Art. 11. M. l'amiral Hamelin est nommé grand-chancelier de la Légion d'honneur, en remplacement de M. le maréchal Pélissier, duc de Malakoff, appelé à d'autres fonctions.

Art. 12. M. le maréchal Pélissier, duc de Malakoff, est nommé gouverneur général de l'Algérie.

Art. 13. Les ministres sans portefeuille ont le rang et le traitement des ministres en fonctions; ils font partie du conseil des ministres et sont logés aux frais de l'État.

Art. 14. Notre ministre d'État est chargé de l'exécution du présent décret.

Fait au palais des Tuileries, le 24 novembre 1860.

NAPOLÉON.

Par l'Empereur : le ministre d'État,

A. WALEWSKI.

Les circulaires adressées aux préfets, les 5 et 7 décembre 1860, par M. le comte de Persigny, qui avait quitté l'ambassade de Londres pour diriger le ministère de l'intérieur, furent le corollaire de ce grand acte.

On aime à retrouver dans le premier de ces documents l'expansion de l'inviolable dévouement, de l'attachement que nous oserons appeler fraternel, dont M. le comte de Persigny a constamment fait preuve pour l'hôte illustre d'Arenenberg, pour le prince Louis-Napoléon, président de la république, pour l'empereur Napoléon III.

« Voilà un prince, dit-il, qui, après avoir reçu les pouvoirs de la nation pour rétablir l'ordre public à l'intérieur et la grandeur du pays à l'extérieur, est le premier à appeler l'expression des vœux et de l'opinion de la France. A peine est-il victorieux des ennemis du dedans et du dehors, qu'il introduit dans nos institutions des améliorations qui sont un témoignage de sa confiance dans le pays.

« Le tableau de cette première partie de son règne formera une belle période de notre histoire. Appelé par la voix de tout un peuple à la tête d'une société bouleversée, tombée dans le chaos et l'anarchie, il se met courageusement à l'œuvre, et, en quelques années, il ramène à ce point l'ordre dans les esprits et dans les choses que jamais prospérité pareille n'avait signalé aucune époque de notre histoire. Puis, à peine cette grande œuvre est-elle achevée à l'intérieur, qu'il est conduit par la situation de l'Europe à en entreprendre à l'extérieur une autre non moins importante pour replacer la France dans la haute position qui lui était due. En dépit de sinistres prophéties qui annonçent partout qu'il sera emporté par la guerre au delà de la limite des véritables intérêts de la France, sa sagesse, égale à son courage, s'arrête à cette limite ; et ainsi, non-seulement il a rétabli au profit de notre sécurité l'équilibre troublé de l'Europe, mais ouvert au monde une nouvelle ère de paix et de prospérité.

« Enfin, pour terminer ce tableau, persuadé que sa véritable mission n'est pas seulement de placer son nom près de celui du glorieux chef de sa race, mais d'assurer les destinées du pays, il le prépare maintenant au noble et paisible exercice des libertés dont le trône populaire des Napoléon doit protéger le développement.

« Monsieur le préfet, si je vous rappelle ces grands traits de notre histoire actuelle, ce n'est pas pour que vous en fassiez le sujet de communications officielles aux populations de votre département ; car, fières d'avoir si merveilleusement, au 10 décembre, retrouvé d'elles-mêmes le fil perdu de nos destinées, elles n'ont besoin de personne pour lire dans leur cœur les grandes pages de l'Empire qu'elles ont fondé. Ce que je désire seulement, c'est de vous faire comprendre dans quel esprit je réclame votre concours.

« Convaincu que les libertés d'un pays ne peuvent se développer qu'autant que l'État lui-même jouit de la plus complète sécurité, je demande que vous soyez toujours aussi ferme à maintenir l'ordre public et aussi vigilant à surveiller, au besoin, les ennemis de l'État ; mais je vous recommande, en même temps, de ne rien négliger pour achever l'œuvre de réconciliation entre les partis.

« Beaucoup d'hommes honorables et distingués des anciens gouvernements, tout en rendant hommage à l'Empereur pour les grandes choses qu'il a accomplies, se tiennent encore à l'écart par un sentiment de dignité personnelle. Témoignez-leur les égards qu'ils méritent ; ne négligez aucune occasion de les engager à faire profiter le pays de leurs lumières et de leur expérience, et rappelez-leur que s'il est noble de conserver le culte des souvenirs, il est encore plus noble d'être utile à son pays. »

La circulaire du 7 décembre tient un langage tout aussi élevé et non moins explicite au sujet de la liberté de la presse.

« Je viens de vivre, disait le ministre aux préfets de l'Empire, au milieu d'un peuple qui peut être justement fier de ses institutions, où la liberté de la presse s'exerce ouvertement sans être un danger ni pour l'État ni pour l'ordre public, ni pour la sûreté des personnes et des choses. »

Puis, retraçant avec autorité l'histoire de la législation de la presse en Angleterre depuis l'avénement de la maison de Hanovre, M. le comte de Persigny continue en ces termes :

« En résumé, l'esprit de la législation anglaise, en matière de presse, peut se formuler ainsi : liberté complète pour tout ce qui est un avantage et n'est pas un danger pour l'État, et négation de toute liberté dès qu'il s'agit d'attaquer l'État ; de sorte que la liberté anglaise, dont la presse jouit si complétement, n'est en réalité que l'expression de la situation politique et sociale du pays.

« Comme il n'y a aujourd'hui aucun parti, aucun homme sérieux qui songe un instant à renverser ou la reine, ou le gouvernement, ou le parlement, ou la constitution, personne n'a à se préoccuper en quoi que ce soit de la liberté de la presse, qui n'est alors qu'un avantage pour tous. Mais qu'un parti quelconque vienne à se proposer le renversement de l'État au profit d'une autre dynastie ou de toute autre doctrine, alors, à l'instant même, la liberté de la presse n'existe plus pour ce parti.

« Ainsi lorsque, soit en France, soit ailleurs, des ennemis déclarés d'un gouvernement constitué s'autorisent de l'exemple de l'Angleterre pour réclamer la liberté d'attaquer par la presse le régime établi, ils se fondent sur une erreur. Quand ils s'indignent de ne pouvoir jouir du droit d'attaquer l'État, si leur indignation est sincère, ils méconnaissent les conditions de la liberté possible parmi les hommes, et, dans tous les cas, ils calomnient la liberté anglaise.

« La vérité, c'est que l'exemple de l'Angleterre nous démontre au contraire, et de la manière la plus éclatante, que la liberté de la presse ne peut que suivre et non pas précéder la consolidation d'un nouvel État, d'une nouvelle dynastie ; que tant qu'il y a des partis hostiles à l'ordre établi, luttant, non plus comme aujourd'hui les tories et les whigs, pour le ministère, mais, comme autrefois les jacobites, pour renverser le trône, c'est-à-dire tant qu'il y a des nations dans la nation, la liberté ne peut être donnée aux ennemis de l'ordre établi que chez des peuples dégénérés, qui préfèrent, au salut de l'État, comme les Grecs du Bas-Empire, le droit de se quereller et de se détruire eux-mêmes.

« Et maintenant, monsieur le préfet, j'ai à peine besoin de formuler les instructions que j'ai à vous donner. Si tous les partis, tous les écrivains, se soumettant réellement aux lois constitutives de notre société, au suffrage universel qui a fondé le trône des Napoléon pour en faire la base de nos institutions, si ces partis, ces écrivains, respectant la volonté du peuple français, ne veulent la liberté de la presse que pour le maintien et la prospérité de l'État, alors ils ont de fait et de droit la liberté de la presse comme en Angleterre, et la loi des avertissements devient une lettre morte.

« Que les abus dans la société ou dans le Gouvernement soient mis au jour, que les actes de l'administration soient discutés, que les injustices soient révélées, que le mouvement des idées, des sentiments et des opinions contraires vienne éveiller partout la vie sociale, politique, commerciale et industrielle, qui pourrait raisonnablement s'en plaindre ?

« Mais s'il y a des partis qui se proposent, non plus de faire pénétrer leurs idées, leurs doctrines, leurs sentiments dans le gouvernement de l'État, mais de renverser l'État lui-même, d'opposer au Gouvernement tel autre gouvernement, à la dynastie telle autre dynastie, alors, quelle que puisse être la faiblesse de ces partis, le respect de la volonté nationale, l'intérêt public et la loi ne permettent pas de laisser entretenir des passions hostiles à l'ordre établi ; car, sans parler même d'aucun danger, tout ce qui retarde la fusion des partis dans la grande famille de l'État retarde en même temps la jouissance des libertés de notre pays..... »

On ne saurait méconnaître tout ce qu'il y a de noble, d'élevé et de libéral dans le langage tenu par

M. le comte de Persigny aux premiers fonctionnaires des départements pour les bien pénétrer de la portée des réformes résultant du décret du 24 novembre 1860, et données spontanément par un souverain dans tout l'éclat de sa puissance.

M. le comte de Persigny, cela est incontestable, n'a jamais laissé échapper une occasion de proclamer bien haut ses sentiments patriotiques et son inaltérable dévouement pour l'Empereur. Tout récemment encore, en repoussant avec énergie une attaque aussi violente qu'injuste dont il avait été l'objet au sein du Sénat, il disait : « Ce que je désire, avec l'Empereur, avec le pays et avec cette patriotique assemblée, c'est un gouvernement fort pour maintenir l'ordre et la tranquillité, qui sont la base de la prospérité publique. C'est aussi un gouvernement sagement progressif et libéral, comme celui qui a rendu les décrets du 24 novembre et proposé le sénatus-consulte récemment voté par le Sénat. Voilà le Gouvernement impérial tel que je le comprends, et auquel j'ai dévoué ma vie en serviteur fidèle de l'Empereur, de son fils et de sa dynastie. »

Ces belles paroles furent accueillies avec la plus vive sympathie par le Sénat et par le pays tout entier.

C'est aussi en 1860 qu'a eu lieu à Varsovie, entre l'empereur de Russie, l'empereur d'Autriche et le prince-régent de Prusse, l'entrevue dont on a tant parlé à cette époque.

Cette entrevue avait été vivement demandée par l'empereur d'Autriche, qui voulait, c'était du moins sa pensée, détruire l'effet produit sur l'opinion publique, en Europe, par la visite que les souverains allemands firent à S. M. Napoléon III pendant son séjour à Bade.

Déjà, en 1857, l'empereur d'Autriche avait sollicité une première entrevue de l'empereur de Russie, après celle qui avait eu lieu à Stuttgard, le 25 septembre, entre ce souverain et l'empereur des Français.

François-Joseph espérait-il, pendant les conférences de Varsovie, former une nouvelle coalision contre la France, et se venger ainsi de la défaite de Solférino ? Ce qui est positif, c'est que S. M. Alexandre II s'y rendait dans un tout autre but, ainsi que le prouve une dépêche que le duc de Montebello écrivait à M. Thouvenel, le 17 septembre 1860, dépêche dans laquelle notre ambassadeur à Saint-Pétersbourg rapportait ces paroles que le tzar venait de lui adresser à ce sujet, et dont nous reproduisons le passage suivant :

..... « L'opinion s'est beaucoup préoccupée de cette entrevue avant même qu'elle fût décidée. On y a vu le germe d'une coalition. J'ai voulu m'expliquer avec vous sur les dispositions que j'y apporterai ; je n'ai pas besoin de vous dire qu'elles sont amicales pour la France. Ce n'est pas de la coalition que je vais faire à Varsovie, mais de la conciliation, et je suis heureux de voir que le prince-régent est dans les mêmes sentiments. Dites à l'empereur Napoléon qu'il peut mettre sa confiance en moi. »

Cette confiance était partagée, et les nombreuses visites faites à la cour de France par les frères et neveux du tzar, par sa sœur, la grande-duchesse Marie, témoignent de l'amitié solide qui existe entre les familles impériales de France et de Russie.

Cette amitié se traduisait aussi par des échanges de cadeaux entre les deux empereurs. Ainsi, le 28 septembre 1860, peu de jours après l'arrivée de la dépêche dont nous venons de reproduire un passage, le général comte Pierre Schouvaloff, grand maître de la police à Saint-Pétersbourg, et son frère, le colonel comte Paul Schouvaloff, attaché militaire à l'ambassade de Russie à Paris, tous deux aides de camp du tzar, assistés de M. le général Fleury, premier écuyer, se sont rendus à Saint-Cloud pour présenter à S. M. Napoléon III quatre étalons qui lui étaient envoyés en cadeau par S. M. Alexandre II.

Ces magnifiques chevaux, de la race orloff, si réputée, sortaient du haras impérial de Chresnoskoy. Ils avaient été choisis entre un très-grand nombre par l'empereur Alexandre lui-même, et pendant les soixante jours que le convoi a dû mettre pour venir du fond de la Russie en France, ils ont été l'objet des plus grands soins. Un vétérinaire, un sous-officier et quatre hussards de la garde impériale les ont accompagnés jusqu'à Saint-Cloud et assistaient en grande tenue à la présentation.

L'Empereur a beaucoup admiré la beauté, la force et l'élégance de ces chevaux d'élite; il a témoigné aux comtes Schouvaloff combien il était sensible à une attention qui montrait les rapports d'amitié des deux souverains, et il les a chargés d'être auprès de l'empereur de Russie les interprètes de ses remercîments.

Les comtes Schouvaloff, désignés par le tzar pour la remise de ce cadeau, appartiennent à l'une des premières familles de Russie, et ils ont été élevés avec leur souverain, auprès duquel ils occupent l'un et l'autre une position de confiance.

Arrivons à l'année 1861, et poursuivons notre marche rapide à travers cette voie sacrée du nouvel Empire, et, fidèle à la pensée qui a dicté notre travail, recherchons dans l'impulsion souveraine du chef de l'État la cause première de toutes les grandes choses qui ne cessent de s'accomplir.

Dans son allocution au Sénat et au Corps législatif, lors de l'ouverture de la session législative de 1861, l'Empereur consacre le droit d'adresse reconnu à ces assemblées par le décret du 24 novembre 1860.

« Autrefois, dit Sa Majesté, le suffrage était restreint. La Chambre des deputés avait, il est vrai, des prérogatives plus étendues; mais le grand nombre de fonctionnaires publics qui en faisaient partie donnait au Gouvernement une action directe sur ses résolutions. La Chambre des pairs votait aussi les lois; mais la majorité pouvait être, à chaque instant, déplacée par l'adjonction facultative de nouveaux membres. Enfin, les lois n'étaient pas toujours discutées pour leur valeur réelle, mais suivant la chance que leur adoption ou leur rejet pouvait avoir de maintenir ou de renverser un ministère. De là, peu de sincérité dans les délibérations, peu de stabilité dans la marche du Gouvernement, peu de travail utile accompli.

« Aujourd'hui, toutes les lois sont préparées avec soin et maturité par un conseil composé d'hommes éclairés, qui donnent leur avis sur toutes les mesures à prendre. Le Sénat, gardien du pacte fondamental, et dont le pouvoir conservateur n'use de son initiative que dans les circonstances graves, examine les lois sous le seul rapport de leur constitutionnalité; mais, véritable Cour de cassation politique, il est composé d'un nombre de membres qui ne peut être dépassé. Le Corps législatif ne s'immisce pas, il est vrai, dans tous les détails de l'administration, mais il est nommé directement par le suffrage universel et ne compte dans son sein aucun fonctionnaire public. Il discute les lois avec la plus entière liberté; si elles sont repoussées, c'est un avertissement dont le Gouvernement tient compte; mais ce sujet n'ébranle pas le pouvoir, n'arrête pas la marche des affaires et n'oblige pas le souverain à prendre pour conseillers des hommes qui n'auraient pas sa confiance.

« Telles sont les différences principales entre la Constitution actuelle et celle qui a précédé la révolution de février.

« Épuisez, Messieurs, pendant le vote de l'adresse, toutes les discussions, suivant la mesure de leur gravité, pour pouvoir ensuite vous consacrer entièrement aux affaires du pays, car si celles-ci réclament un examen approfondi et consciencieux, les intérêts, à leur tour, sont impatients de solutions promptes. »

Les paroles adressées par M. de Morny au Corps législatif, dans la séance qui suivit l'ouverture de la session, vinrent révéler une communication faite en conseil par Napoléon III et qui, dans la simplicité de ses termes, revêt un caractère de véritable grandeur.

« Ce qui nuit à mon Gouvernement, avait dit l'Empereur, c'est l'absence de publicité et de contrôle ; c'est là ce qui favorise la calomnie et engendre les préventions. Je ne veux que le bien ; je n'ai dans le cœur que des intentions honnêtes ; mais je puis me tromper ; c'est pourquoi je veux connaître l'opinion du pays par l'organe de ses députés après qu'ils auront examiné mes actes. »

Désormais, de grandes occasions allaient donc être offertes au Sénat et au Corps législatif de discuter solennellement, devant le pays, toutes les questions intéressant sa grandeur, sa prospérité. Comme sous le régime parlementaire, une adresse serait discutée et votée en réponse au discours de la couronne.

Deux autres progrès étaient, en outre, réalisés : le premier consiste dans la faculté donnée au Corps législatif d'exprimer en comité secret son opinion sur les projets de loi autres que ceux d'urgence et d'intérêt local ;

Le second se résume dans la reproduction textuelle des discours des membres du Sénat et du Corps législatif, conformément aux dispositions du sénatus-consulte du 1er février 1861, portant :

Art. 1er. Les débats des séances du Sénat et du Corps législatif seront reproduits par la sténographie et insérés *in extenso* dans le journal officiel du lendemain.

« Le couronnement de l'édifice commence, disait le journal *le Siècle* en appréciant la portée de ces mesures. En face d'une pareille œuvre, dont la difficulté éclate à tous les yeux, nous croyons que c'est surtout à l'opinion publique à aider le Gouvernement dans ce grand travail en se prononçant librement. »

La discussion de l'adresse fut vive au sein du Sénat et du Corps législatif. Un discours prononcé par S. A. I. le prince Napoléon eut le plus grand retentissement. Dans sa réponse, lors de la présentation de l'adresse du Corps législatif, l'Empereur dit :

« Malgré la vivacité de la discussion, je ne regrette nullement de voir les grands corps de l'État aborder les questions si difficiles de la politique extérieure. Le pays en profite sous bien des rapports. Ces débats l'instruisent sans pouvoir l'inquiéter. »

Cette communication directe avec le cœur même de la nation, l'Empereur la recherche sous toutes les formes. Il s'identifie à la pensée publique et veille avec un soin jaloux à ce que la France conserve au dedans comme au dehors le caractère de noblesse et de loyauté qui lui est propre.

C'est ainsi que, lorsque le banquier Mirès fut arrêté, l'Empereur traça lui-même au garde de sceaux la conduite de la procédure.

« Je veux que dans cette affaire, dit Sa Majesté, la justice aille jusqu'au fond des choses, résolûment et sans aucune considération personnelle. Le soupçon planant aujourd'hui sur tout le monde, les innocents sont compromis dans une accusation générale qui ne désigne pas les coupables, il est indispensable que le jour se fasse. »

Tout le monde en France proclame, suivant la virile expression de M. Delangle, ministre de la justice, qu'aucune considération ne saurait détourner le magistrat de son devoir ; que, devant lui comme devant la loi, tous les citoyens sont égaux, et que s'il exerce avec modération et réserve son redoutable ministère, les coupables, jamais, n'échappent à son action. La magistrature est pénétrée de cette salutaire pensée que si les nécessités de la répression sont parfois douloureuses, l'impunité des fautes reconnues est un déshonneur pour la justice, un danger pour la société.

Nous ne nous arrêterons pas davantage sur cette déplorable affaire qui a bouleversé tant d'existences modestes et honorables, et sur laquelle la justice n'a pas encore prononcé définitivement ; mais, quoi qu'il advienne, nous savons tous que nos magistrats, sur quelque point du pays qu'ils s'assemblent, ne prendront conseil que de l'équité, que de leur conscience.

En même temps qu'à l'intérieur l'Empereur prescrivait les mesures nécessaires pour augmenter la production agricole, industrielle et commerciale du pays, à l'extérieur, aucune excitation, de quelque part qu'elle vînt, comme l'avait justement dit Sa Majesté à l'ouverture de la session de 1861, ne pouvait le faire dévier de sa route.

La cession de la Savoie et du comté de Nice, nos expéditions de Chine, de Cochinchine, de Syrie, notre maintien à Rome avec des forces imposantes, l'envoi de notre flotte à Gaëte au moment où elle semblait devoir être le dernier refuge du roi de Naples, tous ces faits venaient démontrer la haute autorité de ce principe posé par Napoléon III, « *qu'il suffit à la grandeur du pays de maintenir son droit là où il est incontestable, de défendre son honneur là où il est attaqué, de prêter son appui là où il est imploré en faveur d'une juste cause.* »

Un petit territoire, celui des communes de Menton et de Roquebrune, dépendant de la principauté de Monaco, vint s'ajouter au nôtre en vertu du traité signé le 2 février 1861. Cette renonciation fut faite par le prince de Monaco moyennant le paiement d'une somme de quatre millions, et la convention intervenue à ce sujet mettait un terme à la situation anormale dans laquelle étaient placées ces communes depuis 1848.

En même temps que s'accomplissait la cession dont il s'agit, des nouvelles nous arrivaient de Cochinchine. Comme toujours, nos soldats, réunis à ceux de l'Espagne, avaient fait merveille en enlevant un camp défendu avec acharnement par l'armée annamite.

Le 2 avril, une cérémonie imposante avait lieu à l'hôtel des Invalides. L'Empereur faisait transporter en sa présence, dans le tombeau construit au centre de la crypte du dôme de l'église, les restes mortels de l'empereur Napoléon Ier, déposés depuis le 15 décembre 1840 dans la chapelle Saint-Jérôme. S. M. l'Impératrice, le Prince impérial, le prince Napoléon, le prince Lucien Murat et son fils, le prince Joachim Murat, étaient présents.

Tous les grands officiers de la couronne, tous les dignitaires de l'empire qu'avait pu contenir l'enceinte de l'église des Invalides assistaient à cette cérémonie.

Son Éminence le cardinal-archevêque de Paris, grand aumônier de l'Empereur, assisté du clergé de la chapelle impériale et du clergé de l'église des Invalides, procéda à la levée du cercueil, à la bénédiction du tombeau et à l'absoute.

Ce moment de la levée du cercueil fut solennel.

Tous les fronts se courbèrent, un attendrissement profond et religieux avait envahi toutes les âmes.

« *Je désire que mes cendres reposent sur les bords de* « *la Seine, au milieu de ce peuple français que j'ai tant* « *aimé.* »

Ce vœu, que Napoléon Ier avait consigné dans son testament, à Sainte-Hélène, recevait une dernière et touchante consécration en présence de l'héritier de son nom, de l'élu de la France appelé à continuer providentiellement les grandeurs de la race impériale, non pas seulement dans la guerre, mais surtout dans la paix.

C'est ainsi que le traité de commerce et de navigation signé avec la Belgique, le 1er mai 1861, et la solution de la question du Liban (1) au moyen de la nomination d'un chef chrétien, donnaient une satisfaction complète aux intérêts français et un nouveau gage à la stabilité de la bonne harmonie entre les grandes puissances de l'Europe.

Cependant la guerre civile entre les États-Unis d'Amérique, fédéralistes et esclavagistes, pouvait porter atteinte à la tranquillité des esprits : aussi Son Exc. M. Thouvenel se hâta-t-il, sur l'ordre de l'Empereur, de faire connaître, par une déclaration insérée au *Moniteur universel*, le 11 juin, que la France avait résolu de maintenir une stricte neutralité entre le gouvernement de l'Union et les États qui prétendent former une confédération particulière.

La nouvelle de l'attentat commis contre le roi de Prusse, pendant son séjour à Bade, vint aussi troubler un instant le monde politique ; mais lorsqu'on

(1) La question du Liban fait l'objet d'un examen particulier dans une *Étude sur la Turquie*, que nous publierons ultérieurement.

sut que la vie de ce monarque n'était aucunement en danger, on ne put que déplorer cet acte de folie, en reportant les sympathies les plus vives sur le chef d'un grand État en voie de prendre la tête de l'Allemagne.

Un étudiant, armé d'un pistolet à deux coups, avait fait feu sur le roi de Prusse et l'avait légèrement blessé au cou. L'auteur de cet attentat, Oscar Becker, âgé de 21 ans, était un rêveur de l'école germanique. Arrêté immédiatement, il déclara n'avoir pas de complices. « En attentant à la vie du roi de Prusse, je n'ai pas, dit-il, d'autre motif que ma conviction qu'il n'est pas capable de faire l'unité de l'Allemagne. »

Traduit devant la Cour d'assises du grand-duché de Bade, Oscar Becker fut condamné à 20 ans de travaux forcés et au bannissement après l'expiration de cette peine.

Mais nous touchons à une date où, d'un bout à l'autre de la France, les prières montent vers le ciel pour appeler sur le chef de l'État les bénédictions divines. La fête de l'Empereur, le 15 août, est aussi la fête consacrée de la mère de Dieu. Les habitants de nos campagnes allument ce jour-là deux cierges à l'église, l'un pour la reine du ciel, l'autre pour le souverain de la France, et les petits enfants s'agenouillent devant l'image de la sainte Vierge comme devant celle de Napoléon.

Il est rare que, dans ce jour d'allégresse publique, l'Empereur ne marque pas par quelque grande action la date de sa fête, laissant ainsi un souvenir impérissable aux populations accourues dans la capitale.

La création du boulevard Malesherbes appartient à ce vaste ensemble de travaux publics destinés à rapprocher les points les plus éloignés de Paris, en ouvrant partout de larges artères de communication. L'ouverture de ce boulevard fut l'événement du 14 août, veille de la fête de l'Empereur.

Laissons un instant parler le *Moniteur universel*, qui, dans cette circonstance, fut lu par tout le monde, car il donnait une idée complète de la persévérance infatigable avec laquelle M. le baron Haussmann, préfet de la Seine, et le conseil municipal de Paris, poursuivent, suivant les paroles prononcées par l'Empereur, le grand but qu'il leur a assigné : celui d'imprimer de l'activité au travail, une vie nouvelle au commerce et aux diverses industries de la capitale, en les dégageant des entraves qui en gênent le développement.

« Sa Majesté, dit le journal officiel, est sortie des Tuileries en voiture découverte vers quatre heures et demie. Elle avait à ses côtés MM. le comte de Persigny, ministre de l'intérieur, le général Rolin, adjudant général du palais, et le colonel d'état-major comte Reille, l'un de ses aides de camp.

« L'Empereur est arrivé par la rue de Rivoli et la rue Royale à l'entrée du nouveau boulevard, dont une brillante décoration rehaussait l'aspect grandiose. Partout une foule pressée occupait les abords de la voie, tandis que des milliers de curieux avaient pris place aux croisées et presque sur les toits des maisons voisines. A droite de la chaussée, la garde nationale de Paris, et à gauche la garde impériale, formaient la haie. Au delà du point culminant du boulevard, la haie était faite par la troupe de ligne. Des cris enthousiastes, poussés de toutes parts, et par la troupe, et par la garde nationale, et par le public, n'ont cessé de se faire entendre sur le passage de Sa Majesté.

« A cinq heures, l'Empereur est arrivé sous la

tente élégamment décorée qui avait été disposée pour le recevoir, et où le corps municipal, ayant à sa tête le sénateur préfet de la Seine et le préfet de police, attendait Sa Majesté. Le côté droit de cette vaste tente était réservé aux membres des grands corps de l'État, à la Maison de l'Empereur et aux hauts fonctionnaires de toutes les grandes administrations; l'autre côté était tout entier occupé par le conseil municipal, les maires et adjoints de Paris, les sous-préfets, les conseillers de préfecture, les chefs des services municipaux. Parmi les personnes qui entouraient l'Empereur, on remarquait S. Exc. le ministre des finances et LL. EExc. le maréchal commandant le premier corps d'armée, le maréchal commandant en chef la garde impériale, le général commandant en chef la garde nationale, le grand référendaire du Sénat, etc.

« Le sénateur préfet, accompagné du secrétaire général de la préfecture de la Seine, et ayant à ses côtés le préfet de police, M. Dumas, sénateur, président du conseil municipal, MM. Ferdinand Barrot, sénateur, et Chaix-d'Est-Ange, procureur général, vice-présidents du conseil municipal, M. Langlais, conseiller d'État, secrétaire, a prononcé le discours suivant :

« Sire,

« Le boulevard Malesherbes, que Votre Majesté daigne inaugurer, a été décrété une première fois en 1808. L'empereur Napoléon Ier n'attribuait pas seulement à cette voie magistrale, dont le projet est contemporain du plan de la Madeleine, le mérite de répéter d'une manière exactement symétrique, à droite du monument, la ligne des boulevards intérieurs qui vient y aboutir à gauche, et de donner un débouché normal à des quartiers perdus au delà d'un dédale de rues étroites, sur les escarpements des coteaux qui limitaient alors Paris. Ce merveilleux génie, à qui rien n'échappait, avait aussi compris qu'une large communication, dirigée vers le point le moins élevé de l'obstacle, à douze mètres environ plus bas que la place de l'Étoile, était appelée indubitablement à une importance commerciale de premier ordre.

« En effet, au delà de ce seuil, aujourd'hui si facile à franchir, et dans le prolongement même du nouveau boulevard que nous venons d'y percer, on retrouve la Seine, ramenée vers Paris après un long détour, et à une distance si peu considérable que la plage d'Asnières, située à 16 kilomètres audessous du port de Grenelle, ne va pas être désormais plus éloignée que celui-ci de la place de la Madeleine, et deviendra, selon toute apparence, pour l'approvisionnement des quartiers de la rive droite, en provenances de la basse Seine, un utile auxiliaire du bassin de La Villette.

« Chargée par Votre Majesté, dès 1854, de reprendre le programme de l'empereur Napoléon Ier, l'administration municipale de Paris a considéré une pente aussi faible que possible comme la condition essentielle de la voie projetée, et c'est pour cela que le tracé primitif a été légèrement dévié entre la rue de la Pépinière et l'ancien boulevard extérieur, et qu'on n'a pas reculé devant la nécessité d'énormes déblais et de raccordements laborieux pour établir la chaussée suivant une inclinaison uniforme (17 millimètres par mètre seulement).

« Toutefois, de la place de la Madeleine à la rue de la Pépinière, d'autres difficultés bien autrement sérieuses nous attendaient. Là, on voyait encore, en 1829, de vastes terrains, libres de toute construction, sur lesquels il eût été facile de réaliser à peu de frais, ou tout au moins de ménager l'exécution du plan de 1808. Par quelle singulière préoccupation méconnut-on alors l'importance capitale d'un tel projet? Je ne saurais le dire. Toujours est-il qu'à dater de cette époque furent édifiées les 17 belles maisons des rues de la Ville-l'Evêque, de la Madeleine, Lavoisier et Rumfort, que nous avons dû exproprier à grands frais, et dont on nous reproche si amèrement la démolition, alors qu'il serait plus juste de s'en prendre à ceux qui les ont imprudemment laissé construire!

« Quoi qu'il en soit, en ajoutant à ces 17 maisons 22 anciennes constructions plus ou moins importantes que le tracé du boulevard a renversées, entre la place de la Madeleine et la rue de la Pépinière, et 45 masures qui existaient entre cette rue et l'ancien boulevard extérieur, on trouve un total de 84 habitations pour expression du sacrifice qu'a imposé à la population de Paris l'ouverture d'un boulevard de 1,550 mètres de long sur 34 mètres de large, dont le prolongement à travers la vaste plaine de Monceaux jusqu'à la porte de l'enceinte fortifiée, où commence la route d'Asnières, n'a pas moins de 1,270 mètres de parcours et n'a coûté que la démolition d'une douzaine de constructions misérables.

« Or, les maisons nouvelles en cours d'exécution ou en projet qui borderont, avant la fin de l'année prochaine, les deux côtés du boulevard, dans l'ancien Paris, sont au nombre de 114, et il est impossible de prévoir combien il pourra s'en élever sur les immenses terrains qui bordent les rues transversales et qui sont demeurés inutiles jusqu'à ce jour faute d'issues. Quant à la plaine de Monceaux, ce n'est pas un quartier nouveau, c'est une ville entière qui s'y fonde, et nul ne saurait en calculer le développement.

« En effet, s'il a fallu plus d'un demi-siècle pour mettre en évidence la grandeur de la conception de 1808, il n'est personne aujourd'hui que ne frappe le rapprochement qui vient d'être subitement opéré entre des points que la difficulté seule des communications tenait éloignés jusqu'à présent les uns des autres.

« L'emplacement de l'église Saint-Augustin n'est pas plus distant de la Madeleine que le pont de la Concorde ou l'entrée de la rue de la Chaussée-d'Antin ; la grille du parc de Monceaux, que le rond-point des Champs-Élysées ou l'entrée du faubourg Montmartre ; enfin, la place où se termine le prolongement du boulevard Malesherbes près de l'enceinte fortifiée, que l'entrée de l'avenue de l'Impératrice ou de la Porte-Saint-Martin.

« Le percement de la rue de Rivoli, entre la place du Louvre et l'Hôtel de Ville, sur un parcours de 940 mètres et une largeur réduite de 22 mètres, a fait disparaître 230 maisons et n'a donné lieu qu'à 89 reconstructions. L'ouverture du boulevard de Sébastopol, entre la place du Châtelet et le boulevard Saint-Denis, sur un parcours de 1,400 mètres et une largeur de 30 mètres, a enlevé 458 maisons et n'en a fait reconstruire que 204. Personne aujourd'hui cependant ne regrette ces opérations : chacun sait, en effet, que toute voie de grande circulation, indépendamment des édifices qui s'élèvent sur ses bords, fait surgir des milliers d'habitations dans les quartiers extrêmes qu'elle dessert. Les grands travaux commencés en 1853 dans le centre de la ville ont nécessité, en huit ans, 2,494 démolitions; mais ils ont provoqué 17,821 reconstructions ou constructions nouvelles.

« Néanmoins, après avoir fait exécuter à travers le vieux Paris les grands percements qu'il était impérieusement nécessaire d'y entreprendre sans retard, Votre Majesté a permis que l'administration municipale concentrât ses efforts sur les portions du plan général d'améliorations dû à votre féconde initiative qui devaient exiger de moins douloureux sacrifices. C'est dans cet esprit qu'a été conçu le système de travaux sanctionné par la loi du 28 mai 1858, et dont le boulevard Malesherbes est le premier résultat. Cependant, chose étrange! cette entreprise a été le point de mire des déclamations les plus ardentes!

« Lorsque des populations industrieuses et commerçantes ont été profondément troublées dans leurs intérêts par l'ouverture de la rue de Rivoli et du boulevard de Sébastopol, elles ont subi avec respect pour l'utilité publique régulièrement déclarée, et sans vains murmures contre l'autorité qui en était l'organe, les déplacements les plus pénibles, et cette année, lorsqu'il nous a fallu, non plus bouleverser des ateliers et des magasins, dont la clientèle et la prospérité tiennent souvent à une situation donnée, mais seulement déranger les habitudes de personnes favorisées de la fortune, pour lesquelles un changement de domicile n'est qu'un ennui passager, nous avons dû subir des violences de langage sans exemple!

« On conçoit que ces personnes, peu familiarisées avec les dures nécessités que les devoirs de la vie réservent à d'autres, aient éprouvé, en matière d'expropriation, une surprise désagréable de la règle démocratique de l'égalité de tous devant la loi; mais que leurs doléances aient trouvé des échos passionnés parmi ceux qui se prétendent libéraux par excellence, c'est un fait que l'intention systématique de contredire tous les actes de l'administration suffit à peine à expliquer.

« Avant un an, l'ouverture du boulevard du Prince-Eugène, sur un parcours de 3,500 mètres, de la place du Château-d'Eau à la place du Trône, et le règlement de l'esplanade de

1,600 mètres de long sur 60 mètres de large, qui remplace déjà le canal Saint-Martin, de la rue de la Tour à la Bastille, auront produit une transformation non moins radicale des espaces incommensurables qui étaient naguère encore à l'état de culture maraîchère, au nord-est de la ville, que le boulevard Malesherbes, de la plaine de Monceaux. Nous aurions été en mesure de livrer aussi dès à présent ces grandes artères à la circulation, si nous n'avions craint de troubler les plaisirs des classes laborieuses, en démolissant les théâtres qu'elles préfèrent avant la reconstruction de nouvelles salles.

« Sur la rive gauche, le prolongement du boulevard de Sébastopol, l'ouverture du boulevard Saint-Marcel et le percement des lignes projetées des deux côtés de la Montagne-Sainte-Geneviève, dans la direction de cette vallée de la Bièvre, qui est tout à la fois inabordable et insalubre, doivent causer aussi une révolution complète, qui s'annonce déjà par la construction du nouveau quartier Rollin.

« Plus à l'ouest, le prolongement de l'avenue de Latour-Maubourg et l'ouverture du boulevard de l'Alma feront cesser l'isolement actuel des terrains situés derrière les Invalides et l'Ecole militaire, en les reliant directement aux Champs-Élysées, et appelleront de ce côté encore le mouvement et la vie, tandis qu'en face, les percements projetés dans Chaillot et l'achèvement des avenues rayonnant autour de la place de l'Etoile compléteront le *West End* du Paris nouveau.

« Ainsi, dans toutes les directions, la population exubérante de Paris trouvera bientôt des quartiers neufs, aussi vastes que beaucoup de villes, et pourra se répartir entre eux, selon ses besoins et ses goûts; car la spéculation, qui possède à merveille l'intelligence de ses intérêts, cessera certainement d'élever des maisons de luxe, dès qu'il sera vrai que la ville en renferme assez.

« Au reste, il s'en faut bien qu'aujourd'hui elle construise exclusivement pour les classes riches, comme on l'affirme avec tant d'assurance. Sans doute, sur les terrains de haut prix bordant les grandes voies de circulation que chacun fréquente, on ne voit guère que des constructions de cet ordre, et cela se comprend facilement; mais il n'en est pas de même partout. Malheureusement, on l'ignore, parce que ceux qui font l'opinion, ceux qui parlent ou qui écrivent, ne vont pas beaucoup plus que le beau monde dans les quartiers où se trouvent les habitations destinées aux classes laborieuses.

« 9,023 logements nouveaux ont été, je ne dis pas seulement achevés, mais encore occupés, pendant l'année 1860, et sont devenus passibles de la contribution mobilière. Or, si l'on compare les rôles de 1861, où ils figurent, et ceux de 1860, où ils n'étaient pas encore, on trouve que, d'une année à l'autre, les diverses catégories de contribuables se sont accrues de la manière suivante : on a taxé 671 logements de plus dans celle de 1,500 fr. de loyer et au-dessus ; 330 dans celle de 1,000 à 1,500 fr ; 1,030 dans celle de 500 à 1,000 fr., et 5,270 dans celle de 250 à 500 fr. On a complétement exonéré, d'ailleurs, de toute contribution, 1,722 logements de plus que par le passé, comme ne payant qu'un loyer inférieur à 250 fr.

« Ces chiffres sont, je le sais, de nature à contrarier bien des partis pris, mais ils sont irrécusables, et ils démontrent avec évidence que l'on bâtit encore plus à Paris pour les classes peu aisées que pour les autres.

« En vain prétendrait-on que les accroissements de nombre constatés dans chaque catégorie de contribuables peuvent provenir de l'élévation des loyers, qui aurait fait monter de catégorie certains logements. Comme le total d'aucune classe n'a diminué, l'argument irait contre son but ; car plus on voudrait que le mouvement ascensionnel eût été considérable, plus on devrait admettre que la production des petits logements eût été grande au bas de l'échelle.

« Il faudra qu'on finisse par avouer que les grands travaux de Paris, loin d'avoir causé la cherté des loyers dont on se plaint, ont eu et ont incessamment pour effet de la tempérer, autant que possible, en excitant la construction sur une foule de nouveaux points, et en provoquant peu à peu une concurrence qui ne peut manquer de tourner finalement à l'avantage des locataires.

« Au reste, l'enchérissement des loyers n'est pas un fait propre à Paris. Il est général en France, et doit être attribué, dès lors, à des causes communes qu'il ne m'appartient pas de rechercher, et non à des circonstances particulières dont l'administration municipale de Paris soit responsable. S'il coïncide ici avec un prodigieux accroissement de population (près de 500,000 âmes en dix ans!) il faut même se féliciter qu'il n'y ait pas été proportionnellement beaucoup plus grave que sur certains autres points de l'Empire.

« Une autre accusation non moins injuste est adressée avec non moins de persévérance aux grands travaux de Paris : c'est celle de ruiner la ville! A en croire certaines personnes, dont la presse étrangère reproduit avec complaisance les assertions, nous en serions déjà aux expédients pour faire face à nos engagements à mesure qu'ils deviennent exigibles. — Il est aisé, fort heureusement, de dissiper ces calomnies.

« Les dépenses des grands travaux de Paris sont l'objet d'une comptabilité spéciale. On y fait face au moyen de ressources de crédit, limitées annuellement par la loi de finances, et remboursées graduellement, au moyen de la réalisation des prix de revente de terrains et de matériaux, des subventions dues par l'État, et, enfin, des prélèvements opérés sur les revenus de la ville, dans la mesure des besoins. La comptabilité spéciale, dont le bilan mensuel se contrôle aux ministères de l'intérieur et des finances, est soumise tous les ans au Corps législatif, en même temps que la situation des travaux, et il y a deux mois à peine que cette assemblée, par l'organe de sa commission du budget, se déclarait pleinement satisfaite de l'une et de l'autre justification.

« Quant à la ville, dont les revenus sont la garantie des valeurs de la Caisse des travaux de Paris, le compte de ses recettes et de ses dépenses en 1860, sur lequel le conseil municipal délibérait il y a peu de jours, fait ressortir un boni définitif de 18,733,463 fr. 66 c. Or, le boni de 1859, atténué de près de 2 millions par des dettes provenant des communes annexées à Paris, atteignait à peine 14 millions. Les ressources de l'exercice 1860 ont donc excédé ses charges de près de 5 millions, qui sont venus non-seulement rétablir, mais encore accroître les réserves accumulées par la prudence traditionnelle de l'administration municipale. En réglant le budget supplémentaire de 1861, le conseil a eu d'ailleurs l'occasion de supputer les résultats probables de l'exercice courant, et de s'assurer que, tous les services pourvus, ces réserves se trouveront portées l'an prochain à 20 millions au moins. Enfin, nos moyens de trésorerie sont plus que suffisants pour le mouvement de nos affaires. Ce matin, la caisse municipale avait en numéraire ou en compte courant, à la Banque et au Trésor public, une somme de plus de 30 millions (30,182,931 fr. 26 c.).

« Il y a loin de là aux embarras qu'une malveillance infatigable persiste à nous prédire, malgré les démentis de chaque année.

« Votre Majesté excusera les détails dans lesquels j'ai cru nécessaire d'entrer, devant elle, sur la bonne situation financière de la ville. C'est notre honneur de l'avoir maintenue intacte jusqu'à ce jour, en poursuivant tout à la fois l'accomplissement des nombreuses et importantes améliorations que réclament les divers services publics et l'exécution des vastes plans conçus par l'Empereur pour l'assainissement, l'embellissement et l'agrandissement de sa capitale. Nous saurons la sauvegarder efficacement dans l'avenir comme dans le passé. Plus nous sommes certains que l'histoire, qui jugera les choses de notre époque avec justice, tiendra cette transformation de Paris pour l'un des actes les plus mémorables du présent règne, plus nous mettrons de vigilance à ne donner aux détracteurs de Sa Majesté aucun prétexte pour l'accuser d'avoir sacrifié la fortune de la ville à l'éclat de sa gloire.

Dans l'ancienne Rome, les grands travaux d'édilité ont, de tout temps, été comptés au nombre des titres les plus importants des chefs de l'État, rois, consuls et empereurs, à la reconnaissance publique; les deux principales charges d'édile avaient rang parmi les magistratures curules; la préfecture urbaine, création des anciens rois, rétablie par l'empereur Auguste, était une dignité réservée aux personnages consulaires, et l'éloge suprême qu'on a décerné au neveu de César est d'avoir embelli le siége de l'empire: *Urbem, neque pro majestate imperii ornatam,..... excoluit adeo, ut jure sit gloriatus, marmoream se relinquere, quam lateritiam accepisset.*

« Sire, nos descendants, qui recueilleront les fruits de la constante sollicitude de Votre Majesté pour tout ce qui se rapporte à l'édilité parisienne, constateront que, chez nous aussi, le neveu de César a renouvelé la ville impériale, mais surtout afin d'accroître le bien-être de ses sujets, et que, par sa persévérance dans cette laborieuse entreprise, au milieu des soucis du gouvernement d'un grand peuple, Votre Majesté a bien mérité de son temps et de la postérité.

« Vive l'Empereur! »

Sa Majesté a répondu :

« Messieurs,

« L'inauguration d'une voie de communication nouvelle n'a plus rien d'extraordinaire aujourd'hui, et je n'en aurais pas fait une cérémonie publique si je n'avais voulu témoigner ma sympathie au conseil municipal qui s'occcupe avec un zèle constant des intérêts de la ville, ma satisfaction au préfet de la Seine pour sa persévérance infatigable à poursuivre un grand but, enfin mon approbation à tous ceux dont le concours seconde si bien ses efforts.

« Les embellissements de la capitale, une fois terminés, excitent l'admiration générale, mais pendant leur exécution ils soulèvent toujours des critiques et des plaintes. C'est qu'il est impossible dans de telles entreprises de ne pas léser momentanément certains intérêts; le devoir de l'administration est néanmoins de les ménager, sans s'écarter de la marche à suivre. Cette marche, vous la connaissez : imprimer de l'activité au travail, une vie nouvelle aux industries et au commerce de Paris, en les dégageant des entraves qui en gênaient le développement; protéger les classes les moins favorisées ; combattre le renchérissement des denrées.

« Pour atteindre le premier de ces résultats, le Gouvernement a fait un grand pas, et, vous l'apprendrez avec plaisir, depuis le traité de commerce avec l'Angleterre, l'exportation des articles de Paris a déjà presque doublé.

« Quant à ce qui concerne l'administration de la ville, en reportant le mur de l'octroi aux fortifications, en rapprochant par de larges voies les extrémités du centre, elle tend à égaliser, dans cette vaste enceinte, le prix de toute chose, elle donne de la vitalité, de la lumière, de la valeur à des quartiers déshérités, de l'occupation à une foule d'industries et du mouvement au commerce.

« D'un autre côté, je félicite la ville des mesures prises ou adoptées pour améliorer le sort de la classe la plus nombreuse. Ainsi, elle s'occupe d'amener à Paris de l'eau qu'on paiera moins cher; elle exonère de l'impôt les loyers au-dessous de 250 francs; elle a organisé la boulangerie de manière que, dans un cas de disette, le pain ne pourra pas excéder un certain taux; elle cherche à diminuer le prix de la viande, non-seulement par la liberté de la boucherie, mais encore par la création d'un marché unique qui garantira mieux l'intérêt du consommateur; enfin, elle multiplie partout les églises, les écoles et les établissements de bienfaisance.

« Pour travailler suivant le même ordre d'idées, je vous recommande surtout, dans l'examen de votre budget, de réduire, autant que les finances le permettront, les droits sur les matières de première nécessité.

« Par là vous acquerrez de nouveaux titres à ma reconnaissance; car si la capitale d'un grand empire s'honore par ces monuments qui rappellent la gloire des armes et attestent le génie des sciences et des arts, elle ne s'honore pas moins par les institutions qui témoignent d'une sollicitude incessante pour ceux qui souffrent, et d'un zèle éclairé pour les intérêts généraux de cette immense agglomération, véritable cœur de la France qui bat comme elle pour sa gloire et sa prospérité. »

Après avoir prononcé ce remarquable discours, l'Empereur a daigné remettre de sa main à M. Varin, membre du conseil municipal, président de la commission des indemnités, la croix de commandeur de la Légion d'honneur; celle d'officier à M. Legendre, celle de chevalier à M. Lemoine, tous deux membres du conseil municipal et de la commission des indemnités; la croix de chevalier à M. Dupérié-Pellou, maire du 12e arrondissement, et Beigbeder, adjoint au maire du 17e arrondissement; la croix d'officier à M. Belgrand, l'un des ingénieurs en chef du service municipal, et celle de chevalier à M. Grégoire, ingénieur ordinaire attaché au même service.

Ainsi que l'a dit Sa Majesté dans sa réponse au préfet de la Seine, l'inauguration d'une voie nouvelle n'a plus rien d'extraordinaire aujourd'hui.

En effet, le 4 avril 1858, l'Empereur avait déjà présidé à l'inauguration du boulevard de Sébastopol, et si nous n'avons pas mentionné cet acte mémorable parmi ceux qui ont eu lieu pendant l'année 1858, c'est parce que nous avons cru préférable de réunir entre eux tous les faits qui se rattachent à cet ensemble de travaux destinés à transformer et à embellir Paris.

Le boulevard de Sébastopol, achevé sur la rive droite avec une rapidité sans exemple, et presque entièrement terminé aujourd'hui sur la rive gauche, partage Paris du nord au sud, forme la principale artère de la circulation générale qui croise et met en relation mutuelle les boulevards intérieurs, la rue de Rivoli et les quais. Deux chemins de fer y aboutissent, celui de l'est et celui du nord, qui se prolongent et se ramifient jusqu'aux extrémités de l'Europe.

Ce splendide spécimen des immenses travaux d'utilité publique, dont le bienfait perpétuera dans les générations futures le souvenir du règne de Napoléon III, porte l'empreinte de la grandeur qui caractérise les œuvres de ce règne. Proportions vastes, beauté de l'aspect, soin du détail, constructions variées et cependant assujetties à certaines règles qui maintiennent l'harmonie de l'ensemble; canaux souterrains gigantesques, centres de tous les égouts de Paris et de tout le système de l'assainissement public et de la distribution des eaux, rien ne manque à ce grand travail de ce qui peut frapper l'attention.

Enfin, le boulevard de Sébastopol est, par le nom qu'il a reçu, le monument impérissable du fait le plus glorieux qu'aient accompli nos armes depuis quarante années. Il était bien qu'une revue de troupes signalât l'inauguration d'une telle voie publique, et que, derrière l'Empereur, des soldats franchissent les premiers ce sol que consacre le nom d'une victoire immortelle.

C'est, en effet, ce qui eut lieu. L'Empereur passa au milieu des rangs de la garde nationale, de la garde impériale et de la troupe de ligne, placées à droite et à gauche de la chaussée dans toute la longueur du boulevard, depuis la place du Châtelet jusqu'au péristyle du débarcadère du chemin de fer de l'Est. Là se trouvaient LL. EExc. les ministres et le corps municipal de Paris, ayant à sa tête les deux préfets et M. Delangle, président du conseil municipal; Sa Majesté leur a adressé le discours suivant :

« Messieurs les membres du Conseil municipal,

« L'inauguration du boulevard de Sébastopol m'offre une occasion naturelle de vous remercier de la persévérance de vos efforts pour embellir la capitale et augmenter le bien-être de ceux qui l'habitent. Nous sommes à une époque où la création des chemins de fer change toutes les conditions économiques d'un pays; car, non-seulement pour leur création, ils absorbent la plupart des capitaux disponibles, mais, quand ils sont créés, ils favorisent l'agglomération dans les villes et modifient les rapports entre le producteur et le consommateur. Le conseil municipal avait donc une œuvre multiple à accomplir : il fallait d'abord assurer les ressources financières de Paris, favoriser les constructions nouvelles afin de pouvoir loger un excédant soudain de population, et, d'un autre côté, il était indispensable de démolir afin de créer des voies nouvelles qui faisaient pénétrer la lumière et la salubrité dans les quartiers malsains, et formaient de grandes artères favorables au développement de la ville, en rapprochant le centre des extrémités. Ce double résultat a été obtenu : les constructions ont été dix fois plus considérables que les démolitions. Mais là ne se sont point bornés vos efforts : pendant les années de disette, grâce à l'institution de la caisse de la boulangerie, vous avez donné à la population le pain à meilleur marché. Aucun système d'amélioration et de bienfaisance n'a été omis par vous. Tout en fondant de nouveaux hôpitaux, vous avez multiplié les secours à domicile; vous avez bâti de nouvelles églises et de nouvelles écoles; vous avez secondé l'approvisionnement de Paris par l'établissement des halles centrales;

vous avez commencé l'assainissement de la ville par un ouvrage gigantesque de galeries souterraines, dignes des travaux qui existent dans l'ancienne Rome; enfin, vous avez partout réuni à l'utile ce qui pouvait satisfaire les yeux et inspirer des sentiments élevés.

« Quand les générations qui se succèdent, traverseront notre grande ville, non-seulement elles acquerront le goût du beau par le spectacle de ces œuvres de l'art, mais en lisant les noms inscrits sur nos ponts et sur nos rues, elles se rappelleront la gloire de nos armes depuis Rivoli jusqu'à Sébastopol.

« Tous ces grands résultats, je les dois au concours du Corps législatif, qui, abdiquant tout sentiment d'égoïsme de province, a compris qu'un pays comme la France devait avoir une capitale digne d'elle, et n'a pas hésité à accorder la subvention que le Gouvernement lui a demandée. Je les dois aussi à la coopération éclairée du conseil municipal; mais je dois surtout leur prompte et judicieuse exécution au magistrat éclairé que j'ai placé à la tête du département de la Seine, qui, tout en maintenant dans les finances de la ville un ordre digne d'éloges, a su en si peu de temps mener à fin de si nombreuses entreprises, et cela au milieu des obstacles suscités sans cesse par l'esprit de routine et de dénigrement. Je suis heureux de lui donner ici le témoignage de mon entière satisfaction.

« Mais notre tâche, messieurs, est loin d'être accomplie; vous avez approuvé un plan général qui doit continuer ce que vous avez si bien commencé. La chambre, je l'espère, le votera bientôt, et nous verrons ainsi, chaque année, de grandes artères s'ouvrir, les quartiers populeux s'assainir, les loyers tendre à s'abaisser par la multiplicité des constructions, la classe ouvrière s'enrichir par le travail; la misère diminuer par une meilleure organisation de la bienfaisance, et Paris répondre ainsi de plus en plus à sa haute destination. »

Ce discours terminé, Sa Majesté daigna complimenter les ingénieurs et décerner des récompenses, comme cela a eu lieu lors de l'inauguration du boulevard Malesherbes. Ainsi, l'Empereur accorda : la croix d'officier de la Légion d'honneur à M. Homberg, ingénieur en chef de la voie publique; la première classe de son grade à M. Belgrand, ingénieur en chef des eaux et des égouts, et la croix de chevalier de la Légion d'honneur à M. Deschamps, chef du service du plan de Paris, et à M. Pain, conducteur des travaux du service municipal.

Revenons maintenant à l'inauguration du boulevard Malesherbes, et reprenons notre récit. Après cette imposante cérémonie, Sa Majesté est remontée dans sa voiture, pour parcourir le boulevard jusqu'à la place pentagonale qui le termine, près de l'enceinte fortifiée, puis elle est revenue, par l'avenue de l'Étoile et l'avenue de Monceaux, dans le parc de Monceaux, où elle a été reçue une seconde fois par le corps municipal. L'Empereur a daigné donner son approbation aux travaux exécutés dans ce magnifique parc sous l'habile direction de M. Alphand, l'ingénieur en chef des promenades et plantations de Paris, à qui nous devons toutes ces belles avenues, tous ces charmants squares, tous ces jardins enchantés qu'on trouve aux Champs-Élysées et sur les divers points de la capitale, depuis le bois de Boulogne jusqu'au bois de Vincennes.

Les détails qui vont suivre pourront donner une idée de l'importance des travaux exécutés ou en cours d'exécution sous l'intelligente impulsion de M. Alphand.

Les promenades ne pouvaient être oubliées dans le programme de la transformation de Paris arrêté par l'Empereur. Là, tout était à faire : Les boulevards étaient dans le plus fâcheux état; les plantations dépérissaient; elles étaient faites d'ailleurs sans aucun soin. Chaque année, d'informes baliveaux, plantés dans un sol infertile, remplaçaient, sans espoir de réussite, les arbres anciens qui disparaissaient. Les Champs-Élysées, le bois de Boulogne, le bois de Vincennes, nos principales places n'offraient qu'un sol fangeux en hiver, de la poussière en été, et l'apparence d'une végétation souffreteuse. Dans les quartiers populeux, l'absence de promenades où les habitants pussent trouver l'air, la lumière, et quelques arbres si utiles à l'hygiène d'une grande ville, se faisait vivement sentir; les fontaines monumentales manquaient aussi à l'ornementation de la cité; enfin, l'éclairage laissait à désirer, autant sous le rapport de l'intensité de la lumière que sous celui de l'élégance et du bon goût des appareils.

En quelques années, grâce à la création du service spécial des promenades et plantations, grâce surtout à l'incroyable activité déployée par M. Alphand, qui a centralisé l'étude et l'exécution des travaux d'embellissement à réaliser sur la voie publique et dans les promenades, Paris a été transformé. Le bois de Boulogne, le bois de Vincennes, les Champs-Élysées et le parc Monceaux forment aujourd'hui des promenades qu'envient toutes les capitales du monde. De nombreuses fontaines ont surgi sur des emplacements arides; des squares nouveaux ont été créés, d'anciens jardins particuliers ont été livrés au public, sur les places Vintimille, Louvois, Sainte-Clotilde; dans la rue de Rivoli, où le jardin enveloppe la Tour Saint-Jacques-la-Boucherie restaurée; place des Innocents, au milieu de laquelle se dresse la fontaine de Jean Goujon reconstruite; boulevard Sébastopol, au-devant du Conservatoire des arts et métiers; sur l'ancien emplacement du Temple; place de la Bourse; place du Châtelet, où plusieurs allées de grands marronniers, transplantés en cet état, entourent heureusement la fontaine du Palmier, déplacée pour l'établir dans l'axe du nouveau pont au Change, et ensuite restaurée. Et ce n'est là qu'un commencement. L'édilité parisienne dotera successivement chacun des vingt arrondissements, tant du Paris ancien que du Paris nouveau, d'un vaste square; les projets sont étudiés, et l'exécution commencée dans les anciennes communes annexées à la ville de Paris. En outre, deux grandes promenades, plus étendues qu'aucune de celles existant autrefois à Paris, seront créées au nord et au sud, pour donner aux habitants de ces quartiers les facilités que les bois de Boulogne et de Vincennes procurent aux habitants de l'est et de l'ouest de Paris.

Tous les squares sont entourés de grilles élégantes, et ornés de fleurs et d'arbustes rares. Ils sont livrés, à peu près sans surveillance, à toutes les classes de la population qui respectent ces richesses. Ce respect, imposé par le sentiment public aux mauvais instincts qui se rencontrent toujours parmi une population nombreuse, n'est pas l'un des moindres services rendus à la capitale par la création des squares. Le jour où le peuple comprend qu'il doit respecter ce qui est utile et agréable à tous, il est bien près de savoir respecter la propriété et la société. Ce sera là encore un des nombreux bienfaits du gouvernement impérial.

Indépendamment des squares, tous les boulevards, toutes les avenues ont été transformés; le sol a été nivelé et sablé; des bancs élégants, à siége commode, ont remplacé les anciens bancs en pierre. Les plantations surtout ont été l'objet de soins minutieux. Des arbres choisis avec soin, de manière à n'avoir que la même essence sur chaque voie publique, sont plantés dans de vastes tranchées garnies de terre végétale. Des petites galeries peintes en vert, appelées corsets-tuteurs, ont été substituées aux épines et aux tuteurs, d'un aspect repoussant, qui soutenaient les arbres; des cuvettes ménagées aux pieds des arbres pour les arroser et faire les binages nécessaires, sont recouvertes de grilles en fonte au niveau des trottoirs. Enfin, un double système de drainage, mis en communication avec le sol des contre-allées et les égouts, permet d'envoyer successivement autour des racines l'eau et l'air nécessaires à leur développement. Un drainage des conduites de gaz met aussi les arbres à l'abri de l'action délétère du gaz d'éclairage. Les essences qui dominent dans les nouvelles plantations sont, d'ailleurs, l'orme, le platane et le marronnier, aussi remarquables par leur port et la richesse de leur feuillage, que par leur prompte croissance.

Sur les voies principales, où les anciennes plantations doivent être renouvelées à cause de leur état de décrépitude et du désordre des essences, on a transplanté de gros arbres en motte, de 10 à 20 mètres de hauteur. Cette opération, dont la réussite est toujours douteuse, a été ramenée, grâce à l'emploi de nouveaux engins, à un chiffre de dépense qui permet de courir quelques chances aléatoires dans l'espoir de jouir immédiatement de l'ombre et de la verdure, qu'on n'obtient qu'après un assez grand nombre d'années par de jeunes plantations. La dépense de la transplantation des plus gros arbres varie de 50 à 90 francs, suivant leurs dimensions.

L'édilité n'a pas achevé encore la transformation de ses anciens boulevards. Les voies terminées sont : les boulevards intérieurs entre la Madeleine et la porte Saint-Martin ; les quais de la rive droite, et principalement les quais d'Orsay, de Billy et de la Conférence, complétement transformés; l'esplanade des Invalides, et les magnifiques avenues qui entourent l'Hôtel des Invalides. Une des œuvres les plus importantes entreprises par l'administration municipale, est la transformation des anciens boulevards extérieurs réunis aux chemins de ronde, et conservés pour former une promenade de 25 kilomètres de circuit, d'une largeur variable de 42 à 70 mètres. Deux chaussées, bordées de trottoirs, longent les maisons; et, au centre, un vaste plateau planté, garni de bancs et de candélabres élégants, appelle en foule chaque soir les habitants des anciennes communes sur cette merveilleuse promenade, qu'on peut juger par le spécimen achevé, entre les anciennes barrières de Clichy et de Saint-Denis.

L'éclairage de Paris a également subi de notables transformations. Aux anciens candélabres disgracieux et trop élevés pour bien répartir la lumière, on a substitué des modèles élégants, beaucoup plus bas; les anciennes lanternes carrées à nervures épaisses, projetant des ombres sur le sol, sont remplacées par de gracieuses lanternes rondes, divisant mieux la lumière et terminées par des couronnes pleines en cuivre poli, qui réfléchissent toute la lumière sur le sol. Enfin, une modification ingénieuse dans la forme des brûleurs a permis de tripler le pouvoir éclairant des becs de l'éclairage public, sans accroissement de dépense.

Les nouveaux candélabres en fonte, ainsi que les colonnes rostrales, et les fontaines monumentales faites avec ce métal, ont été successivement recouverts par le procédé de galvanoplastie Oudry d'une couche de cuivre qui leur donne l'aspect du bronze, et sa résistance aux agents extérieurs.

Pour compléter le récit de l'œuvre du service des promenades et plantations, il faut ajouter à l'énumération qui précède, la construction des fontaines Saint-Michel, des Innocents et Louvois ; la restauration des fontaines et la décoration de la place de la Concorde, le déplacement de la fontaine du Châtelet, la transformation de la place de l'Étoile, les travaux pour l'ouverture des avenues de l'Empereur, de l'Alma et d'Iéna dans le quartier de Chaillot ; de celles de Beaujon et de Monceaux, des boulevards de Malesherbes, de Magenta et du Prince-Eugène, sur la rive droite ; des boulevards de Saint-Germain et de Sébastopol, sur la rive gauche ; et enfin l'étude de l'ouverture du boulevard Militaire, de 40 mètres de largeur, tracé le long des fortifications, et décrété par l'Empereur sur l'avis du Conseil d'État.

L'agrandissement de Paris et l'accroissement considérable de sa population ont aussi appelé de nouveau l'attention sur une question des plus intéressantes au point de vue de l'hygiène et de l'alimentation publiques. Nous voulons parler de la question des eaux, qui a soulevé, tout récemment encore, une polémique des plus vives entre plusieurs organes de la presse parisienne.

Pendant que ces longues et intéressantes discussions démontraient l'urgence de faire venir à Paris de l'eau limpide et salubre, M. le préfet de la Seine faisait étudier plusieurs projets ayant pour but d'arriver à cet important résultat, et nous sommes heureux de constater qu'il a complétement réussi. En effet, un décret du 4 mars 1862 a autorisé la ville de

Paris à poursuivre, dans un délai de cinq ans, toutes les expropriations de terrains et de bâtiments nécessaires pour amener dans la capitale les eaux de la Dhuis.

On sait que la Dhuis est un affluent du Surmelin, qui lui-même tombe dans la Marne, et dont les sources sortent de la forêt de Vassy, entre Condé-en-Brie et Épernay. L'aqueduc qui doit apporter à Paris les eaux de la Dhuis sera fait en maçonnerie à une certaine profondeur sous le sol; il aura environ 140,000 mètres de développement, et les eaux, en arrivant à Paris, seront conservées à Ménilmontant, dans un réservoir spécial, dont les murailles auront cinq mètres d'épaisseur.

Deux conduites maîtresses partiront de ce réservoir : la première sera dirigée sur Belleville, où l'on établira un autre grand réservoir; la seconde suivra la rue de Ménilmontant jusqu'aux anciens boulevards extérieurs, et, de là elle ira, d'un côté vers Montmartre, et de l'autre vers le pont d'Austerlitz, qu'elle franchira pour aller desservir les plateaux du Panthéon et de Montrouge.

Les sources de la Dhuis sont situées à 130 mètres au-dessus du niveau de la mer, et les deux réservoirs, qui recevront les eaux du grand aqueduc, sont placés : celui de Ménilmontant à 81 mètres au-dessus de l'étiage de la Seine, et celui de Belleville à 57 mètres, de sorte que les eaux pourront être reçues jusqu'aux étages supérieurs des plus hautes maisons.

Quant à la quantité d'eau que la mise à exécution de ce premier projet fournira à Paris, on l'estime à 40,000 mètres cubes par 24 heures, et elle sera surtout destinée aux nouveaux quartiers; mais lorsque, dans quelques années, les autres projets qui ont pour objet de faire dériver les eaux des vallées de la Somme-Soude et de la Vanne pour les amener vers la capitale, auront été approuvés, cette quantité d'eau sera portée à 170,000 mètres cubes par jour.

Au moyen de ces travaux considérables, les habitants de Paris sont désormais assurés de boire une eau salubre et limpide, qui ne tiendra pas en suspension les molécules putrides dont on a signalé et démontré l'existence dans la plupart des eaux consommées jusqu'ici dans la grande cité.

Les eaux de Paris ont été affermées par une compagnie qui, après avoir soldé les frais généraux d'exploitation, partage avec l'administration municipale le surplus du produit des abonnements.

On voit, par ce qui précède, que les recommandations faites par l'Empereur sont fidèlement suivies. Jamais la population de Paris n'a vu administrer avec plus de zèle, avec plus d'intelligence et de dévouement les intérêts de la grande cité. Lorsque l'on ouvrit la rue Rambuteau, nous nous rappelons les acclamations unanimes qui vinrent saluer cette voie nouvelle et rendre hommage au premier magistrat de la capitale, dont elle porte le nom.

Que l'on compare aujourd'hui les travaux accomplis par l'édilité parisienne, sous l'ère impériale, à ceux qui ont été exécutés sous le règne de Louis-Philippe. Il semble que la main des Titans a remplacé celle des hommes, et que, comme à l'Opéra, la baguette d'un magicien transforme en constructions magnifiques tout ce qu'elle touche, en employant moins de temps à ouvrir des rues, des boulevards, des squares, que l'on n'en mettait, il n'y a pas quinze ans, à abattre quelques vieilles maisons.

Nous venons de prononcer le mot d'Opéra ; disons

à ce sujet qu'à quelque distance du boulevard Malesherbes, dans un immense bassin où fourmille à l'heure qu'il est toute une armée de travailleurs, un nouvel Opéra va s'élever ; l'édifice sera érigé à l'extrémité de la place donnant sur le boulevard des Capucines, à la jonction des rues de Rouen et de Lafayette. Sa façade sera établie dans l'axe de la rue projetée qui partira du boulevard des Capucines, près de la rue de la Paix, pour aller aboutir directement au Théâtre-Français. Le terrain disponible présente une surface de 15,000 mètres environ.

La salle pourra contenir 2,000 personnes. Les baignoires et les loges couvertes des premier et deuxième rangs seront précédées de salons. La loge impériale aura une entrée particulière. Les voitures devront pénétrer sous un vestibule, afin d'éviter la descente dans la rue, et des emplacements seront ménagés pour recevoir les voitures et l'escorte de l'Empereur pendant les représentations.

Nous sommes certains d'avance que Sa Majesté, par sa présence soudaine et fréquente sur le chantier du nouvel Opéra, viendra inciter le zèle des travailleurs, comme elle n'a cessé de le faire pour les travaux du Louvre, de la rue de Rivoli, de la Cité, du boulevard Sébastopol, du bois de Boulogne, du bois de Vincennes et du parc de Monceaux.

Le préfet de la Seine, de son côté, quand il a examiné un plan, un projet, un devis, ne se borne pas à dire : c'est bien ou c'est mal, et à totaliser le chiffre de la dépense. M. le baron Haussmann, tout le monde sait cela à l'Hôtel-de-Ville, est le premier arrivé à son bureau et le dernier sorti.

Travailleur invincible, doué d'une pénétration d'esprit, d'une solidité de jugement à toute épreuve, d'une mémoire incomparable, il scrute les immenses rouages de ses vastes attributions dans tous leurs détails. C'est un royaume à gouverner, qu'on le croie bien, que la préfecture de la Seine, et il faut que ce roi municipal ait une robuste constitution, une grande force morale d'esprit pour résister à tant de fatigues, à tant de labeurs. On peut d'ailleurs juger par des chiffres de l'importance de cette administration.

Le budget de la ville de Paris, pour 1862, est de 198 millions; c'est là un énorme chiffre, et il est bien fait pour donner à l'Europe une haute opinion de Paris, qui compte maintenant près de deux millions d'habitants.

En effet, notre capitale est aujourd'hui la reine des villes, et son budget est plus fort que celui de beaucoup d'États qui occupent en Europe une position assez importante.

Ainsi, le budget de la Hollande n'est que de 160 millions de francs, celui de la Belgique de 130 millions, celui du Portugal de 72 millions, celui du Danemark de 40 millions, celui de la Suède de 31 millions, et il faut remonter jusqu'à l'Espagne pour trouver un budget supérieur à celui de la ville de Paris.

Ce budget s'équilibre d'une manière parfaite en recettes et en dépenses, et nous allons démontrer que malgré les travaux considérables qui, depuis la nouvelle ère impériale, s'exécutent sur tous les points de Paris, les finances de notre capitale sont en très-bon état, ainsi que M. le baron Haussmann l'a exposé à l'Empereur, dans le discours que nous venons de reproduire. Il comprend quatre sections réparties de la manière suivante, en chiffres ronds :

1° Recettes ordinaires	112,900,000	198,000,000 fr.
2° Recettes extraordinaires. .	12,600,000	
3° Recettes supplémentaires.	17,100,000	
4° Recettes spéciales.	55,400,000	

Les recettes ordinaires se composent des produits des propriétés que la ville possède, des centimes communaux, des taxes municipales, des droits perçus aux barrières, dans les abattoirs, dans les halles et marchés, de la taxe des inhumations, des droits payés par les voitures publiques, de la taxe des chiens, etc.

Les recettes extraordinaires se font au moyen des ventes d'immeubles et des subventions de l'État applicables aux travaux de Paris.

Les recettes supplémentaires résultent de reliquats de caisse et de restes à recouvrer des exercices antérieurs.

Les recettes spéciales proviennent directement ou indirectement d'emprunts municipaux, et notamment de l'emprunt autorisé par la loi du 1er août 1860.

Quant aux dépenses, elles s'élèvent également à 198,000,000 fr., toujours en chiffres ronds, ainsi répartis :

1° Dépenses ordinaires.	77,600,000	198,000,000 fr.
2° Dépenses extraordinaires .	47,900,000	
3° Dépenses supplémentaires.	17,100,000	
4° Dépenses spéciales.	55,400,000	

La division du budget municipal en quatre sections, dont les recettes et les dépenses sont mises en parallèle avec un soin scrupuleux qui ne laisse place à aucune confusion, met en évidence ce fait que les ressources ordinaires excèdent notablement les dépenses de même nature, et permettent d'accroître dans une très-large proportion la dotation des dépenses extraordinaires, spécialement des grands travaux et des améliorations de toute nature.

La ville consacre tous les ans une partie de cet excédant (de 11 à 12 millions) à l'amortissement des emprunts qu'elle a contractés en 1852, en 1855 et en 1860.

Le premier de ces emprunts est déjà amorti en grande partie et sera soldé en 1871. Quant à l'amortissement des deux derniers, il a été échelonné en annuités égales sur quarante ans et sera terminé avec le siècle. La ville a stipulé une plus longue période encore pour le rachat du péage des ponts, pour celui du canal Saint-Martin et pour celui des concessions faites à la compagnie générale des eaux dans des communes de l'ancienne banlieue et des usines de cette compagnie.

Les recettes s'effectuent facilement, et on pourrait même dire avec autant de régularité que les paiements, puisque, au 31 décembre 1861, il ne restait que quatre millions à recouvrer sur cet exercice. Cette somme est relativement insignifiante.

Les intérêts de la dette se paient avec une régularité exemplaire, et, ainsi que nous venons de le démontrer, une partie de cette dette s'amortit chaque année, si bien que l'on connaît dès à présent le jour précis où la ville de Paris sera libérée.

Une administration aussi sagement, aussi vaillamment dirigée fait le plus grand honneur à M. le baron Haussmann, et les félicitations qu'il a reçues du chef de l'État rehaussent la valeur de celles de ses administrés, lesquels sont fiers de lui devoir une cité désormais sans égale dans le monde entier.

Quelques jours après l'inauguration du boulevard

Malesherbes, M. le comte de Persigny adressait à l'Empereur le rapport que nous allons reproduire, parce qu'il s'agit de chemins vicinaux, et que cette question intéresse au plus haut degré le développement de notre industrie agricole :

« SIRE,

« Je me conforme à l'usage établi, en vous exposant la situation annuelle du service vicinal, qui a reçu, sous le règne de Votre Majesté, une si active et si énergique impulsion.

« Le budget de la vicinalité n'était que de 44 millions en 1837 : il s'est élevé, en 1859, à 88,859,960 fr. Ce chiffre comprend 55,964,112 fr. de contributions en argent, et 32,895,848 fr. de prestations en nature, acquittées volontairement par les populations qui travaillent avec empressement à l'ouverture des chemins dont la création est le plus sûr élément de leur prospérité.

« Les ressources sont considérables, mais l'entreprise est immense. Il ne s'agit de rien moins que d'entretenir en état de viabilité 76,725 kilomètres de chemins de grande communication, 62,298 kilomètres de chemins d'intérêt commun, et 425,820 kilomètres de chemins vicinaux ordinaires, c'est-à-dire un développement total de 564,843 kilomètres de voies publiques.

« Sans entrer dans d'inutiles détails, je mets sous les yeux de Votre Majesté les chiffres qui résument les travaux de 1859 et font ressortir, d'une part, ce qui avait été fait antérieurement, et de l'autre, ce qui reste encore à exécuter.

« Voici l'état des travaux effectués en 1859 :

Chemins de grande communication.

Ont été amenés à l'état d'entretien.	1,487 kil.	873 mèt.
Idem. . . . . de premier empierrement.	292	554
Idem. . . . . de terrassement.	545	267
Ont été construits, aqueducs et ponceaux.	2,361	
Idem. . . . . ponts.	168	

Chemins vicinaux d'intérêt commun.

Ont été amenés à l'état d'entretien.	1,724 kil.	885 mèt.
Idem. . . . . de premier empierrement.	377	994
Idem. . . . . de terrassement.	795	782
Ont été construits, aqueducs et ponceaux.	1,954	
Idem. . . . . ponts.	115	

Chemins vicinaux ordinaires.

Ont été amenés à l'état d'entretien.	4,459 kil.	050 mèt.
Idem. . . . . de premier empierrement.	817	122
Idem. . . . . de terrassement.	2,112	160
Ont été construits, aqueducs et ponceaux. . . .	3,524	
Idem . . . . ponts.	168	

« Il a donc été exécuté, en 1859, sur les chemins vicinaux des trois catégories :

7,671 kil.	808 mèt.	de travaux neufs ;
1,487	670	d'empierrement ;
3,453	209	de terrassement ;
7,839	»	aqueducs et ponceaux ;
451	»	ponts.

« Au 1er janvier 1860, la situation des chemins vicinaux était établie ainsi qu'il suit :

Chemins de grande communication.

Nombre : 3.621. — Étendue.	76,725 kil.	910 mèt.
A l'état d'entretien.	62,729	164
A l'état de premier empierrement. . . .	2,180	335
A l'état de terrassement.	3,304	004
A l'état de sol naturel.	8,512	407
Total égal.	76,725 kil.	910 mèt.

Chemins d'intérêt commun.

Nombre : 5,550. — Étendue.	62,298 kil.	974 mèt.
A l'état d'entretien.	32,908	595
A l'état de premier empierrement. . . .	3,755	217
A l'état de terrassement.	5,056	208
A l'état de sol naturel.	20,578	954
Total égal.	62,298 kil.	974 mèt.

Chemins vicinaux ordinaires.

Nombre : 257,352. — Étendue.	425,820 kil.
A l'état d'entretien.	163,456
A l'état de premier empierrement.	15,931
A l'état de terrassement.	31,871
A l'état de sol naturel.	214,562
Total égal.	425,820 kil.

« Parmi ces voies publiques, les lignes de grande vicinalité destinées soit à relier les communes entre elles, soit à les rattacher aux routes impériales et départementales ou aux chemins de fer, sont, sans contredit, celles dont l'achèvement intéresse au plus haut degré l'agriculture et l'industrie.

« Les chemins de grande communication actuellement classés, grâce aux ressources que la loi leur consacre, pourront être terminés dans une période de huit ans. La situation de cette partie du service est excellente, je suis heureux de la signaler à Votre Majesté.

« Quant aux chemins d'intérêt commun, l'insuffisance manifeste des sommes qui leur sont affectées ne permettra pas de les achever avant de longues années.

« Quand on songe aux admirables résultats obtenus, à la richesse territoriale doublée par les chemins déjà ouverts, à la mise en valeur de tant de terres, de tant de produits, à l'essor et aux progrès si marqués de notre industrie agricole, combien ne regrette-t-on pas que les ressources fassent défaut pour mener à fin, sous un bref délai, les lignes commencées! Mais ni les départements, ni les communes, quoiqu'ils soient prêts à de grands sacrifices, ne sauraient suffire seuls à une pareille tâche. Cependant, aucune dépense ne serait plus utile, plus féconde et plus conforme aux vœux unanimes des conseils électifs et du Corps législatif lui-même dans sa dernière session. Ce serait là, d'ailleurs, une des entreprises les plus considérables de notre époque, car on verrait s'achever en peu d'années environ 40,000 kilomètres de chemins de *grande* ou de *moyenne* communication, c'est-à-dire un réseau plus vaste que le parcours entier des routes impériales, qui sillonnent le territoire, et dont l'étendue ne dépasse pas 36,000 kilomètres.

« Cette œuvre terminée, Sire, il n'y aurait plus, en France, une seule commune qui n'eût sa grande voie de communication, et cet immense bienfait resterait, je ne crains pas de le dire, une des gloires les plus solides de votre règne, un de ses titres les plus populaires et les plus durables à la reconnaissance du pays. »

Dès que l'Empereur eut pris connaissance de cet important rapport, il écrivit à M. le comte de Persigny la lettre suivante, qui témoigne de la sollicitude que porte Sa Majesté à tout ce qui touche à l'agriculture.

« Monsieur le ministre,

« J'ai lu avec intérêt le rapport que vous m'avez adressé sur la situation du service des chemins vicinaux.

« Le vœu que vous exprimez répond trop à ma sollicitude en faveur de l'agriculture pour que je ne tienne pas à le voir promptement réalisé. Les communes rurales, si longtemps négligées, doivent avoir une large part aux subsides de l'État, car l'amélioration des campagnes est encore plus utile que la transformation des villes.

« Il ne suffit pas d'assainir et de fertiliser de vastes étendues de territoire, de travailler à la mise en valeur des biens communaux et au reboisement des montagnes, d'organiser des concours et de multiplier les comices ; il faut surtout poursuivre avec vigueur l'achèvement des chemins vicinaux. C'est le plus grand service à rendre à l'agriculture.

« Les documents que vous m'avez soumis, établissent qu'une allocation, sur les fonds de l'État, de 25 millions répartis sur sept exercices, permettrait de terminer en huit ans les chemins d'intérêt commun actuellement classés. Pour obtenir un si grand résultat, l'État doit faire un sacrifice. Préparez donc un projet de loi dans ce sens pour la prochaine session du Corps législatif, et, en attendant, concertez-vous avec le ministre des finances pour qu'un premier crédit affecté à cet emploi puisse être ouvert sans délai.

« Sur ce, je prie Dieu qu'il vous ait en sa sainte garde.

« Écrit au camp de Châlons, le 18 août 1861.

« Napoléon. »

A côté de la question des chemins vicinaux se place naturellement la question des chemins de fer, auxquels se rattachent ces voies de communication.

La construction des chemins de fer est entrée dans les habitudes industrielles du pays. Toutes les lignes de chemins de fer composant le réseau en exploitation, en concession et à l'étude, forment un total de 20,000 kilomètres.

Ce serait une erreur de croire, cependant, qu'une fois ces vingt mille kilomètres achevés, l'œuvre sera finie. Il en sera des chemins de fer comme des routes impériales ou départementales, comme des chemins vicinaux; jusqu'à ce qu'un moyen de transport et de locomotion plus expéditif et plus économique soit trouvé, le réseau des voies ferrées s'étendra de jour en jour, et ses mailles deviendront de plus en plus pressées.

Grâce à cette extension, à cette rapidité de nos voies de communication, notre industrie est appelée, non pas seulement à lutter avec avantage contre les produits d'origine étrangère qui affluent sur nos marchés, mais aussi à se présenter en concurrence sérieuse avec eux, au dehors, sur toutes les places commerciales. Voilà pourquoi la fabrique française a vu avec calme et sans faiblir la mise en vigueur des traités de commerce conclus avec l'Angleterre et la Belgique.

Le décret impérial du 1er octobre 1861 a ouvert à l'importation d'un grand nombre de produits d'origine anglaise ou belge nos ports de Marseille, Bordeaux, Nantes, Rouen, le Havre, Dieppe, Boulogne, Calais, Dunkerque et les bureaux de douane de Tourcoing, Roubaix, Lille, Valenciennes, Mulhouse et Lyon.

Comme l'avait sagement prévu l'Empereur en posant lui-même les bases de la réforme commerciale, cette grande mesure s'est accomplie sans secousse, sans opposition sérieuse.

Une autre convention non moins importante, conclue avec l'Angleterre et promulguée par un décret antérieur du 10 août 1861, est celle qui règle l'immigration des travailleurs indiens dans nos colonies françaises aux mêmes conditions que celles observées pour les colonies anglaises.

Cette question avait fait l'objet de l'examen tout particulier de l'Empereur, et, dans une lettre adressée à son ministre de la marine et des colonies dès le mois de juillet précédent, Sa Majesté avait fait connaître sa volonté de mettre fin au recrutement, sur la côte d'Afrique, de travailleurs noirs par voie de rachat.

C'est encore d'après les ordres directs de Sa Majesté que le ministre de l'intérieur s'appliquait, dans une circulaire adressée aux préfets, à régulariser et à étendre tout à la fois l'action des sociétés de bienfaisance éparses sur tous les points de la France.

Cette circulaire se terminait ainsi : « Si les présidents ou délégués directement nommés par les sociétés isolées d'une même ville jugent utile de se concerter dans l'intérêt de leur mission, vous les autoriserez à se réunir et à former un comité. Enfin, si ces diverses sociétés, par l'organe de leurs présisidents ou délégués, vous expriment le désir d'avoir à Paris, près du siége du Gouvernement, une représentation centrale, vous me transmettrez l'expression de leurs vœux avec les raisons qu'elles auraient à faire valoir, et j'aurai l'honneur prendre les ordres de l'Empereur pour décider sur quelles bases et d'après quels principes cette représentation centrale pourrait être organisée. »

Faire le bien, le bien faire, telle est la pieuse mission que l'Empereur voudrait, dans une pensée tutélaire, voir devenir l'unique objet de toutes les sociétés de bienfaisance.

Les actions d'éclat, les sacrifices héroïques ont leur retentissement, leurs récompenses honorifiques ; les actes de charité, qui se renouvellent à chaque heure, se dépensent goutte à goutte pour les faiblesses et les misères humaines, exigent un dévouement à toute épreuve, une complète abnégation.

Nous touchons à la fin de cette étude ; mais, avant d'apprécier sommairement les grandes mesures financières qui ont marqué la fin de l'année 1861, nous ne pouvons passer sous silence la double entrevue de l'Empereur, à Compiègne, avec le roi de Prusse et le roi des Pays-Bas. Ces témoignages de courtoise bienveillance de souverain à souverain n'engagent peut-être pas autant qu'on pourrait être amené à le penser la politique des gouvernements ; mais ils aplanissent souvent les difficultés d'exécution et détruisent bien des préventions.

C'est quelque temps avant son couronnement à Kœnigsberg que le roi de Prusse vint en France. Sa Majesté arriva le 6 octobre, à six heures du soir, au palais de Compiègne. L'Empereur était allé, à la gare, recevoir l'illustre voyageur. S. M. l'Impératrice, accompagnée de S. A. le Prince impérial, suivie des dames de sa Maison et des officiers de service auprès de l'Empereur, reçut le roi au pied de l'escalier d'honneur.

Le roi de Prusse était accompagné de S. Exc. M. le comte de Pourtalès, son ministre plénipotentiaire à Paris, du général de Bonin, commandant en chef le 8e corps d'armée prussienne, des aides de camp généraux d'Alvensleben et de Manteuffel, ainsi que de plusieurs autres officiers de sa maison militaire et civile.

Le général Frossard, aide de camp de l'Empereur, le comte de Riencourt, chambellan de Sa Majesté, le baron de Bourgoing, l'un de ses écuyers, accompagnaient également le roi, qu'ils avaient eu mission de recevoir à la frontière.

Le soir même de l'arrivée du roi de Prusse, il y eut une magnifique curée aux flambeaux dans la cour d'honneur du palais de Compiègne.

Pendant son séjour dans cette résidence, le roi Guillaume Ier se montra aussi bienveillant qu'affectueux pour ses hôtes. Au moment de partir, Sa Majesté prit congé de l'Impératrice et embrassa le Prince impérial.

Les adieux du roi à l'Empereur furent longs et pleins de cordialité.

L'impression que Guillaume Ier rapporta de cette entrevue fut des plus favorables, ainsi que s'accordèrent à le constater toutes les correspondances étrangères. D'après les propres paroles du roi, il aurait été reçu à Compiègne absolument comme il désirait l'être, et s'il avait été possible qu'il réglât lui-même la manière dont il devait être reçu, il ne l'eût pas fait autrement.

Ce bon souvenir de l'entrevue de Compiègne ne manquera pas, il y a lieu de le penser, d'exercer une heureuse influence sur les relations des deux pays ; il n'a pas peu contribué, du reste, à l'accueil tout particulièrement bienveillant que le roi et la reine de Prusse ont fait au maréchal de Mac-Mahon, duc de Magenta, ambassadeur extraordinaire de France aux fêtes du couronnement à Kœnigsberg (1).

A peine le roi de Prusse avait-il quitté Compiègne que le roi des Pays-Bas y arrivait le 12 octobre. M. le colonel d'artillerie Favé, aide de camp de

---

(1) Voir la notice sur le duc de Magenta, au chapitre IV, *Les Lieutenants de l'Empereur*.

l'Empereur, M. le duc de Conégliano, chambellan, et M. le marquis de Caux, écuyer de Sa Majesté, s'étaient rendus jusqu'à la frontière au-devant du roi des Pays-Bas, ainsi, que M. Lightenvelt, envoyé extraordinaire et ministre plénipotentiaire de S. M. néerlandaise à Paris, et M. Berg de Midelburg, secrétaire de la légation.

Le roi des Pays-Bas était accompagné de MM. de Kock, chambellan, directeur du cabinet; de Lynden, général major, premier aide de camp, comte Snouckaert de Schauburg, capitaine, aide de camp; baron Th. Dumonceau, premier lieutenant, aide de camp; van Capellen, capitaine de marine, et Vollenhowen, bourgmestre d'Amsterdam. Le ministre de France à la Haye, comte de Sartiges, était avec Sa Majesté.

Reçu au palais de Compiègne avec les mêmes honneurs que ceux dont avait été entouré le roi de Prusse, le roi des Pays-Bas y passa la journée du 16, et, après avoir visité Paris et Versailles, il fit ses adieux le 18, à Compiègne, à Leurs Majestés; le 19, il était de retour à la Haye.

Dans son court passage en France, le roi des Pays-Bas a été salué par de nombreuses et respectueuses sympathies. Sa Majesté a une prédilection toute particulière pour les arts, et tous nos grands artistes, poëtes, musiciens, peintres, sculpteurs, écrivains, ont été honorés, depuis plusieurs années, des marques flatteuses de sa bienveillance toute spéciale.

Au milieu de ces témoignages empressés de bonne et cordiale entente que l'Empereur recevait de souverains alliés ou amis, une affaire fâcheuse, celle de l'arrestation de MM. Mason et Slidell, envoyés des États séparatistes d'Amérique, à bord du paquebot anglais le *Trent*, par un croiseur américain, le *San-Jacinto*, commandé par le capitaine Wilkes, vint tout à coup faire naître l'appréhension d'une guerre, et d'une guerre terrible, acharnée, entre l'Angleterre et l'Amérique.

Le 3 décembre, le ministre des affaires étrangères, M. Thouvenel, adressait une lettre au ministre de France à Washington, afin d'établir nettement les principes sur lesquels s'appuyait le gouvernement de l'Empereur dans ce grave conflit.

Nous reproduisons *in extenso* ce document, dont toutes les chancelleries de l'Europe ont admiré le ton net et précis. Il est permis de penser, avec la presse étrangère, que cette haute manifestation du cabinet des Tuileries a contribué pour beaucoup à la reddition des envoyés des États esclavagistes.

Cette lettre porte la date du 3 décembre 1861.

« Monsieur, l'arrestation de MM. Mason et Slidell, à bord du paquebot anglais le *Trent*, par un croiseur américain, a produit en France, sinon la même émotion qu'en Angleterre, au moins un étonnement et une sensation extrêmes.

« L'opinion publique s'est au plus tôt préoccupée de la légitimité et des conséquences d'un acte semblable, et l'impression qu'elle en a ressentie n'a pas été un instant douteuse. Le fait lui a paru tellement en désaccord avec les règles ordinaires du droit international, qu'elle s'est plu à en faire exclusivement peser la responsabilité sur le commandant du *San-Jacinto*.

« Il ne nous est pas donné encore de savoir si cette supposition est fondée, et le gouvernement de l'Empereur a dû, dès lors, examiner aussi la question que soulevait l'enlèvement des deux passagers du *Trent*.

« Le désir de contribuer à prévenir un conflit imminent peut-être entre deux puissances pour lesquelles il est animé de sentiments également amicaux, et le devoir de maintenir — à l'effet de mettre les droits de son propre pavillon à l'abri de toute atteinte — certains principes essentiels à la sécurité des neutres, l'ont, après mûre réflexion, convaincu qu'il ne pouvait en cette circonstance rester complétement silencieux.

« Si, à notre grand regret, le cabinet de Washington était disposé à approuver la conduite du commandant du *San-Jacinto*, ce serait ou en considérant MM. Mason et Slidell comme des ennemis, ou en ne voyant en eux que des rebelles. Dans l'un comme dans l'autre cas, il y aurait un oubli extrêmement fâcheux de principes sur lesquels nous avions toujours trouvé les États-Unis d'accord avec nous.

« A quel titre, en effet, le croiseur américain aurait-il, dans le premier cas, arrêté MM. Mason et Slidell ? Les États-Unis ont admis avec nous, dans les traités conclus entre les deux pays, que la liberté du pavillon s'étendait aux personnes trouvées à bord, fussent-elles ennemies des deux parties, à moins qu'il ne s'agît de gens de guerre actuellement au service de l'ennemi.

« MM. Mason et Slidell étaient donc, en vertu de ce principe que nous n'avons jamais rencontré de difficulté à faire insérer dans nos traités d'amitié et de commerce, parfaitement libres sous le pavillon neutre de la Grande-Bretagne.

« On ne prétendra pas sans doute qu'ils pouvaient être considérés comme contrebande de guerre. Ce qui constitue la contrebande de guerre n'est pas encore, il est vrai, précisément fixé; les limites n'en sont pas absolument les mêmes pour toutes les puissances; mais, en ce qui se rapporte aux personnes, les stipulations spéciales qu'on rencontre dans les traités concernant les gens de guerre, définissent nettement le caractère de celles qui peuvent seules être saisies par les belligérants.

« Or, il n'est pas besoin de démontrer que MM. Mason et Slidell ne sauraient être assimilés aux personnes de cette catégorie. Il ne resterait, dès lors, à invoquer, pour expliquer leur capture, que ce prétexte qu'ils étaient les porteurs des dépêches officielles de l'ennemi. Or, c'est ici le moment de rappeler une circonstance qui domine toute cette affaire et qui rend injustifiable la conduite du croiseur américain.

« Le *Trent* n'avait pas pour destination un point appartenant à l'un des belligérants. Il portait en pays neutre sa cargaison et ses passagers, et c'était de plus dans un port neutre qu'il les avait pris.

« S'il était admissible que dans de telles conditions le

pavillon neutre ne couvrît pas complétement les personnes et les marchandises qu'il transporte, son immunité ne serait plus qu'un vain mot : à chaque instant le commerce et la navigation des puissances tierces auraient à souffrir de leurs rapports innocents ou même indirects avec l'un ou l'autre des belligérants.

« Ces derniers ne se trouveraient plus seulement en droit d'exiger du neutre une entière impartialité, de lui interdire toute immixtion aux actes d'hostilité, ils apporteraient à sa liberté de commerce et de navigation des restrictions dont le droit international moderne s'est refusé à admettre la légitimité.

« On en reviendrait, en un mot, à des pratiques vexatoires contre lesquelles, à d'autres époques, aucune puissance n'a plus vivement protesté que les États-Unis.

« Si le cabinet de Washington ne voulait voir dans les deux personnes arrêtées que des rebelles qu'il est toujours en droit de saisir, la question, pour se placer sur un autre terrain, n'en saurait être résolue davantage dans un sens favorable à la conduite du commandant du *San-Jacinto*.

« Il y aurait, en pareil cas, méconnaissance du principe qui fait d'un navire une portion du territoire de la nation dont il porte le pavillon, et violation de l'immunité qui s'oppose à ce qu'un souverain étranger y exerce, par conséquent, sa juridiction.

« Il n'est pas nécessaire, sans doute, de rappeler l'énergie avec laquelle, en toute occasion, le gouvernement des États-Unis a défendu cette immunité et le droit d'asile qui en est la conséquence.

« Ne voulant pas entrer dans une discussion plus approfondie des questions soulevées par la capture de MM. Mason et Slidell, j'en ai dit assez, je crois, pour établir que le cabinet de Washington ne saurait, sans porter atteinte à des principes dont toutes les puissances neutres sont également intéressées à assurer le respect, ni sans se mettre en contradiction avec sa propre conduite jusqu'à ce jour, donner son approbation aux procédés du *San-Jacinto*. En cet état de choses, il n'a évidemment pas, selon nous, à hésiter sur la détermination à prendre.

« Lord Lyons est déjà chargé de présenter les demandes de

satisfaction que le cabinet anglais est dans la nécessité de formuler, et qui consistent dans la relaxation immédiate des personnes enlevées à bord du *Trent*, et dans l'envoi d'explications qui ôtent à ce fait son caractère offensant pour le pavillon britannique. Le gouvernement fédéral s'inspirera d'un sentiment juste et élevé en déférant à ces demandes. On chercherait vainement dans quel but, dans quel intérêt il risquerait de provoquer, par une attitude différente, une rupture avec la Grande-Bretagne.

« Pour nous, qui verrions dans ce fait une complication déplorable à tous égards des difficultés avec lesquelles le cabinet de Washington a déjà à lutter, et un procédé de nature à inquiéter sérieusement toutes les puissances restées en dehors du conflit actuel, nous croyons donner un témoignage de loyale amitié au cabinet de Washington en ne lui laissant pas ignorer en cette circonstance notre manière de voir.

« Je vous invite donc, monsieur, à saisir la première occasion de vous en ouvrir franchement avec M. Seward, et s'il vous en fait la demande, de lui remettre une copie de cette dépêche. »

Une nouvelle douloureuse vint faire diversion aux préoccupations que suscitait l'affaire du *Trent*. Le prince Albert, époux de la reine d'Angleterre, succombait le 15 décembre 1861, après une maladie de quelques jours.

Ce funèbre événement, cette fin si prématurée et si prompte, plongèrent dans le deuil la reine Victoria et la famille royale d'Angleterre, et toute la nation. L'empereur Napoléon III, l'Impératrice, la famille impériale et la France entière s'associèrent de leurs sympathies les plus vives à ces regrets et à ces douleurs.

Le prince Albert était né le 26 août 1819. Il avait épousé la reine Victoria le 10 février 1841. Pendant plus de vingt ans il fut le promoteur habile et zélé de toute œuvre utile, en Angleterre ; il fut aussi le guide le plus éclairé de la reine. Tous ceux qui l'ont approché savent de quel jugement, de quelle science, de quelle finesse il faisait preuve dans toutes les circonstances où il était consulté. Cette mort est une perte irréparable pour l'Angleterre.

Antérieurement aux faits que nous venons de relater, le *Moniteur universel* avait fait connaître les termes de la convention signée à Londres par laquelle la France, l'Angleterre et l'Espagne déclarent unir leurs forces en vue d'une action commune à exercer pour obtenir du Mexique la satisfaction due à leurs griefs.

Le but de l'expédition indiqué est d'obliger le gouvernement mexicain à s'acquitter envers ses créanciers européens au détriment desquels il a suspendu ses paiements. En même temps les puissances veulent garantir la sécurité des étrangers qui résident au Mexique.

Maintenant, l'expédition ira-t-elle plus loin et viendra-t-elle seconder le vœu de la grande majorité du peuple mexicain, d'en finir une fois pour toutes avec les agitations politiques qui n'ont cessé de désoler ce beau pays? Nous ne saurions rapporter ici les commentaires si opposés de la presse française et étrangère. Nous nous bornons à avoir confiance dans ces belles paroles prononcées par l'Empereur au camp de Châlons, lors de l'expédition de Syrie :

« *Partout où se montre le drapeau de la France, un grand principe le précède, un grand peuple le suit.* »

Partout aussi où restent encore de grandes et libérales réformes à accomplir, dans nos institutions politiques, dans l'économie de nos finances, dans l'assiette de notre budget, l'Empereur poursuit avec une persévérance que rien ne peut détourner de son but, l'œuvre qu'il a entreprise et qui sera l'honneur de son règne : concilier la liberté avec l'autorité.

C'est en partant de ce principe que Sa Majesté a adopté le système financier présenté par M. Fould, en conseil privé et en conseil des ministres, le 12 novembre 1861.

Le mémoire de M. Fould établit que les crédits extraordinaires et supplémentaires se sont élevés en moins de dix ans à près de trois milliards. Depuis 1851 jusqu'en 1858 seulement, ils ont été de deux milliards quatre cents millions ; en moyenne de trois cents millions par an; mais il est vrai qu'il faut tenir compte des dépenses de la guerre d'Orient, qui ont atteint le chiffre d'un milliard trois cent quarante-huit millions. En 1859, les crédits supplémentaires et extraordinaires ont été de quatre-vingts millions, de cent quinze millions, en 1860 et de près de deux cents millions en 1861.

Après l'exposé de notre situation financière, M. Fould concluait ainsi :

« En étudiant la question financière, il est difficile de prévoir que, à moins d'un changement de système, nous nous trouverons bientôt en présence d'embarras très-graves. Les huit années écoulées de 1851 à 1858 ont ouvert 2 milliards 400 millions de crédits extraordinaires. Si l'on ajoute à cette somme 400 millions pour les trois dernières années 1859, 1860 et 1861, on voit combien se sont accrus et la dette publique et les découverts du trésor.

« Pour satisfaire à ces dépenses on a eu recours au crédit sous toutes les formes, et on a utilisé, avec l'assentiment des pouvoirs publics, les ressources des établissements spéciaux dont l'État a la direction. Les emprunts en rente négociés en 1854, 1855 et 1859 ne s'élèvent pas à moins de 2 milliards. Lors du renouvellement du privilége de la Banque, le Trésor a absorbé l'augmentation du capital de 100 millions imposée à cet établissement. La caisse de la dotation de l'armée, qui avait reçu 135 millions, a vu tout son encaisse absorbé par le Trésor, qui lui a remis directement des inscriptions sur le grand-livre. Enfin, on a eu recours à un nouveau mode d'emprunt : les obligations trentenaires, dont on a émis cette année 132 millions.

« Le public a souscrit ces emprunts avec un grand empressement ; mais ce serait se faire de dangereuses illusions que de compter indéfiniment sur le développement du crédit national.

« L'état du crédit doit d'autant plus attirer l'attention de l'Empereur que la situation des finances préoccupe tous les esprits. Lors de la dernière discussion du budget, on calculait que les découverts devaient s'élever, à la fin de l'année, à près d'un milliard, et ce chiffre n'est certainement point exagéré. Le Corps législatif et le Sénat ont déjà exprimé leur inquiétude à ce sujet. Ce sentiment a pénétré dans la classe des hommes d'affaires, qui tous présagent et annoncent une crise d'autant plus grave que, à l'exemple de l'État, et dans un but d'amélioration et de progrès peut-être trop précipité, les départements, les villes et les compagnies particulières se sont lancés dans des dépenses très-considérables.

« Le véritable moyen de conjurer cette crise, c'est d'agir avec promptitude et décision, et de fermer la source du mal en supprimant les crédits supplémentaires et extraordinaires.

« Avant de former mon opinion et de conseiller à Votre Majesté de renoncer à la faculté de disposer, sans vote préalable du Corps législatif, des ressources de l'État, j'ai examiné quelles pouvaient être les conséquences de cet abandon, et plus j'ai approfondi la question, plus il me semble que cette prérogative crée à l'Empereur de graves difficultés sans aucun avantage pour les compenser. A l'intérieur, c'est pour les communes et les particuliers un encouragement à des demandes de toute nature ; et quel moyen l'Empereur a-t-il d'y résister, lorsque ces demandes sont l'expression des vœux des populations et sont fondées sur des besoins réels et autorisées par des précédents ? Pourtant l'intérêt de nos finances exigerait le plus souvent qu'elles fussent ajournées.

« Devant l'étranger, si le pouvoir de disposer à un moment donné et sans intermédiaire de toutes les ressources d'une grande nation est une force, il est sûrement aussi un danger.

La crainte qu'il inspire à tous nos voisins les oblige à des armements immenses. Ils ne se rassurent qu'en réunissant des forces supérieures à celles dont ils se croient menacés et que leurs inquiétudes exagèrent encore. Aussi cette crainte est-elle peut-être aujourd'hui le seul lien qui unissent encore dans un sentiment commun les populations de l'Europe que leurs institutions et leurs intérêts tendraient à séparer. Il n'y a pas de calomnie absurde qui ne soit accueillie, pas de projet sinistre qui ne trouve créance parmi elles.

« Votre Majesté, si elle renonçait spontanément à ce pouvoir plus apparent que réel, plus menaçant qu'efficace, ne rendrait donc pas seulement la confiance à la France, elle calmerait l'inquiétude de l'Europe et ôterait tout prétexte à des menées hostiles. Lorsqu'on verrait les dépenses de l'armée et de la marine soumises au vote régulier du Corps législatif, on ne pourrait plus se croire placé sous le coup d'une attaque subite et imprévue, les gouvernements ne se livreraient plus à ces luttes ruineuses qui les poussent à l'envi les uns des autres, dans la voie des armements et des préparatifs militaires, les populations ne verraient plus s'augmenter annuellement les charges qui les excitent contre la France et dont on essaye de faire remonter l'odieux jusqu'à l'Empereur. Alors tout devient facile : la sécurité se rétablit, les ressources se développent, les embarras de la situation actuelle se règlent dans des conditions convenables, et, après avoir pourvu aux exigences du passé, on n'a plus à craindre de les voir se reproduire.

« En admettant, même contre toute probabilité, que d'une paix complète l'Europe dût passer tout à coup à l'état de guerre, l'abandon que l'Empereur aurait fait de sa prérogative, en ce qui concerne les dépenses publiques, serait, selon moi, sans danger. Quelle a été, en effet, de tout temps la puissance le plus tôt prête à entrer en campagne ? L'histoire est là pour répondre que c'est la France. Les habitudes belliqueuses de la nation, son amour de la gloire, la confiance dans le chef qu'elle s'est donné, en sont une garantie assurée. Jamais notre pays n'est resté sourd au premier cri de guerre, et il a toujours surpris ses ennemis par la rapidité de ses armements et l'explosion soudaine et irrésistible de son énergie. L'Empereur n'a pas oublié l'enthousiasme immense qui l'accompagnait à son départ pour l'Italie. Il le retrouvera toujours, et il peut être assuré du concours loyal et dévoué de tous les grands corps de l'État, dès que l'intérêt de la France ou celui de sa dynastie exigeront un effort extraordinaire.

« On a présenté comme un remède aux dangers de la situation financière le vote par division des services de chaque ministère; mais, comme je l'ai fait remarquer déjà, quel résultat pourrait-on attendre d'un semblable moyen s'il devait rester isolé? A quoi bon fixer strictement la spécialité de tous les chapitres du budget, s'il suffit d'un décret pour augmenter le chiffre des fonds qui leur sont affectés? Le vote du budget par division n'offrirait qu'une garantie incomplète contre le retour des entraînements, cause des embarras actuels. Au point de vue financier, un pareil changement n'aurait qu'une efficacité fort douteuse, et au point de vue politique il présenterait de graves inconvénients.

« C'est donc avec une profonde conviction que je supplie Votre Majesté de prendre un autre parti, bien plus conforme à nos institutions, bien plus digne de la grandeur de son caractère.

« En rendant au Corps législatif ses attributions les plus incontestables, l'Empereur le solidariserait avec son gouvernement; il obtiendrait pour prix de cette concession un budget où les allocations seraient plus en rapport avec les besoins réels. En un mot, Votre Majesté réaliserait de la manière la plus certaine la pensée pleine de prévoyance qui a inspiré le décret du 24 novembre. »

En présence de ces conclusions, l'Empereur n'hésita pas un seul instant.

Le 12 novembre, il écrivit au ministre d'État, puis à M. Fould, les deux lettres suivantes :

« Monsieur le ministre,

« L'opinion émise ce matin sur notre situation financière par M. Fould, dans la réunion du conseil privé et du conseil des ministres, a toute mon approbation.

« Depuis longtemps, vous le savez, ma préoccupation était de renfermer le budget dans des limites invariables, et souvent, en présidant le conseil d'État, j'ai exprimé mon désir à cet égard.

« Malheureusement des circonstances imprévues et des nécessités toujours croissantes m'ont empêché d'atteindre ce résultat. Le seul moyen efficace d'y parvenir est d'abandonner résolûment la faculté qui m'appartient d'ouvrir, en l'absence des Chambres, des crédits nouveaux. Ce système fonctionnera san spréjudice pour l'État si, après l'examen attentif des économies possibles, une explication loyale des besoins réels de l'administration persuade le Corps législatif de la nécessité de doter convenablement les différents services.

« Je viens donc vous prévenir de mon intention de réunir le 2 décembre le Sénat, pour lui faire connaître ma détermination de renoncer au pouvoir d'ouvrir, dans l'intervalle des sessions, des crédits supplémentaires et extraordinaires. Cette résolution fera partie du sénatus-consulte qui, suivant ma promesse, réglera, par grandes sections, le vote du budget des différents ministères.

« En renonçant au droit qui était également celui des souverains même constitutionnels qui m'ont précédé, je pense faire une chose utile à la bonne gestion de nos finances. Fidèle à mon origine, je ne puis regarder les prérogatives de la couronne ni comme un dépôt sacré auquel on ne saurait toucher, ni comme l'héritage de mes pères qu'il faille, avant tout, transmettre intact à mon fils. Élu du peuple, représentant ses intérêts, j'abandonnerai toujours sans regret toute prérogative inutile au bien public, de même que je conserverai inébranlable dans mes mains tout pouvoir indispensable à la tranquillité et à la prospérité du pays.

« Sur ce, etc.

« Napoléon. »

Voici maintenant la lettre adressée à M. Achille Fould :

« Mon cher monsieur Fould,

« Vous avez fait ressortir avec tant de lucidité devant le conseil privé et le conseil des ministres un danger de mon gouvernement, et vous avez soutenu votre opinion par des arguments si convaincants, que je suis décidé à adopter complétement vos idées et à faire insérer votre mémoire au *Moniteur*.

« J'accepte votre système d'autant plus volontiers que

depuis longtemps je cherchais, vous le savez, le moyen d'asseoir solidement le crédit de l'État, en renfermant les ministres dans le budget réglementaire. Mais ce nouveau système ne fonctionnera avec avantage que si celui qui a su en approfondir toutes les difficultés veut se consacrer à son exécution. Je viens donc vous charger du portefeuille des finances, et je vous sais gré de vous dévouer à cette tâche dont les résultats seront favorables aux intérêts généraux. Je suis persuadé que, dans cette nouvelle position, vous ne cesserez de me donner, comme par le passé, des preuves de dévouement et de patriotisme.

« Recevez, mon cher monsieur Fould, l'assurance de ma sincère amitié.

« Napoléon. »

Ces deux lettres n'ont pas besoin de commentaires.

« Nul réformateur, disait à cet égard *le Constitutionnel*, n'a jamais proposé des réformes aussi hardies, aussi radicales que celles que l'Empereur vient d'adopter résolûment ; il les a d'abord étudiées dans leur mécanisme, dans leur fonctionnement, et s'est bientôt convaincu qu'elles peuvent se passer de ces prérogatives qui étaient un droit de la couronne, mais qui, dans la situation actuelle, devenaient moins une force gouvernementale qu'un danger politique pour l'avenir. »

De son côté, voici comment *le Pays* résumait son opinion :

« La royauté octroyait, l'Empire restitue. Tuteur loyal d'un peuple reconnaissant et dévoué, l'Empereur se ferait scrupule de retenir, ne fût-ce qu'une heure de plus, le dépôt intégral qui lui a été confié. Chaque fois qu'il acquiert la conviction que la France est prête à prendre en main telle partie de ses affaires, il la lui rend. »

Les jugements portés à l'étranger sur les actes du

12 novembre furent unanimes dans leur complète approbation.

« Nous n'avons pas besoin de faire ressortir, écrivait l'*Indépendance belge*, la portée des paroles de l'Empereur ; elles marquent la différence profonde que Napoléon III établit lui-même entre son autorité et celle des rois par la grâce de Dieu. Il y a dans cette perfectibilité permanente des institutions sous lesquelles se meut la France, un gage de durée dont la force n'échappera à personne. »

« Il est honorable pour l'Empereur, disait de son côté le *Morning Herald*, de reconnaître la dangereuse tentation que lui offre continuellement la facilité de dépenser de l'argent sans contrôle, de renoncer complétement à son droit, et d'abandonner aux représentants du pays la faculté de voter préalablement tous les crédits du gouvernement. »

« Selon le *Morning Post*, le manifeste publié dans *le Moniteur* était destiné à marquer une époque importante dans l'histoire financière et politique de la France moderne, et les finances devaient revenir absolument et exclusivement aux gardiens constitutionnels de la Bourse nationale. »

Nous ne poursuivrons pas plus loin ces citations ; tout le monde sait que l'effet produit par les lettres de l'Empereur dans ces circonstances a été immense ; bornons-nous à dire que la réalisation des réformes proposées a été accomplie avec cette merveilleuse promptitude que Sa Majesté imprime à tous les actes dont elle a reconnu l'urgente nécessité. M. Fould avait été nommé ministre des finances le 14 novembre, et le 21 décembre suivant le Sénat adoptait, à la majorité de 132 voix contre 1, le sénatus-consulte dont voici les principales dispositions.

Art. 1er. Le budget des dépenses est présenté au Corps législatif avec ses divisions en sections, chapitres et articles. Le budget de chaque ministère est voté par sections, conformément à la nomenclature annexée au sénatus-consulte. La répartition par chapitres des crédits accordés pour chaque section est réglée par décret de l'Empereur rendu en conseil d'État.

Art. 2. Des décrets spéciaux, rendus dans la même forme, peuvent autoriser des virements d'un chapitre à un autre dans le budget de chaque ministère.

Art. 3. Il ne pourra être accordé de crédits supplémentaires ou de crédits extraordinaires qu'en vertu d'une loi.

Notre tâche est accomplie. Nous avons cherché à démontrer, dans un cadre sommaire, que depuis Arenemberg, depuis le Ham, depuis l'Élysée jusqu'au palais des Tuileries, le neveu de Napoléon Ier, le fils de la reine Hortense, l'élu du peuple a été constamment d'accord avec ses principes, avec la ferme volonté d'être le chef de l'État pour avoir la force qui sait reconstruire et créer. Cette force, le jour où l'édifice de nos institutions nationales commence à s'affermir, l'Empereur ne veut plus la garder que pour appeler les représentants du pays à concourir plus directement avec lui à l'administration de l'Empire.

Le discours prononcé par Sa Majesté au début de la session législative de 1862, et que nous allons reproduire, résume toute cette situation :

« Messieurs les Sénateurs,

« Messieurs les Députés,

« L'année qui vient de s'écouler a vu, malgré certaines inquiétudes, la paix se consolider, toutes les rumeurs propagées à dessein sur des prétentions imaginaires sont tombées d'elles-mêmes devant la simple réalité des faits.

« Mes relations avec les puissances étrangères me donnent la plus entière satisfaction, et la visite de plusieurs souverains a contribué encore à resserrer nos liens d'amitié. Le roi de Prusse, en venant en France, a pu juger par lui-même de notre désir de nous unir davantage à un gouvernement et à un peuple qui marchent d'un pas calme et sûr vers le progrès.

« J'ai reconnu le royaume d'Italie avec la ferme intention de contribuer, par des conseils sympathiques et désintéressés, à concilier deux causes dont l'antagonisme trouble partout les esprits et les consciences.

« La guerre civile qui désole l'Amérique est venue compromettre gravement nos intérêts commerciaux. Cependant, tant que les droits des neutres seront respectés, nous devons nous borner à faire des vœux pour que ces dissensions aient bientôt un terme.

« Notre établissement en Cochinchine s'est consolidé par la valeur de nos soldats et de nos marins. Les Espagnols, associés à notre entreprise, trouveront, je l'espère, dans ces contrées le prix de leur courageux concours. Les Annamites résistent faiblement à notre domination, et nous ne serions en lutte avec personne, si, au Mexique, les procédés d'un gouvernement sans scrupules ne nous avaient obligés de nous réunir à l'Espagne et à l'Angleterre pour protéger nos nationaux et réprimer des attentats contre l'humanité et le droit des gens.

« Il ne peut sortir de ce conflit rien qui soit de nature à altérer la confiance de l'avenir. Libre de préoccupations extérieures, j'ai porté plus spécialement mon attention sur l'état de nos finances.

« Un exposé sincère vous en a fait connaître la véritable situation. Je ne dirai à ce sujet que quelques mots.

« Le public s'est ému du chiffre de 963 millions auquel s'est élevée la dette flottante; mais cette dette, en l'arrêtant désormais, n'a rien d'inquiétant, car elle avait déjà atteint ce chiffre avant 1848, alors que les revenus de la France étaient loin d'approcher de ce qu'ils sont aujourd'hui.

« D'ailleurs, qu'on retranche de cette somme, d'abord, les 652 millions qui grevaient l'État à une époque antérieure à l'Empire ; ensuite, les 78 millions remboursés aux rentiers à l'époque de la conversion ; enfin les 233 millions montant des découverts qu'ont amenés dans les deux derniers exercices des expéditions lointaines et qu'il eût été possible de demander à un emprunt, on verra que, depuis l'établissement de l'Empire, grâce, il est vrai, aux consolidations successivement opérées, les découverts ne se sont pas accrus en proportion des nécessités auxquelles il a fallu pourvoir et des avantages obtenus depuis dix ans.

« En effet, messieurs, il ne serait pas juste d'oublier :

« L'accroissement de dépenses exigé par le service annuel des emprunts contractés pour deux guerres qui n'ont pas été sans gloire ;

« Les 622 millions employés par le Trésor aux grands travaux d'utilité publique, indépendamment des trois milliards affectés par les compagnies à l'achèvement de 6,553 kilomètres de chemins de fer ;

« L'exécution du réseau télégraphique ;

« L'amélioration du sort de presque tous les serviteurs de l'État ;

« L'augmentation du bien-être du soldat ; les cadres de l'armée mis en proportion de ce qu'exige, en temps de paix, la dignité de la France ;

« La transformation de la flotte et de tout notre matériel d'artillerie ;

« La réédification de nos édifices religieux et de nos monuments publics.

« Ces dépenses ont imprimé à tous les travaux utiles, sur la surface de l'Empire, une impulsion féconde. N'avons-nous pas vu les villes se transformer, les campagnes s'enrichir par les progrès de l'agriculture, et le commerce extérieur s'élever de 2 milliards 600 millions à 5 milliards 800 millions ? Enfin, par le seul accroissement de la prospérité publique, les revenus de l'État se sont accrus de plusieurs centaines de millions.

« Cette énumération nous montre toute l'étendue des ressources financières de la France, et pourtant, quelle que fût l'origine des découverts, quelque légitimes que fussent les dépenses, il était prudent de ne plus les augmenter.

« Dans ce but, j'ai proposé au Sénat un moyen radical, qui

confère au Corps législatif une plus grande faculté de contrôle et l'associe de plus en plus à ma politique. Mais cette mesure n'était point, comme il est facile de s'en convaincre, un expédient pour alléger ma responsabilité : c'était une réforme spontanée et sérieuse devant nous forcer à l'économie.

« En renonçant au droit d'ouvrir des crédits supplémentaires et extraordinaires dans l'intervalle des sessions, il était cependant essentiel de se réserver la faculté de pourvoir à des nécessités imprévues. Le système des virements en fournit les moyens, et il a l'avantage de limiter cette faculté aux besoins vraiment urgents et indispensables.

« L'application sévère de ce nouveau système nous aidera à asseoir notre régime financier sur des bases inébranlables. Je compte sur votre patriotisme et sur vos lumières pour seconder mes efforts par un concours empressé.

« Le budget vous sera présenté dès l'ouverture de la session.

« Ce n'est pas sans regret que je me suis décidé à vous proposer le remaniement de plusieurs impôts ; mais, par l'accroissement de nos revenus, l'aggravation, j'en suis convaincu, ne sera que temporaire.

« Vous voudrez bien vous occuper d'abord du projet de loi relatif à l'échange des titres de la rente 4 1/2 0/0, projet qui a pour but, en conciliant équitablement les intérêts du Trésor et ceux de ses créanciers, de préparer l'unification de la dette.

« Je vous ai exposé, messieurs, loyalement, l'état des choses.

« Vous le savez, à chaque occasion où se présentait une réforme utile, j'en ai pris résolûment l'initiative. Cependant je n'en maintiendrai pas moins intactes les bases fondamentales de la Constitution qui a déjà valu au pays dix années d'ordre et de prospérité.

« Le sort de tous ceux qui sont au pouvoir, je ne l'ignore pas, est de voir leurs intentions les plus pures méconnues, les actes les plus louables dénaturés par l'esprit de parti. Mais les clameurs sont impuissantes lorsqu'on possède la confiance de la Nation et qu'on ne néglige rien pour la mériter. Ce sentiment, qui se manifeste en toutes circonstances, est ma récompense la plus précieuse et fait ma plus grande force.

« Survient-il de ces événements imprévus, tels que la cherté des subsistances et le ralentissement du travail, le peuple souffre; mais, dans sa justice, il ne me rend pas responsable de ses souffrances, parce qu'il sait que toutes mes pensées, tous mes efforts, toutes mes actions, tendent sans cesse à améliorer son sort et à augmenter la prospérité de la France.

« Ne nous faisons pas illusion sur ce qui nous reste à accomplir; mais, en même temps, félicitons-nous d'avoir traversé dix années au milieu du calme des populations satisfaites, et de l'union des grands corps de l'État. Persévérons dans notre tâche avec énergie, et confions-nous dans la Providence, qui nous a toujours donné des signes visibles de sa protection. »

Ce dernier discours, qui va clore notre étude, doit être un sujet de réflexions bien sérieuses pour les hommes sincères qui aspirent à voir se développer dans leur pays les éléments d'une liberté durable, de cette liberté qui passe peu à peu des mœurs dans les lois, des idées dans les institutions, et devient avec le temps cette force éclairée qui consolide les pouvoirs en les modérant, et non cette force aveugle qui les ébranle sans relâche et finit par les renverser.

On l'a dit avec raison : on ne gouverne bien un peuple qu'en comprenant les besoins et les idées de son temps. C'est cette intelligence supérieure des idées et des besoins de son pays et de son siècle qui caractérise les actes de Napoléon III, et fera de son règne de dernier mot de la révolution française!

Nous ne pouvons mieux terminer cette étude sur Napoléon III qu'en consacrant un dernier chapitre à l'illustre phalange de nos maréchaux de France, que l'Empereur aime à voir à ses côtés dans les jours de revues comme dans les jours de combats.

Tracer ici l'esquisse rapide de leurs éclatants services, c'est rendre hommage tout à la fois à leur dévouement au pays et au choix du souverain qui les a investis de cette haute dignité.

CHAPITRE IV.

LES LIEUTENANTS DE L'EMPEREUR.

Le maréchal de Saint-Arnaud.

Le propre des grands caractères est d'enfanter autour d'eux de nobles dévouements, d'héroïques actions. Cette famille d'illustres capitaines que vit naître le premier Empire s'est recréée autour de Napoléon III sous les canons russes et autrichiens. Toutes ces brillantes et valeureuses épées forment le bouclier le plus invulnérable de l'indépendance et de la grandeur de la France.

Il en est une, brisée aujourd'hui et recouverte d'un crêpe, celle du maréchal de Saint-Arnaud, qui a inauguré vaillamment la seconde ère impériale. C'est cette épée devant laquelle nous nous inclinerons tout d'abord, car nous n'avons pu oublier la main loyale et généreuse qui la tenait, le cœur ardent et fier qui la dirigeait.

Avant d'être ministre de la guerre, le maréchal de Saint-Arnaud avait pris part, pendant de longues années, aux grandes actions accomplies sur notre terre d'Afrique.

Capitaine à la légion étrangère, chef de bataillon

de zouaves, lieutenant-colonel et colonel du 53e de ligne, le maréchal de Saint-Arnaud n'avait cessé de faire campagne et s'était signalé constamment comme chef de colonne par son énergie et par sa vigueur.

« Il est inutile, dit le maréchal Bugeaud, dans un rapport du 13 avril 1846, d'envoyer des instructions à Saint-Arnaud, il se tirera d'affaire tout seul. »

Général de brigade au mois de mai 1847, il commande la province de Constantine en 1850 et réorganise cette contrée profondément ébranlée par la révolte de Zaatcha et de l'Aurès.

En 1851 il rattache à la France Bou-Akkas-ben-Achour, le chef le plus important de la province de Constantine.

En mai de la même année il franchit avec une colonne de 7,000 baïonnettes les montagnes encore vierges de la petite Kabylie, parcourt une vaste et sauvage région inconnue aux Français, et éprouve une résistance désespérée. Partout il culbute les Kabyles, qu'il poursuit, le fer et la flamme à la main, jusque dans leurs retraites les plus inaccessibles. Il débloque Djidjelli, soumet tout le difficile et belliqueux pays situé entre Bougie et Collo, et rentre en vainqueur et en pacificateur à Constantine après 80 jours de marche et 26 combats livrés du 11 mai au 7 juillet 1851. Il venait d'accomplir, avec une faible division d'infanterie, une batterie d'artillerie et quelques escadrons de cavalerie, l'un des plus brillants faits d'armes que nos annales d'Afrique aient eu à inscrire. Cette admirable campagne lui valut le grade de général de division.

Rappelé en France pour prendre à Paris un commandement important, il y rentra le 7 août 1851, après avoir obtenu tous ses grades à l'armée d'Afrique, de 1837 à 1851. Plus tard, le 26 octobre 1851, il fut nommé ministre de la guerre.

« Il me semble, écrivait-il à son frère le 9 septembre de cette même année, que je ne suis pas assez mûr pour le ministère. » Plus loin il ajoute : « J'aurai un mois pour me préparer à prendre de l'aplomb et étudier les questions. »

« Ministre de la guerre, et peu de temps après Maréchal de France (1), M. de Saint-Arnaud atteignit en un tour de roue de la fortune à une position qui dépassait toutes ses espérances. Mais nul bonheur humain n'est parfait. Au milieu de son élévation, le maréchal fut abreuvé de tant de tortures physiques et morales, que la pensée s'arrête avec effroi au spectacle d'un pareil *miserere*.

« C'était un de ces hommes chez qui l'instinct domine le raisonnement, la sensation, l'idée, et qui, admirablement doués pour l'action, s'y précipitent avec une passion tellement irrésistible qu'elle entraîne tout autour d'eux. Un tempérament de ce genre n'exclut ni le sang-froid nécessaire aux combinaisons stratégiques, ni le cercle des pensées qui se rattachent au fait immédiat. Bien au contraire.

« Les hommes ainsi faits ne s'emploient jamais à demi, quoi qu'ils fassent. Ils brûlent la vie par tous les bouts, et, ne tenant pas compte du peu de solidité de cette pauvre guenille humaine que l'âme traîne avec elle, ils la soumettent à de telles épreuves qu'elle se déchire avant l'heure.

---

(1) M. Hippolite Castille a publié sous ce titre : *Portraits politiques et historiques au XIXe siècle*, une série de notices qui renferment des appréciations sur nos illustrations militaires. Les extraits que nous empruntons à ces remarquables études sont accompagnés de guillemets.

« Ainsi, à chaque phase de son rapide triomphe, la main du malheur s'appesantit plus lourdement sur lui. L'aveugle destinée semble voir clair dans les coups qu'elle lui porte. Elle les dirige avec une perspicacité cruelle.

« Il devient ministre de la guerre, et, à peine investi de ce pouvoir à l'aide duquel il est si aisé de travailler au bonheur de ceux qu'on aime, cette faculté lui est interdite dans l'objet sur lequel il eût été le plus doux de l'exercer. Une lettre de Limoges lui apprend que son fils unique, récemment admis comme cavalier au 5e régiment de hussards, est atteint d'une fluxion de poitrine à la suite d'un incendie qui a réclamé le secours de la garnison.

« Peu de jours après le malade expire.

« Pauvre enfant si noble! si fort! et le perdre! s'écrie le père infortuné.

« Il écrit à l'un de ses amis, M. Dufay de Launaguet, préfet de Tarn-et-Garonne, qui, lui aussi, a perdu son fils : « J'étais trop fier de lui, trop heureux par lui, Dieu m'a frappé. »

« Le nom de Dieu reviendra souvent dès lors sur les lèvres de ce soldat qui a passé tant d'années dans l'insouciance.

« Comme si ce malheur domestique n'était pas assez complet, six semaines après il perd sa mère. L'isolement se fait autour de lui par la mort. Un homme sans mère et sans fils, c'est un chêne que l'ouragan a déraciné et jeté sur le grand chemin.

.... « Abreuvé de dégoûts, de souffrances physiques et morales, sans autre consolation qu'une jeune épouse qui s'était faite la sœur de charité de ses souffrances de toutes sortes, il élevait dans son imagination un temple solitaire à la déesse des batailles.

« Il ne criait pas comme Manfred aux rochers et aux abîmes : « L'oubli ! l'oubli ! » il criait : « Une armée ! une armée et une bataille ! »

La guerre d'Orient lui apporta ce qu'il souhaitait le plus au monde, ce qui était peut-être sa dernière espérance.

Mais l'ennemi qu'il voulait atteindre pour frapper un grand coup semblait devoir lui échapper sans cesse. Brisé par la maladie sans trève, sans merci, le maréchal de Saint-Arnaud, par un effort surhumain, dominait ses tortures incessantes pour faire face à la responsabilité immense qui pesait sur sa tête.

Au début de l'expédition le choléra décimait notre armée. « Je suis au milieu d'un vaste sépulcre, écrivait-il à son frère, le 9 août 1854, je suis le plus gai en apparence, mais le fond de mon cœur est déchiré. »

Dans les conseils de guerre, le maréchal, malgré les objections qui se pressent de tous côtés, ne cesse, avec la plus éloquente ténacité, d'indiquer la Crimée, toujours la Crimée comme but premier de nos efforts. « C'est là, s'écrie-t-il, qu'il faut aller chercher l'ennemi ; c'est là qu'il faut agir et agir vite. »

Son plan d'opérations est enfin adopté, et les armées alliées sont réembarquées à Varna sur un nombre considérable de transports. C'est alors qu'on voit, chose unique dans l'histoire, les armées et les flottes françaises, anglaises et ottomanes réunies sous le commandement d'un maréchal de France !

Le 14 septembre 1854, après 80 lieues de traversée et 24 heures de tourmente, les flottes s'embossent dans la baie de Kalamita, en face d'une plage dite le *Vieux-Fort*. De la dunette du vaisseau la *Ville-de-Paris*, le maréchal préside à cette opération difficile qui s'exécute avec une régularité admirable.

Aussitôt après le débarquement il adresse à ses troupes la proclamation suivante :

« Soldats !

« Vous cherchez l'ennemi depuis cinq mois. Il est enfin devant vous, et nous allons lui montrer nos aigles. Préparez-vous à subir les fatigues et les privations d'une campagne qui sera difficile mais courte, et qui élèvera devant l'Europe la réputation de l'armée d'Orient au niveau des plus hautes gloires militaires de l'histoire.

« Vous ne permettrez pas que les soldats des armées alliées, vos compagnons d'armes, vous dépassent en vigueur et en solidité devant l'ennemi, en constance dans les épreuves qui vous attendent.

« Vous vous rappellerez que nous ne faisons pas la guerre aux paisibles habitants de la Crimée, dont les dispositions nous sont favorables et qui, rassurés par notre excellente discipline, par le respect que nous montrerons pour leur religion, leurs mœurs, leurs personnes, ne tarderont pas à venir à nous.

« Soldats ! à ce moment où vous plantez vos drapeaux sur la terre de Crimée, vous êtes l'espoir de la France : dans quelques jours vous en serez l'orgueil. *Vive l'Empereur !* »

En même temps qu'il faisait publier cette proclamation, le maréchal, rentré dans sa tente et succombant aux attaques incessantes de la maladie qui le minait, écrivait au ministre de la guerre :

« Je veux espérer que la Providence me permettra de remplir jusqu'au bout la tâche que j'ai entreprise, et que je pourrai conduire à Sébastopol l'armée avec laquelle je descends sur la côte de Crimée ; mais ce sera là, je le sens, un suprême effort, et je vous prie de demander à l'Empereur de vouloir bien me désigner un successeur. »

La bataille eut lieu le 20 septembre. Pendant

douze heures on vit le maréchal luttant avec une énergie vraiment sublime contre d'atroces souffrances. C'est à tort qu'on l'a représenté parcourant le champ de bataille, soutenu de chaque côté de son cheval par deux dragons. La vérité historique veut qu'on dise qu'il avait retrouvé dans ce glorieux jour sa jeunesse et sa force. Les officiers qui ont accompagné le maréchal de Saint-Arnaud en Crimée affirment qu'à l'Alma il avait 20 ans !

L'homme, chez lui, s'était transfiguré : l'âme avait triomphé de la matière ; couché après la lutte sur une botte de foin, il dicta la proclamation suivante :

« Soldats !

« La France et l'Empereur seront contents de vous.

« A Alma vous avez prouvé aux Russes que vous étiez les dignes fils des vainqueurs d'Eylau et de la Moskowa. Vous avez rivalisé de courage avec vos alliés les Anglais, et vos baïonnettes ont enlevé des positions formidables et bien défendues.

« Soldats ! vous rencontrerez encore les Russes sur votre chemin, vous les vaincrez encore, comme vous l'avez fait aujourd'hui, au cri de *Vive l'Empereur !* et ne vous arrêterez qu'à Sébastopol ! C'est là que vous jouirez d'un repos que vous aurez bien mérité.

« Champ de bataille d'Alma, le 20 septembre 1854. »

Si le maréchal avait eu de la cavalerie, comme il l'écrivit avec la noble exaltation de son triomphe dans son rapport à l'Empereur, il eût pu poursuivre l'ennemi après la victoire, et peut-être le succès de cette grande expédition eût-il été obtenu en une seule bataille !

Le 26 septembre le maréchal voulut encore monter à cheval, mais la mort l'arrêta, étreignant cette volonté surhumaine qui jusqu'ici lui avait résisté.

Entouré de ses amis et de son état-major, il se disposait à envoyer au général Forey, le plus ancien général de division du corps d'armée, l'ordre de prendre le commandement, lorsqu'un général, légèrement blessé, six jours avant, à la bataille de l'Alma, s'avança vers lui et lui remit une lettre close qu'il portait avec lui dès le début de l'expédition et par laquelle l'Empereur lui confiait le commandement en chef.

C'était le général Canrobert.

Les fatigues de la route avaient hâté le développement du nouveau mal qui venait affaiblir le maréchal. Aux premiers symptômes, le docteur Cabrol, son médecin, avait reconnu le choléra. Son premier aide de camp, le colonel Trochu, prévenu par le médecin, s'était approché du maréchal et lui avait fait comprendre la nécessité d'un repos absolu.

Au bivouac de la Tchernaïa, le maréchal de Saint-Arnaud fit venir le général Canrobert, lui remit le commandement et adressa ses adieux à l'armée. Ils se terminaient par cette phrase touchante : « Soldats, vous me plaindrez, car le malheur qui me frappe est immense, irréparable, et peut-être sans exemple. » Cet adieu fut lu aux troupes consternées.

Lord Raglan, le général Canrobert, le général Bosquet, avec qui il s'était trouvé en dissentiment, vinrent lui faire leurs adieux.

Lorsque l'armée vit passer, couché dans sa voiture, enveloppé d'une pelisse et coiffé d'un képi son chef qu'elle avait coutume de ne voir qu'à cheval et dans tout l'éclat des insignes militaires, une émotion profonde parcourut les rangs; les zouaves, les plus expansifs des soldats français, avaient entouré la voiture et pleuraient. Il leur tendit la main.

On l'emporta à Balaclava, que les Anglais venaient

d'occuper. Il fut ensuite mis à bord du *Berthollet*. Des crises terribles suivies de prostration se succédèrent. Après plusieurs alternatives d'abattement et de souffrances, il reçut les sacrements de l'Église des mains de l'abbé Parabère, et rendit l'âme le 29 septembre, à quatre heures du soir.

Quand, au ministère de la guerre, on apprit la nouvelle de cette fin si lamentable, tous les employés de cette administration, qui avaient voué la plus respectueuse affection à leur ancien chef, furent profondément affligés ; c'est que le maréchal de Saint-Arnaud avait su apprécier leur travail, il avait compris ce qu'il y avait chez eux de dévouement et d'abnégation ; en voyant ces modestes existences, sans avenir à la guerre ni à l'extérieur, il s'était promis de réorganiser l'administration centrale sur des bases plus larges, en créant des sous-directeurs, en assurant aux chefs des débouchés au Conseil d'État, à la Cour des comptes, dans les préfectures, les sous-préfectures, les recettes particulières, afin de favoriser l'avancement des employés inférieurs et d'améliorer leur position.

Ils se rappelaient aussi que, peu de temps avant de partir pour la Crimée, ils avaient vu le maréchal de Saint-Arnaud venir visiter successivement chacun d'eux dans leurs bureaux, parcourant les vastes bâtiments de la rue Saint-Dominique d'étage en étage, et ne s'arrêtant dans cette laborieuse excursion qu'après avoir serré la main du dernier surnuméraire inscrit sur la liste du personnel.

Bonté touchante, âme de feu, cœur de soldat et cœur de père, le maréchal de Saint-Arnaud est mort en héros et en chrétien tout à la fois, la gloire sur le front, le crucifix sur les lèvres.

Vivant, nous l'avions bien aimé, car il avait été

pour nous personnellement d'une constante et affectueuse bonté; mort, son image vénérée restera toujours dans notre souvenir.

Le maréchal Bosquet.

Comme son frère d'armes, le maréchal de Saint-Arnaud, Bosquet n'est plus! Ces deux figures martiales, si chères à l'armée, se sont voilées sous le linceul funèbre; mais à travers les ombres de la mort elles brillent encore de l'éternelle lumière qui s'attache aux faits héroïques du champ de bataille.

Toutes les fois que ces deux noms : Saint-Arnaud et Bosquet, sont prononcés devant un soldat d'Afrique ou de Crimée, on voit son œil s'allumer, ses lèvres trembler; il écoute attentif et ému.

Résumons en quelques lignes la belle carrière de l'homme qui, à l'Alma, à Inkermann, s'est fait avec son épée un nom impérissable dans nos fastes militaires.

Les généraux Bosquet et Canrobert dînaient tous les deux aux Tuileries, lorsque l'Empereur leur annonça qu'il les avait faits maréchaux de France. Le général Canrobert ne put maîtriser son émotion et fut quelques instants sans prononcer une parole. Quant au général Bosquet, le front illuminé de joie, il demanda à Sa Majesté la permission d'envoyer sur-le-champ une dépêche télégraphique à sa mère; cette dépêche ne contenait que ces mots :

« Priez pour l'Empereur, l'Impératrice et le Prince Impérial. « Le maréchal Bosquet. »

Napoléon III ajouta de sa main :

« La santé du maréchal s'améliore. »

Malheureusement, cette amélioration ne fut que de courte durée. Les glorieuses blessures reçues en Crimée se rouvrirent, et, retenu sur son lit de douleur, le vaillant capitaine n'a pu suivre que des yeux et avec le regret dans le cœur ceux de ses compagnons d'armes qui ont fait la campagne d'Italie.

« Qui plus que le maréchal Bosquet a servi dans cette immortelle campagne de Crimée où il était devenu, à peu près, l'homme nécessaire de l'action, celui qui tranchait les nœuds gordiens de la stratégie ?

« Lorsqu'on voulut en employer d'autres à des attaques décisives, à remporter des victoires éclatantes, on vit qu'il fallait en revenir à lui.

« Trois généraux en chef se succèdent, agrandissant tour à tour ses commandements ; et il reste toujours le bras de l'armée, à l'Alma avec le maréchal de Saint-Arnaud, à Inkermann avec le général Canrobert, au Mamelon-Vert et à Malakoff avec le général Pélissier.

« On put croire généralement qu'il serait nommé commandant en chef de l'expédition; mais peut-être n'eût-on pas trouvé à donner son rôle à un autre, tel qu'il l'a rempli. D'ailleurs, on dut peu à peu le laisser agir de spontanéité et librement. Les allures de son caractère et la confiance inspirée par ses talents tendaient forcément à ce résultat. Inkermann a été *sa bataille* prévue, organisée et engagée par lui avant la direction supérieure. Le plan de l'attaque de Malakoff lui a été confié tout entier. Il en fixa l'heure et les dispositions. Dès son arrivée en Crimée, le maréchal de Saint-Arnaud s'inquiétait de son avis, et ils discutèrent longuement sur les mouvements à exécuter contre les Russes à la bataille de l'Alma.

« On prétend que le général Bosquet se serait opposé à la fameuse manœuvre qu'il accomplit si bien et qui a commencé à le rendre célèbre. D'un autre côté, d'après une opinion différente, ce serait lui qui aurait fait adopter son avis au général en chef. « Laissez-moi écraser seul par l'armée russe de « façon qu'elle désorganise son centre. Quelques « forces que j'aie devant moi, je tiendrai au moins « une heure. » Telles auraient été ses paroles.

« Son élévation au maréchalat a été la consécration de cette initiative, d'autant plus remarquable, qu'il n'occupait point le premier rang.

« Avant ses exploits de Sébastopol, le général Bosquet avait conquis en Afrique une renommée de guerrier intrépide et de bon tacticien ; mais cette renommée était restée à peu près locale et restreinte à l'armée. Le général Bosquet n'avait pas eu l'occasion d'attacher son nom à un de ces faits d'armes particulièrement brillants qui échurent en partage à d'autres officiers et les rendirent les favoris de l'opinion publique à cette époque. Cependant son avancement a été très-rapide, basé sur des actions solides et égales, sinon préférables à ces coups d'épée qui reluisent davantage. Il devait, du reste, largement se dédommager sur le sol russe. »

Admis à l'École polytechnique le 1er novembre 1829, le maréchal Bosquet en sortit le 22 novembre 1831, pour passer comme sous-lieutenant élève d'artillerie à l'École d'application de Metz.

Lieutenant le 5 avril 1833 au 10e régiment d'artillerie, lieutenant en premier en 1836, capitaine en second en 1839, il fut blessé d'un coup de feu au combat de Sidi-Lakhdar, le 14 janvier 1841, en chargeant les réguliers d'Abd-el-Kader.

Officier d'ordonnance du général de Lamoricière, le capitaine Bosquet rendit dans ces nouvelles fonctions de très-utiles services, grâce à la connaissance qu'il avait acquise de la langue et des mœurs du pays.

Il s'occupa ensuite de l'organisation des tirailleurs indigènes, et, le 5 juin 1842, il fut appelé au commandement du bataillon créé pour Oran, Mostaganem et Mascara.

Cité à l'ordre de l'armée pour son intrépidité au combat du 14 mai 1843 contre les Flittas révoltés, le commandant Bosquet fut nommé lieutenant-colonel au 15e léger le 20 octobre 1845; mais il demanda à passer en la même qualité au 41e de ligne en septembre 1846, afin de rester en Afrique, où il voyait un vaste champ ouvert à son activité.

Colonel du 53e de ligne le 8 novembre 1847, puis du 16e de la même arme le 25 mai 1848, il fut appelé au commandement de la subdivision d'Orléansville.

Le 17 août de la même année, il fut élevé au grade de général de brigade et chargé du commandement de la subdivision de Mostaganem.

Cette nomination parut tellement rapide, que le ministre de la guerre, M. de Lamoricière, fut interpellé à l'Assemblée nationale.

« J'ai nommé général le colonel Bosquet, dit-il, non pas seulement pour les services qu'il a rendus, mais pour ceux qu'il rendra encore. »

Cette parole, comme on le voit, était prophétique.

Lors de la première expédition tentée en Kabylie, en 1851, le général Bosquet fut le bras droit du général de Saint-Arnaud, qui dirigeait en chef les opérations.

Blessé d'une balle à l'épaule au combat du 11 mai, le général Bosquet n'en resta pas moins à la tête de ses zouaves jusqu'à la fin de ces luttes acharnées qui ne se terminèrent que le 20 du même mois.

Mis à la disposition du ministre de la guerre le 29 octobre 1852, le général Bosquet ne quitta ses zouaves et ses tirailleurs indigènes qu'avec les plus vifs regrets ; mais la guerre qui allait se faire en Orient avait besoin de nos plus vaillantes épées, et le brave général fut appelé à commander la deuxième division de cette armée, dans laquelle ne tardèrent pas à prendre place ses zouaves et ses tirailleurs d'Afrique.

Aux premiers coups de canon que le maréchal de Saint-Arnaud entend à l'Alma, il prend sa lorgnette et distingue une brigade de la deuxième division traînant ses pièces de canon à bras pour les pointer contre les Russes massés sur un plateau qui semble inaccessible. Le général Bosquet a mis pied à terre et électrise tout son monde.

A cette vue, le maréchal de Saint-Arnaud s'écrie : « Voilà, voilà Bosquet ! c'est bien là mon vieux Bosquet d'Afrique ; comme je l'embrasserais, si j'étais près de lui ! »

Et il méritait bien d'être embrassé par le commandant en chef celui qui, avec douze canons et une seule brigade, avait lutté seul contre quarante canons et une grande partie de l'armée russe.

A Inkermann, le général Bosquet fut aussi le héros de la journée.

Le 5 novembre 1854, pendant la nuit, profitant d'un brouillard épais, de grandes masses russes abordèrent les hauteurs et surprirent les Anglais, qui, écrasés par les forces numériques de l'ennemi, furent obligés d'abandonner la position.

C'est alors que le général Bosquet charge à la tête de ses soldats, enfonce les bataillons russes et les précipite du haut du plateau d'Inkermann en leur faisant subir des pertes énormes. Il avait sauvé l'armée anglaise.

« Au nom de l'Angleterre, lui dit lord Raglan après la bataille, je vous remercie ! Je voudrais avoir quatre mains au lieu d'une qui me reste pour vous les tendre ! »

Enfin, à Malakoff, le général Bosquet est encore là avec sa formidable artillerie.

Atteint d'un éclat d'obus il veut en vain rester à son poste. Il lutte contre ses aides de camp ; vaincu par sa blessure, il se laisse emporter. Déjà il avait failli être tué plusieurs fois.

Sur le passage de la civière où l'on portait leur chef blessé, les soldats se découvrirent. L'empire qu'il avait sur eux était réellement extraordinaire et les rendait presque fanatiques.

Si le général Bosquet ne vit pas la prise de Malakoff, il vit du moins ses soldats y entrer, s'y maintenir et repousser les Russes, dont la défense fut héroïque ; mais, l'heure radieuse qui salua le repos après la victoire, il ne put assister à l'ivresse qu'elle fit naître. Les soldats se pressaient, inquiets, autour de sa tente, et une nouvelle joie s'ajouta à celle de ce grand triomphe lorsqu'ils apprirent que leur chef n'était pas frappé mortellement.

Dès sa rentrée en France la ville de Pau lui offrait une épée d'honneur.

Il n'avait pas commandé en chef, mais ses exploits étaient exceptionnels. En l'élevant, le 18 mars 1855, à la dignité de maréchal de France, et en l'appelant plus tard au commandement des divisions du Sud-Ouest, l'Empereur récompensa le général Bosquet au nom de l'admiration publique.

Ce digne lieutenant de l'Empereur, dont la force morale et la force physique semblaient inébranlables, s'est éteint lentement dans les tortures de la maladie qui le minait depuis son retour de Crimée. Il a succombé le 3 février 1861, à peine âgé de 50 ans!

I

Le maréchal Vaillant.

Le maréchal Vaillant est une des illustrations du corps du génie, et comme major-général de l'armée d'Italie, il a fait preuve d'une grande science militaire.

A Alger, à Anvers, au siége de Rome, au comité des fortifications, au ministère de la guerre, en Italie, le maréchal Vaillant a su se concilier l'affection et le respect de tous les officiers placés sous ses ordres, car tous ont apprécié sa rude honnêteté.

A l'Académie des sciences, le maréchal ne jouit pas d'une moindre popularité que dans l'armée; sa parole y est fort écoutée.

« M. le maréchal Vaillant, dont la figure paternelle jure avec l'accueil un peu brusque qu'il fait d'ordinaire aux gens qui l'abordent, est, au demeurant, l'homme le plus juste. Il lui arrive souvent d'éconduire les gens sans les entendre ; mais le visiteur disparu, il s'informe de ses droits, et lui accorde le lendemain ce qu'il lui avait refusé la veille. Il témoigne aussi, dans ses paroles, d'une simplicité de goûts et d'un détachement total des choses de ce monde. Grand amateur de culture, il cause volontiers de champignons, de roses ou de brugnons ; le soldat reprend cependant bien vite son attitude au premier mot de guerre, mais le savant ne disparaît jamais.

« Un dernier trait peindra son caractère, dont il cherche à dissimuler la grandeur et la bonté sous les dehors d'une placidité impénétrable. C'était le 9 septembre 1855 à neuf heures du matin, on venait de recevoir de la direction du télégraphe les premières lignes de la dépêche du général Pélissier, annonçant la prise de la partie sud de Sébastopol. Le texte fourni par la télégraphie était encore inintelligible ; seulement on comprenait que le général ennemi demandait une suspension d'armes. Le maréchal Vaillant, en veste de bazin, se promenait dans son cabinet avec animation, tandis que ses secrétaires copiaient la dépêche. — « Si c'était moi, je sais bien ce que je ferais ! Après ça, je connais Pélissier, il ne lui accordera pas. Si c'était moi..... » A ce moment on apporta la fin de la dépêche. — Sacrebleu ! messieurs, dit le maréchal après l'avoir lue, je vous le disais bien..... Pélissier est un rude soldat. » — Et il essuya deux grosses larmes qui coulaient sur sa moustache blanche.

La jeunesse de nos lycées connaît aussi le maréchal Vaillant. A la distribution des prix au concours général de 1856, le maréchal, chargé par intérim du portefeuille de l'instruction publique, développait dans un discours fort remarquable ce que peut la force de volonté unie à la droiture du cœur ; comme exemple, il citait cette rare énergie du duc de Malakoff qui était venue à bout des difficultés inouïes d'un long siége. A ces mots, toute la jeunesse, tous les parents, tous les professeurs se lèvent; le maréchal Pélissier, qui était assis non loin du maréchal Vaillant, se jette dans ses bras, et tous deux confondent leur attendrissement dans une cordiale étreinte.

Ce fut un beau spectacle que la vue de ces deux braves et illustres maréchaux présentant ainsi l'union fraternelle du champ de bataille comme modèle aux luttes pacifiques du concours général.

L'acclamation, ainsi qu'on le pense bien, dans un pareil lieu, fut longue, unanime, étourdissante; ce fut une des plus mémorables journées de notre vieille Sorbonne!

Retraçons maintenant cette belle vie militaire du maréchal Vaillant.

Né à Dijon, le 6 décembre 1790, il fut admis fort jeune à l'École polytechnique, qu'il quitta, après de sérieuses et fortes études, pour entrer à l'École d'artillerie et du génie. Il sortit de cette dernière école comme sous-lieutenant, le 1er octobre 1809, et, dès ce moment, il prit une part active aux dernières campagnes de l'Empire.

D'abord lieutenant en premier dans le bataillon des sapeurs envoyés à Dantzick, puis capitaine en second dans le cadre de la Grande armée, il fit preuve, pendant la campagne de Russie, d'une énergie et d'un sang-froid tels qu'il fut cité à l'ordre général de l'armée.

Fait prisonnier le 30 août 1813, le capitaine Vaillant, qui était alors aide de camp du général Haxo, ne rentra en France qu'en 1814, après l'abdication de Fontainebleau.

Pendant les Cent-Jours, il prit part aux travaux de fortification élevés à la hâte autour de Paris et combattit à Ligny, à Waterloo, pour la défense du territoire national.

Nommé après la Restauration capitaine de 1re classe, le 27 décembre 1816, il ne passa chef de bataillon que dix ans après. On sait combien l'avancement est lent dans les armes spéciales, et avec quel rare dévouement tous ces officiers d'élite accomplissent leurs difficiles emplois sans se préoccuper de leur avenir.

En 1830, l'expédition d'Alger fournit l'occasion au commandant Vaillant de se trouver de nouveau en face de l'ennemi et de révéler à notre jeune armée la science de guerre qui le distingue au plus haut point. C'est lui qui dirigea les opérations du siége du *Fort l'Empereur*, dont l'explosion détermina la capitulation du dey d'Alger. Renversé par un coup de biscaïen, il eut la jambe fracassée ; il fallut l'emporter tout sanglant hors du champ de bataille où il venait de se couvrir de gloire.

Nommé lieutenant-colonel pour ce brillant fait d'armes, et à peine guéri de cette grave blessure, il assista au siége d'Anvers, comme chef d'état-major du génie, qui était commandé par le général Haxo.

Colonel après la campagne de Belgique, il dirigea les fortifications et commanda les troupes du génie en Algérie. Grâce à ses savantes études, à ses actifs efforts, il couvrit nos possessions de blockaus et de remparts fortifiés qui facilitèrent nos opérations militaires.

Promu au grade de maréchal de camp le 21 octobre 1838, le général Vaillant fut chargé du commandement de l'École polytechnique ; le 12 septembre 1840, il fut appelé à diriger les fortifications de Paris (rive droite).

Lieutenant général le 28 avril 1841, puis successivement président du Comité des fortifications et inspecteur général du génie, le général Vaillant se trouva à la tête de toutes les grandes questions qui intéressaient la défense de notre territoire, jusqu'au moment où il commanda le génie à l'expédition de Rome.

Dans ce siége si difficile, il mit le comble à sa réputation : aussi l'armée tout entière applaudit au grand acte de justice qui lui conféra, le 11 décembre 1851, le bâton de maréchal de France.

Ministre de la guerre du 11 mars 1854 au 4 mai 1859, il dirigea ce département avec sagesse, et surtout avec une rude impartialité, foulant aux pieds les recommandations qu'on lui adressait et qu'il considérait avec raison comme blessantes pour son caractère. Jamais, sous aucun ministre, les droits acquis n'ont été aussi scrupuleusement respectés; aussi son nom n'est-il prononcé, dans l'armée comme dans l'administration centrale de la guerre, qu'avec une profonde vénération.

L'expédition de Crimée, pendant laquelle les approvisionnements furent assurés avec tant de régularité et de promptitude, fit connaître l'excellente impulsion qu'il sut donner aux services administratifs. Major général de l'armée d'Italie, le maréchal Vaillant s'est placé, dans ce poste si difficile, à la hauteur des Soult et des Berthier.

Membre du conseil privé, grand-maréchal du palais, et en dernier lieu ministre de la maison de l'Empereur, il est honoré de la haute confiance de son souverain ; il a aussi celle du pays tout entier.

II

Le maréchal Magnan.

Enfant de Paris, le maréchal Magnan est né le 7 décembre 1791. Il avait à peine dix-huit ans lorsque, laissant là les paperasses timbrées d'une étude de notaire, il s'enrôla volontairement au 66e de ligne, et partit pour l'armée de Portugal sous Masséna.

Caporal en 1810, il était capitaine en 1813, après avoir gagné rapidement chacun de ses grades à la pointe de son sabre, durant les campagnes d'Espagne et de Portugal.

Admis dans le 1er régiment des tirailleurs de la garde, il fit la campagne de France et prit part aux combats de Guignes, Château-Thierry, Montereau, Craonne et Paris.

A Waterloo, il combattit en qualité de capitaine-adjudant major au 4e régiment de tirailleurs. Deux ans après, il fut nommé chef de bataillon au 34e de ligne; puis, le 22 novembre 1822, lieutenant-colonel au 60e de ligne.

Deux fois mis à l'ordre du jour de l'armée, après les combats d'Espuglas et de Caldès (campagne d'Espagne de 1823), il fut appelé comme colonel à la tête du 49e de ligne, Cité pour sa belle conduite, en 1830, à la bataille de Staouëli et aux combats livrés sous les murs de Bône, il fut chargé d'une mission pour la Belgique dans le cours de l'année 1832, et fit preuve d'un mérite si remarquable, que le gouvernement belge lui demanda son concours pour organiser ses forces militaires.

Autorisé à servir dans ce pays avec son grade de

maréchal de camp, qu'il venait d'obtenir en France, il sut bientôt imprimer à tous les jeunes soldats qui, au camp de Beverloo, formaient le principal élément militaire de la Belgique, une ardeur, une discipline admirables.

Lorsqu'il rentra en France, l'avant-garde de l'armée belge lui décerna, au nom de cette armée et en souvenir de ses brillants services, une épée d'honneur.

Nommé lieutenant général en 1845, après avoir commandé successivement une brigade dans le département des Pyrénées-Orientales et le département du Nord pendant sept ans, il fut désigné, en 1846, pour inspecter les troupes de la division d'Alger.

Il était en disponibilité à Paris, comme inspecteur général, au moment de la révolution de février 1848. Le général Trézel, ministre de la guerre, lui donna le commandement de toutes les troupes de la rive droite, qu'il lui retira le lendemain, sur la réclamation du général Tiburce Sébastiani, qui voulut conserver le commandement entier des troupes de la 1re division militaire.

Après la révolution de février, il fut envoyé comme commandant de la Corse, pour y prévenir les réactions qu'on y redoutait : il s'acquitta avec succès de sa mission.

Appelé de Corse au commandement de la 3e division de l'armée des Alpes, il se trouva par son ancienneté désigné pour commander en chef cette armée, par l'absence du maréchal Bugeaud, qui avait été siéger à l'Assemblée constituante.

Le maréchal Magnan se rendit sur-le-champ à Lyon, où se trouvait le quartier général; il y était depuis un mois, lorsque éclata l'insurrection du

15 juin 1849, qui devait rappeler les néfastes journées de juin 1848 à Paris. C'est alors qu'on le vit, lui, commandant en chef d'une armée, se placer sous les ordres du général Gémeau, commandant la division territoriale, et, l'épée à la main, se porter partout où le danger apparaissait le plus menaçant. Deux fois son cheval fut blessé, et son fourreau d'épée fut coupé en deux par une balle.

Après l'insurrection de Lyon, la ville de Paris le nomma son représentant par 125,000 suffrages.

Appelé ensuite au commandement en chef de l'armée de Paris, le général Magnan fit preuve de nouveau, dans les journées de décembre 1851, du plus grand sang-froid, de la plus invincible énergie.

Au moment où s'élevaient des barricades et où plusieurs mairies étaient attaquées, le préfet de police pressait le général en chef Magnan de commencer l'attaque. Le général lui répondit : *Soyez tranquille et fiez-vous à moi.*

« J'avais décidé, dit-il dans son rapport du 9 dé-
« cembre, de n'attaquer qu'à deux heures, et, iné-
« branlable dans ma résolution, je n'avançai pas le
« moment, quelques instances qu'on me fît pour
« cela. Je connaissais l'ardeur de mes troupes, je
« savais leur impatience de combattre, et j'étais sûr
« de vaincre cette insurrection en deux heures, si
« elle voulait accepter le combat.

« Le succès a justifié mon attente.....

« ..... Attaqués de tous les côtés à la fois, décon-
« certés par l'irrésistible élan de nos troupes et par
« un ensemble de dispositions enveloppant comme
« dans un réseau de fer le quartier où ils nous avaient
« attendus, les insurgés n'ont plus osé rien entre-
« prendre de sérieux.

« A cinq heures du soir, les troupes de la division « Carrelet venaient reprendre leur position sur le « boulevard.

« Ainsi commencée à deux heures, l'attaque était « terminée avant cinq heures du soir. L'insurrection « était vaincue sur le terrain qu'elle avait choisi. »

Le bâton de maréchal de France et la charge de grand veneur de Sa Majesté ont récompensé dignement les éclatants services de l'enrôlé volontaire de 1809, de l'enfant de Paris.

III

Le maréchal de Castellane.

Honos ab armis, telle est la devise de l'ancienne maison de Castellane. Digne héritier des nobles barons de la Provence qui luttèrent contre Alfonse, roi d'Aragon, M. le maréchal de Castellane est le type vivant de ces anciens et puissants chevaliers qui, revêtus de pied en cap de leur armure, ressemblaient à des géants sur les champs de bataille. Son épée, comme celle de ses ancêtres, est une forte et invincible épée qui ne s'est jamais tirée que pour la gloire de la France.

Simple soldat à seize ans, en 1804, il était sous-lieutenant au 24e dragons à l'armée d'Italie en 1806. L'année suivante, élevé au grade de lieutenant, il suivit en Espagne le comte Lobau, dont il était l'aide de camp. A Burgos, il s'emparait, seul, d'une pièce de canon qui gênait nos opérations.

Eckmülh, Ratisbonne, Essling, Wagram, furent témoins de la brillante valeur du lieutenant Castellane. *Brave jeune homme!* s'écriait l'Empereur en lui remettant la croix d'honneur sur le champ de bataille de Wagram. Après un mot comme celui-là, prononcé publiquement en présence des plus braves, M. de Castellane devait passer à travers le feu pour gagner tous ses grades à la pointe de son épée.

Capitaine en 1810, et nommé chevalier de l'Empire avec une dotation de 2,000 francs, il accompagna le comte Lobau en qualité d'aide de camp dans l'expédition de 1812.

Promu chef d'escadron à Moscou, le 3 octobre 1812, il devint aide de camp du comte de Narbonne et fit avec lui la campagne de Russie.

Durant la retraite, à la tête de vingt-cinq lanciers de la garde impériale, il part de Kroëskoë, traverse une immense étendue de pays occupé par de nombreux corps russes, et trouve le moyen, au milieu de dangers sans nombre, de porter de la part de l'Empereur des ordres importants au colonel Bourmont.

A la Bérésina, il fit l'admiration de tous ses frères d'armes par son énergie et son sang-froid. Tenant tête constamment à l'ennemi, bien qu'il ne pût alors se servir que d'une main (sa main droite avait été gêlée à Niedniki), il représente dans ces terribles circonstances le type de la bravoure française, qui grandit et arrive aux plus sublimes efforts de l'héroïsme au fur et à mesure que s'accroît l'horreur de la lutte.

Au milieu de nos jeunes conscrits qui firent merveille dans la campagne de Saxe, nous retrouvons M. de Castellane tel que l'avaient connu les vétérans de la Bérésina, c'est-à-dire brave comme un lion, ferme comme un roc. Le 1er juin 1813, à vingt-cinq ans, il était nommé, par un décret impérial daté de

Dresde, colonel-major du 1er régiment des gardes d'honneur.

Après avoir fait en cette qualité les guerres de 1813 et de 1814, M. de Castellane fut d'abord écarté par la Restauration en 1815. Ce ne fut que vers la fin de cette année qu'il reçut la mission d'organiser les hussards du Bas-Rhin (5e régiment).

Appelé en 1822 au commandement des hussards de la garde, avec le titre de maréchal de camp qui était affecté à ce grade, il prit en cette dernière qualité, l'année suivante, le commandement d'une brigade de cavalerie à Barcelone; et, en 1825, il commanda à l'avant-garde de la division de Cadix.

Après 1830, il reçut la mission du maréchal Gérard d'inspecter dix régiments et dépôts d'infanterie et cinq de cavalerie. En 1831 et 1832, il commanda d'abord le département de la Haute-Saône, et fut placé ensuite à la tête de la première brigade de la 2e division de l'infanterie de l'armée du Nord. Sa belle conduite au siége d'Anvers lui valut le grade de lieutenant général, qu'il obtint le 9 janvier 1833.

Élevé à la pairie le 3 octobre 1837, après avoir exercé successivement le commandement de la division active des Pyrénées-Orientales, et celui de la deuxième division militaire, M. de Castellane fut envoyé en Algérie, où il signala sa présence dans la province de Bône par un grand nombre de mesures prises dans l'intérêt du soldat.

Appelé de nouveau au commandement de la division active des Pyrénées-Orientales et de la 21e division militaire, M. de Castellane commanda ensuite la division militaire à Rouen. Il occupait ce poste lorsque éclata la révolution de février 1848.

Par sa ferme attitude, il sut prévenir tout désordre, et plutôt que de céder aux héros du jour, il sortit de la place avec sa division tout entière. Lorsqu'il en remit le commandement à son successeur, il ne manquait pas un homme à l'appel.

Chargé plus tard du commandement de l'état de siége à Lyon, il sut, dans les circonstances les plus délicates et le plus difficiles, justifier au plus haut point la confiance du pays et de l'Empereur.

Aujourd'hui, maréchal de France, commandant en chef du 4e corps et de l'armée de Lyon, M. le comte de Castellane a noblement justifié la devise si fière de ses armes : *Honos ab armis*.

IV

Le maréchal Baraguey-d'Hilliers.

Fils d'un brave général de l'Empire, le maréchal comte Baraguey-d'Hilliers fut élevé pour ainsi dire au milieu des armées. Il n'avait pas encore 16 ans quand il s'engagea dans le 9e régiment de dragons. Sous-lieutenant au 2e régiment de chasseurs le 3 septembre 1812, sa première campagne fut celle de Russie, où il perdit son père.

L'année suivante, il partit pour la Prusse. Dans une rencontre à Coulmecy, il reçut un coup de sabre sur la tête. Son intrépidité lui valut le grade de lieutenant, et le duc de Raguse l'emmena avec lui, comme aide de camp, en Allemagne.

Un boulet lui emporta le poignet gauche à Leipsick, ce qui ne l'empêcha pas de faire, quelque temps après, la campagne d'Espagne en qualité de capitaine au 6e chasseurs à cheval.

Sous la Restauration, le jeune capitaine, dévoué à la cause napoléonienne, donna sa démission. Bonapartistes et royalistes en étaient arrivés, dans les deux camps, à se battre pour un regard, pour un mot, pour une intention. Le gouvernement nouveau voulut mettre fin à cette tuerie organisée en ralliant les mécontents par la discipline et l'esprit de corps. Le capitaine Baraguey-d'Hilliers ne pouvait se résigner à vivre en dehors de l'armée, et il fut admis avec son grade dans le 2e régiment des grenadiers de la garde, puis incorporé le 11 octobre 1820 en qualité de chef de bataillon dans le 9e de ligne.

A son retour de la campagne d'Espagne, en 1823, où il s'était distingué de la manière la plus brillante, il fut élevé au grade de major du 2e d'infanterie de la garde royale. Il était lieutenant-colonel du 1er régiment d'infanterie légère, quand il fit partie de l'expédition d'Alger.

Après la révolution de juillet 1830, il fut nommé colonel de ce même régiment, et en 1833 il fut appelé au commandement en second de l'école de Saint-Cyr.

Le régime qu'il avait imposé aux futurs officiers leur semblait dur, et l'esprit d'insubordination qui courait dans l'École se pliait peu à la formule favorite du nouveau commandant : *Savoir obéir pour apprendre à commander*. « Je n'ai qu'un poignet, ajoutait le colonel Baraguey-d'Hilliers, mais il est de fer. » C'est avec cette fermeté, alliée d'ailleurs à une grande équité, qu'il parvint à faire de Saint-Cyr ce qu'il avait été sous l'Empire, la première école militaire de l'Europe.

Élevé au grade de maréchal de camp le 22 novembre 1838, il reçut un commandement en Algérie, où il fut cité tout à la fois pour son intrépidité dans les combats et pour son habileté administrative.

Commandant supérieur de la province de Constantine depuis le 19 juin 1843 jusqu'au 14 janvier 1844, il ne cessa de se faire remarquer par sa prodigieuse activité pour toutes les affaires du ressort civil et militaire. Ses correspondances étaient simples, concises, et éclairaient parfaitement toutes les questions au département de la guerre.

Lieutenant général le 6 août 1843, il rentra en France pour inspecter le 21e arrondissement d'infanterie.

Au moment de la révolution de 1848, il commandait la 7e division militaire à Besançon, et fut chargé, le 10 avril de la même année, du commandement de la 2e division militaire d'infanterie de l'armée des Alpes.

Les commissaires de M. Ledru-Rollin avaient eu la prétention de faire de Besançon leur quartier général; mais le général Baraguey-d'Hilliers leur fit incontinent vider la place.

Le département du Doubs se montra très-reconnaissant de ces dispositions, en nommant successivement le général membre des Assemblées constituante et législative.

Son influence parlementaire fut très-grande dans le parti de l'ordre.

« Messieurs, disait-il dans un bureau de l'Assemblée nationale où deux orateurs avaient usé longuement de la parole, tout ce qui ne se dit pas en cinq minutes ne vaut pas la peine d'être écouté. » Ce mot résume complétement l'esprit vif et prompt de l'ancien président de la réunion de la *rue de Poitiers*.

Après l'élection du 10 décembre 1848, le prince-président le chargea de rétablir l'ordre dans Rome.

Le parti ultramontain supporta difficilement sa présence. D'un autre côté, les condottierri de la République déchue se vengeaient de leurs défaites en assassinant les soldats français qu'ils rencontraient isolés dans les rues.

En sa double qualité de général en chef et de ministre plénipotentiaire, le général Baraguey-d'Hilliers enjoignit, dans une proclamation aux militaires, de faire usage de leurs armes dès qu'ils seraient sérieusement menacés. Puis il fit exécuter, dans les délais les plus courts, les assassins, au fur et à mesure qu'ils étaient pris, jugés et condamnés.

Ces énergiques mesures mirent fin à ce déplorable état de choses.

Appelé à commander l'armée de Paris en remplacement du général Changarnier, le général Baraguey-d'Hilliers se distingua dans ce poste difficile par son esprit de conciliation et put remettre à son successeur, le général Magnan, de magnifiques régiments pleins de discipline et d'ardeur.

Envoyé comme ambassadeur à Constantinople, en 1853, le général Baraguey-d'Hilliers se fit remarquer dans cette mission par une attitude plus militaire que diplomatique.

Le général répondit à toutes les exigences de la situation. Au lieu de gaspiller son temps dans les intrigues ordinaires, il l'employa en tournées d'inspection, en efforts et en travaux de toute espèce pour la meilleure organisation des troupes turques; traitant militairement jusqu'aux difficultés de chancellerie, et répondant à un diplomate, dans une contestation : « Que s'il avait perdu une main à la bataille de Leipsick, ce n'était, Dieu merci, point celle dont il se servait pour manier le pistolet. »

Investi, lors de la guerre d'Orient, du commandement en chef d'une division française et d'un petit corps anglais, pour opérer une puissante diversion dans la Baltique, le général Baraguey-d'Hilliers eut l'unique honneur de remporter, à Bomarsund, notre première victoire sur les Russes.

Bomarsund était défendue par des fortifications imposantes ; trois tours en protégeaient les abords ; chacune de ces tours, d'environ 100 pieds de diamètre, avait des parements extérieurs en granit, deux étages casematés à l'épreuve de la bombe, quatorze embrasures armées de canons et une solide toiture de zinc, percée de lucarnes par où plongeaient au loin les longues carabines des tirailleurs de Finlande.

Bomarsund n'était pas seulement forte par ses ouvrages; bâtie sur des rochers granitiques et tourmentés, elle était protégée, en outre, par une double enceinte de lacs et de marais; les ponts avaient été détruits et toutes les autres communications interceptées par les décombres des maisons incendiées ou par des arbres abattus. Enfin, la forteresse et les tours étaient armées ensemble de 185 pièces de canon, et vigoureusement défendues.

En moins de cinq jours, du 9 au 13 août, les opérations de siége furent poussées avec tant de vigueur par le général Niel, que nos batteries purent commencer à tonner en détruisant, avec une admirable précision, toutes les défenses de l'ennemi.

Dans la matinée du 16 août, la batterie de brèche était établie à 380 mètres de la forteresse. L'ennemi lança en vain pour la détruire une grêle de bombes et de mitraille. Écrasé par notre artillerie, il fut bientôt forcé de se rendre sans condition.

Le bâton de maréchal de France fut la haute

récompense accordée par l'Empereur au général Baraguey-d'Hilliers, pour ce brillant fait d'armes.

Dans la campagne d'Italie, à Montebello, ce fut une des divisions placées sous le commandement en chef du maréchal Baraguey-d'Hilliers qui eut la bonne fortune d'ouvrir la première le feu contre l'ennemi. Les Autrichiens avaient attaqué avec environ 15,000 hommes les postes avancés du premier corps d'armée. Ils furent repoussés par la division Forey, qui enleva le village de Montebello après un combat acharné de quatre heures.

A Marignan (Melegnano), la division Forey devait encore se couvrir de gloire ; le plan d'attaque conçu et dirigé par le maréchal Baraguey-d'Hilliers, au milieu des éclats de la foudre et du canon, fut admiré par tous les hommes de guerre.

« A deux mille mètres environ de Melegnano — dit M. Noël Ségur, auteur de l'*Italie reconstituée* — la route qui y conduit de Milan est bordée d'un côté par un profond canal d'irrigation, de l'autre par un canal de réserve pour les rizières des environs.

« Comme partout, dans ce pays, les terrains des deux côtés du chemin sont coupés de fossés, de haies, d'espaliers, de taillis et de rivières. A une distance de cinquante pas, il est impossible de savoir ce qui se passe devant soi.

« La route elle-même est coupée perpendiculairement à sa direction par divers cours d'eau.

« Le corps du maréchal Baraguey-d'Hilliers se porta donc en avant sur le chemin de Lodi.

« Bientôt on sut que l'ennemi s'était retranché à Melegnano, dont il avait crénelé les maisons et les murs du cimetière, situé à 100 mètres environ en avant du bourg. Les forces autrichiennes paraissaient s'élever à 15,000 hommes, et leur position était bien défendue.

« A quatre heures environ, les divisions Bazaine, Ladmirault et Forey arrivèrent à trois kilomètres de Melegnano.

..... « Dès que les divisions françaises se montrèrent au dernier pont, situé en avant de Melegnano, l'affaire commença.

« L'ennemi avait couvert ce pont par des abatis et de nombreux tirailleurs qui se retirèrent presque immédiatement devant les nôtres.

..... « Notre colonne d'attaque se porta rapidement vers l'entrée du bourg; mais, arrivée à la hauteur du cimetière et d'un mur d'enclos, elle fut assaillie par une vigoureuse fusillade presque à bout portant. Pris ainsi de flanc par ces décharges meurtrières, de face par le feu des maisons du village, nos zouaves firent en peu d'instants des pertes sensibles. La position n'était pas tenable. Il fallait enlever et balayer l'ennemi d'un seul coup. Nos troupes le comprirent, et, en un quart d'heure, l'ennemi, chassé du cimetière, débusqué de l'enclos et vigoureusement attaqué dans les premières maisons du village, laissait le terrain couvert de cadavres et de blessés.

..... « Après deux heures de combat acharné, de luttes corps à corps dans chacune des maisons qui durent être prises d'assaut l'une après l'autre, une partie des Autrichiens finit par mettre bas les armes; les autres, se rejetant en toute hâte hors du village par l'issue qui leur restait ouverte, prirent en désordre la route de Lodi. Là les attendait l'artillerie de la division Forey, qui, ayant achevé son mouvement, sema la mort et le désordre dans les colonnes autrichiennes. Ce feu à mitraille continua pendant plus d'une demi-heure.

« L'aspect du village était affreux dans ce moment. Un orage des plus violents était venu assaillir nos troupes. A la lueur des éclairs on voyait les rues jonchées de cadavres et de blessés implorant des secours.

« Les généraux et leurs états-majors avaient laissé leurs chevaux de l'autre côté de la rivière : aussi avaient-ils combattu à pied comme le reste de la troupe, échangeant au besoin contre le fusil l'épée du commandement.

« Le maréchal Baraguey-d'Hilliers avait pu prouver à la France et à l'Empereur que l'âge n'avait refroidi ni son cœur ni son dévouement, et Marignan s'inscrivait une seconde fois sur notre écusson militaire. »

Le maréchal, malgré ses soixante-neuf ans, malgré son poignet brisé, malgré une douleur au genou qui nécessite l'emploi constant d'une boîte en cuir cerclée et bridée, monte à cheval comme un jeune homme. Grand et mince de taille, large des épaules, il porte haut sa tête où sont peintes toutes les qualités énergiques et toutes les rudesses du soldat. Ses cheveux blancs et sa moustache en brosse tranchent sur son teint hâlé et presque brun. Son œil est petit et brillant, très-mobile et toujours gai. Dans l'intimité comme sur le champ de bataille, le maréchal est brusque et enjoué. Ses interpellations sont rapides et d'un tour original. Il est né soldat, et il aime le soldat. Lorsqu'il passe au galop devant ses grand'gardes, on sent, rien qu'à le voir, qu'il a sa troupe dans sa main.

V

Le maréchal Pélissier,

DUC DE MALAKOFF.

Le maréchal Pélissier sort de l'École militaire de Saint-Cyr, et, le 18 mars 1815, il prenait rang dans l'armée en qualité de sous-lieutenant.

En 1823, il fit l'expédition d'Espagne comme lieutenant; trois ans plus tard il alla en Morée avec le grade de capitaine, et en 1830 il assista, comme chef d'escadron d'état-major, à la prise d'Alger.

De 1831 à 1839, le commandant Pélissier fut employé en qualité d'aide de camp auprès de plusieurs inspecteurs généraux, puis attaché au ministère de la guerre.

De 1840 à 1854 commence sa glorieuse carrière en Algérie.

Pendant les quinze années qu'il a passées sans interruption en Algérie, le général Pélissier a pris part à presque toutes les opérations militaires importantes qui s'y sont accomplies. Il est peu de généraux qui aient servi d'une manière aussi active que lui, et montré plus d'habileté dans la conduite des troupes. Cité maintes fois pour son intrépidité, son coup d'œil, son élan, sa résolution; blessé d'une balle à l'épaule, au bois des Oliviers, le 15 juin 1840, et de deux balles au bras droit dans la campagne de Mascara, en 1842, il commanda souvent, avec distinction, des colonnes devant l'ennemi. Dans le commandement de la subdivision de Mostaganem pendant trois ans, dans celui de la division d'Oran pendant six années, comme dans le gouvernement intérimaire de l'Algérie, partout, d'après les témoignages unanimes des gouverneurs généraux sous les ordres desquels il s'est trouvé, il donna des preuves d'un remarquable talent d'organisateur et d'administrateur, uni à un mérite supérieur et à une rare énergie.

Un fait de guerre, celui des grottes du Dhara, fournit aux journaux de l'opposition l'occasion de représenter le maréchal Pélissier, qui alors était colonel, comme un chef de partisans digne d'appartenir aux temps féodaux.

Le *National* alla même jusqu'à dire que le colonel Pélissier avait assassiné les ennemis qu'il combattait, en enfumant les abords d'une caverne où ils s'étaient réfugiés ; mais ce journal se gardait bien de dire que les grottes du Dhara servaient chaque année de refuge aux Beni-Zerouel et aux Ouled-Riah. Vainement nos colonnes, chargées de les réduire, semaient de leurs ossements ces défilés maudits ; de leurs inexpugnables repaires, les Beni-Zerouel et les Ouled-Riah décimaient impunément nos bataillons. Ces grottes semblaient devenir le refuge du minotaure de notre armée d'Afrique. Chaque année, les expéditions se renouvelaient ; chaque année aussi, l'armée apportait son tribut sanglant au seuil de cet antre.

Il fallait en finir. On choisit un homme d'une volonté de fer : le colonel Pélissier. Il comprit qu'il fallait à tout prix revenir victorieux de la mission qui lui était confiée. Il s'agissait, en quelque sorte, d'affranchir l'armée du tribut de cadavres qu'elle payait annuellement aux grottes du Dhara.

En faire le siége eût coûté trop de monde ; passer outre, c'était se créer au retour de l'expédition de redoutables obstacles. Tandis qu'il opérait dans le Dhara, des ennemis implacables marchaient à sa rencontre. Sur trois points différents, au mépris des lois de la guerre, les Arabes égorgeaient des Français désarmés. Deux cents prisonniers étaient assassinés dans la déïra d'Abd-el-Kader; un convoi de prisonniers français était massacré dans les environs de Batna par une horde d'Arabes; entre Bougie et Dellys, les Kabyles tuaient et pillaient l'équipage d'un navire naufragé.

Une répression terrible était indispensable.

Le colonel Pélissier le savait, et il fit son devoir. Faire son devoir est pour tout le monde et surtout pour le soldat la première vertu. Le moyen qu'il employa fut le seul possible. Qui donc jadis eût songé à accuser de barbarie le vainqueur d'Austerlitz, lorsqu'il fit briser à coups de canon la glace du lac sur lequel se trouvaient douze cents Russes qui furent simultanément engloutis?

Élevé successivement aux grades de maréchal de camp et de général de division, ce vaillant homme de guerre eut la rare fortune d'inaugurer le nouvel Empire par un succès éclatant.

Un de nos anciens califats, Mohammed-Ben-Abd-Allah, s'était détaché de notre cause. Reconnu comme chef d'Ouargla par quelques fanatiques, l'ambitieux marabout recruta quelques hommes, puis attaqua les tribus qui avoisinent Laghouat et qui reconnaissaient l'autorité de la France. L'agitation gagna de proche en proche jusqu'aux limites du Tell, et M. le général Randon, alors gouverneur général de l'Algérie, prit des mesures pour l'étouffer.

Deux colonnes partirent, l'une de la province d'Alger, sous les ordres du général Jusuf, l'autre de la province d'Oran, sous le commandement du général Pélissier, et elles opérèrent leur jonction le 3 décembre 1852. Le chérif, placé entre ces deux colonnes, se jeta dans Laghouat.

Après avoir examiné la place, le général Pélissier donna l'ordre d'ouvrir le feu.

Le principal obstacle à vaincre consistait en trois grandes tours qui protégeaient la casbah du chérif Ben-Salem. Le feu fut d'abord dirigé sur la tour centrale, plus élevée que les deux autres, afin d'en déloger les défenseurs, puis sur celle de droite, puis enfin sur les courtines reliant ces deux tours, pour faire brèche et livrer passage aux colonnes d'assaut. Vers dix heures, la brèche était praticable, malgré les efforts de l'ennemi pour la réparer.

A ce moment solennel, le général Pélissier fait sonner la charge. Les colonnes d'attaque s'élancent comme l'ouragan et balayent les défenseurs de la brèche, malgré la résistance la plus fanatique et la plus opiniâtre.

De son côté, la troupe du général Jusuf escalade le mur d'enceinte et chasse l'ennemi de ses positions; un instant après le fanion du brave général fut planté sur l'une des tours de Laghouat, où il est entré un des premiers.

Alors les Arabes se jettent dans les maisons, et une lutte sanglante s'engage d'homme à homme.

Le général Pélissier ordonne de rallier une partie du bataillon de soutien pour parer aux dangers de cette guerre de rues et de maisons. Mais le cœur bouillant du commandant Morand l'avait déjà emporté; avec sa tête de colonne et la masse de trois bataillons, il descendait comme un fleuve débordé de la position dominante occupée par les tours. Un mouvement électrique dirigeait tous les intrépides soldats vers cette casbah qui servait de château au chérif. C'est en y courant que le brave Morand fut blessé à la cuisse et tomba. Le lieutenant-colonel de Ligny, qui précédait le général Pélissier, fit enfoncer la porte de cette citadelle, et tous nos zouaves s'y jetèrent tête baissée. Quelques minutes après, l'aigle du 2e de zouaves déployait ses ailes d'or sur le minaret de la casbah de Ben-Salem. A partir de ce moment la ville était à nous.

Les drapeaux pris à Laghouat furent déposés aux Invalides, et l'Empereur adressa au général Pélissier la lettre suivante :

« Mon cher général, c'est avec bonheur que j'ai appris le beau fait d'armes qui a été exécuté sous votre habile direction à Laghouat, le 4 décembre. Je n'en attendais pas moins d'un aussi bon général et d'une aussi bonne armée; mais c'est toujours une vive satisfaction pour moi de voir nos soldats maintenir à la même hauteur la gloire de nos armes.

« Exprimez à tous ceux qui se sont distingués, et dont j'ai lu les noms avec intérêt, toute ma satisfaction de leur belle conduite, et croyez à mes sentiments pour vous. »

La froide énergie, la volonté de fer du général Pélissier, qui se montrait aussi intrépide et résolu dans l'action qu'habile et inébranlable dans le conseil, le désignaient à toute l'armée comme l'homme qui pouvait venir à bout de la résistance acharnée des Russes à Sébastopol.

A peine eut-il pris le commandement en chef de l'armée de Crimée que les choses ne tardèrent pas à changer de face. Tous les dissentiments, toutes les rivalités des généraux de l'armée alliée cessèrent; lord Raglan lui-même subit l'influence de ce caractère indomptable devant lequel tout devait plier.

Avec une foudroyante activité, le général Pélissier fit battre en brèche le point culminant de Malakoff, qui était la clef de Sébastopol.

Le 18 juin, après plusieurs jours d'un bombardement sans exemple, l'assaut va être donné. Du haut de la redoute Victoria, le général Pélissier suit le mouvement de ses troupes.

Malheureusement le général Mayran prit la trace d'une bombe pour la fusée qui doit donner le signal d'attaque, et il s'élance en avant sans être suivi par les autres troupes qui devaient prendre part à l'assaut. Ce départ précipité dérange toutes les combinaisons du général en chef. Cependant nos soldats franchissent un moment les parapets du redoutable bastion ; mais, accablés par des forces supérieures et après d'héroïques efforts, ils sont obligés de se replier dans les tranchées.

Dès ce moment le général Pélissier prend de nouvelles mesures; l'activité se multiplie autour de lui. Des expéditions moitié militaires, moitié maritimes, détruisent aux environs les approvisionnements russes. Tout ce qui est vulnérable est attaqué.

Lord Raglan n'était plus, et son successeur, le général Simpson, laissait l'initiative au général français. Omer-Pacha quittait la Crimée. Le général piémontais La Marmora, homme de guerre de la plus haute distinction, se mit de lui-même à la disposition du général Pélissier.

Le 8 septembre, il résolut de livrer un grand et décisif combat. Il prit toutes ses mesures avec une vigilance parfaite. Ses soldats, abondamment pourvus des engins nécessaires à une lutte déterminée, attendirent l'heure du combat.

Nos canons, depuis les attaques de gauche commandées par le général de Salles, jusqu'à celles de Malakoff dirigées par le général Bosquet, résonnent enfin. Le feu de la place répond. Le bruit est formidable, les boulets font des ravages terribles ; les batteries ennemies ne sont plus tenables. Sur toute la ligne de nos attaques un cri général, un cri plus terrible que la voix du canon s'étend. Nos colonnes s'élancent rapides, compactes, par vingt endroits à la fois. Partout elles pénètrent à la baïonnette. Elles s'abritent, se fortifient, s'établissent dans les ouvrages conquis, malgré la plus énergique défense.

A la fin de la journée, Malakoff nous restait. Du haut de ce bastion nos soldats virent, le soir, sauter toutes les fortifications, et aperçurent l'armée russe qui se retirait dans les forts du Nord.

L'attaque des Anglais sur le grand Redan n'avait pas été aussi heureuse ; mais la possession de Malakoff nous permettait de dominer la ville entière. Sébastopol était désormais à notre merci.

Le général en chef, qui avait suivi, impassible et la tête haute, toutes les péripéties de cette lutte gigantesque, ne put retenir ses larmes lorsqu'il apprit que le brave colonel Cassaigne, son aide de camp, avait été emporté par un boulet russe.

Sa douleur fut recueillie et profonde, et les hautes dignités que cette victoire allait lui apporter ne purent lui faire oublier ce cher compagnon des bivouacs d'Afrique.

Maréchal de France, duc de Malakoff avec une dotation de 100,000 francs de rente, vice-président du Sénat, grand chancelier de la Légion d'honneur, membre du conseil privé de la couronne, gouverneur général de l'Algérie, le maréchal Pélissier a atteint le sommet de tous les honneurs ; il n'en est pas plus fier. Son humeur est toujours la même, sa verve spirituelle ne cesse pas de s'exercer dans les salons aristocratiques comme elle le faisait sous la tente, en Afrique ou en Crimée.

Diplomate habile, ainsi qu'on a pu l'apprécier lorsque l'ambassade de Londres lui a été confiée, il redevient tout à fait lui-même au milieu des siens. Cœur chaud, ami dévoué, aussi prompt à railler qu'à obliger, toujours disposé à aider de son influence et même de sa bourse ceux de ses compagnons d'armes qui font appel à sa libéralité, sa porte est incessamment ouverte pour eux, surtout lorsqu'ils vont lui demander un service.

VI

Le maréchal Randon.

Deux fois ministre de la guerre et gouverneur général de l'Algérie, M. le maréchal comte Randon a déployé dans ces hautes fonctions de précieuses qualités comme administrateur.

De tous les généraux qui ont gouverné l'Algérie, c'est incontestablement celui dont l'administration a été la plus profitable à ce magnifique pays.

« Plus heureux que le maréchal Bugeaud, dont il a été le continuateur — lisons-nous dans l'*Histoire de la conquête et de la colonisation de l'Algérie*, par M. Achille Fillias — le maréchal Randon n'eut point à s'inquiéter de l'opinion des chambres, et put appliquer à loisir un système dont il augurait bien. Un long séjour dans la colonie lui avait appris à connaître les hommes et les choses, et il s'attacha à donner aux indigènes une haute idée de notre justice et de notre force. Il développa le plus possible l'agriculture et l'industrie, fit exécuter de grands travaux d'utilité publique, conçut, puis fit adopter par le Gouvernement le projet longtemps caressé de construire en Afrique un réseau de chemins de fer; il créa des écoles, favorisa le commerce, conquit la grande Kabylie et étendit notre domination jusqu'aux sables du désert. Grâce à son initiative, les produits de l'Algérie figurèrent avec éclat à l'exposition universelle et fixèrent l'attention de l'Europe. »

Au point de vue de l'intérêt de notre colonie, il a fait plus encore : il a soumis, presque sans effusion de sang, tout le Sahara algérien et préparé les grandes voies de communication que, dans un temps prochain, suivront les caravanes.

Comme ministre de la guerre, le maréchal Randon a maintenu dans toutes les branches de service qui ressortissent à ce département cette régularité d'opérations, cet ordre admirable, cette économie des dépenses qui font de cette administration le modèle que viennent étudier à l'envi tous nos autres services publics.

Enfin, comme chef de corps, le maréchal Randon a fait preuve, en Algérie, de toutes les qualités qui distinguent l'administrateur.

D'une taille moyenne, sa figure mobile, son regard qui reflète tour à tour ou la réflexion profonde, ou la vive détermination, son geste sobre et plein de dignité tout à la fois, révèlent une de ces natures qui ne s'imposent pas tout d'abord, mais qui se font apprécier dès qu'on entre en communication avec elles.

Parcourons rapidement les pages de la vie militaire du maréchal Randon.

C'est en 1812, à la dernière revue que l'Empereur passa au Kremlin, qu'il reçut l'épaulette de sous-lieutenant. Il avait alors à peine dix-sept ans. Après la retraite de Russie, il assista aux batailles de Lutzen, de Bautzen et de Dresde. A Lutzen, il fut atteint de deux balles. Promu lieutenant, il eut un cheval tué sous lui et franchit l'Elsler sur les débris du pont qui venait de sauter.

Le 28 novembre 1813, le lieutenant Randon fut nommé capitaine. Peu de temps après, il était aide de camp du général Marchand, et il fit, en cette qualité, la campagne de France.

Après la seconde Restauration, le capitaine Randon reçut une commission pour servir aux chasseurs de la Meuse, 13e de l'arme, et resta dans ce grade jusqu'aux événements de 1830.

Le gouvernement de Louis-Philippe voulut lui tenir compte du long oubli dans lequel il avait été laissé, car il fut successivement nommé chef d'escadron au 18e chasseurs, lieutenant-colonel au 9e régiment de la même arme, et colonel du 2e chasseurs d'Afrique.

Dans ses mains, ce régiment, qui était déjà un modèle de bravoure, devint un modèle de discipline. Sous l'inspiration de son chef, le 2e chasseurs fut le premier régiment d'Afrique qui donna l'exemple de l'emploi des troupes aux travaux de la colonisation.

Les hostilités ayant recommencé à la fin de 1839, le 2e chasseurs d'Afrique prit une part des plus glorieuses aux combats qui furent livrés dans la province d'Oran.

Promu au grade de maréchal-de-camp, le général

Randon fut envoyé dans la province de Constantine pour y prendre le commandement de la subdivision de Bône, qui venait d'être agitée par les prédications du marabout Si-Zerdoud.

Les montagnards de l'Edough s'étaient mis en pleine révolte et étaient venus brûler des maisons presque aux portes de Bône.

Le premier soin du général Randon fut de rendre accessibles les montagnes aux pieds desquelles s'élève cette ville. Une route fut entreprise et exécutée par les soldats avec une promptitude remarquable. La soumission du pays en fut le résultat immédiat.

Les expéditions militaires furent rares dans la subdivision de Bône, sous le commandement du général Randon; cependant, lorsqu'il fallut faire emploi de la force, là comme sur les autres points de l'Algérie, la vaillance des troupes se montra avec éclat.

Afin de continuer et d'étendre nos bonnes relations avec la régence de Tunis, le général Randon établit, à l'aide des officiers d'état-major chargés des travaux topographiques, une ligne de démarcation de cette frontière. D'un autre côté, s'appliquant à étendre sur tous les points l'œuvre de la colonisation, il fit construire des ponts et ouvrir des routes au moyen des contributions volontaires des Arabes.

En un mot, le commandement du général Randon, qui apporta la paix et l'abondance dans la province de Bône, fut dirigé invariablement vers ce double but : étendre l'autorité française sur toutes les tribus comprises dans la circonscription de la subdivision de Bône, et assurer notre domination sur elles en pratiquant les règles d'une administration juste et attentive à conquérir la confiance des indigènes.

Le grade de lieutenant général, donné au comte

Randon le 22 avril 1847, fut l'une des premières récompenses accordées à cette politique ferme, à cette intelligence des besoins de l'Algérie qui devaient s'exercer, quelques années après, dans ce même pays, sur une plus large échelle.

Nommé directeur des affaires de l'Algérie au ministère de la guerre, le 13 mars 1848, le général Randon fit preuve, dans ce poste, de la connaissance approfondie qu'il avait des besoins et des intérêts de notre colonie. Appelé, le 3 juin de la même année, à la tête de la 5e division à Metz, ses hautes qualités le désignèrent, en 1851, pour le portefeuille de la guerre. Il dirigea ce département du 24 janvier au 26 octobre de la même année.

Le 11 décembre 1851, le général Randon était nommé gouverneur général de l'Algérie, et il allait consacrer au développement, à l'avenir de ce beau pays, les connaissances qu'il avait acquises comme administrateur et comme général.

Il serait trop long de rappeler ici toutes les mesures importantes qui, pendant plus de neuf années, ont signalé la présence en Algérie de M. le comte Randon, et lui ont valu la gratitude de tous nos colons. Nous ne ferons que mentionner les expéditions de Kabylie qui ont assis notre conquête d'une manière définitive en portant si haut la gloire de nos armes.

Le 19 juin 1853, M. le comte Randon, gouverneur général de l'Algérie, commandait en chef l'armée expéditionnaire des Babors, qui se composait de deux divisions placées sous les ordres des généraux de Mac-Mahon et Bosquet, et s'établissait sur l'Oued-Dramar.

Moins de quinze jours lui suffirent pour amener la

soumission de toutes les tribus rebelles des deux côtés de l'Oued-Agrioun qui, jusqu'alors, s'étaient soustraites à notre domination.

La division Mac-Mahon ayant rallié, le 3 juillet, la division Bosquet, le gouverneur général donna deux jours après le bournous d'investiture à quarante cheiks de Sahel.

Cette campagne, si courte et si glorieuse tout à la fois, devait être suivie bientôt de deux expéditions successives dans la grande Kabylie.

Vers les premiers jours de mars 1854, des symptômes d'agitation s'étaient révélés au sein des populeuses contrées du haut Sebaou. Le chérif Bou-Baghla entraînait les tribus du haut Djurjura en stimulant leur fanatisme. L'insurrection se propagea rapidement. M. le comte Randon prit immédiatement ses mesures pour comprimer la révolte.

Deux divisions commandées par les généraux de Mac-Mahon et Camou partirent, l'une de Constantine, l'autre d'Alger, et se portèrent dans le massif qui s'élève entre Dellys et Bougie.

Après avoir vaincu l'insurrection dans son centre le plus inexpugnable, le général Randon força les Beni-Hidjer à demander l'*aman* et ramena sous notre autorité toutes les peuplades comprises entre le Sebaou, Dellys et Bougie.

Cette expédition produisit d'heureux effets; elle prépara les voies à l'expédition définitive de 1857 et prouva aux colons comme aux indigènes que l'armée d'Afrique, bien que réduite d'un tiers, était encore assez forte pour protéger la colonie.

La leçon avait été dure : mais les Kabyles, plus encore que les Arabes, aiment la guerre. Dès 1856, la tribu des Beni-Raten, une des plus populeuses et la plus guerrière, devint le centre de la rébellion et donna l'exemple ; nos alliés furent pillés, nos postes ouvertement insultés ; sept ou huit mille montagnards tentèrent même d'incendier une de nos forteresses, celle de Drah-el-Mizan.

Le comte Randon, qui avait été élevé à la dignité de maréchal de France le 18 mars 1856, attendit pour venger ces insultes que la guerre d'Orient fût terminée ; il prépara de longue main l'expédition ; puis, quand l'heure eut sonné où il pouvait agir, il se mit en marche (mai 1857).

Le corps expéditionnaire, organisé avec des troupes régulières et quelques goums arabes, comprenait quatre divisions formant ensemble un effectif de près de 30,000 hommes.

La première était commandée par le général Renault ; la deuxième par le général de Mac-Mahon ; la troisième par le général Jusuf. La quatrième division, composée des troupes venues de la province de Constantine, était commandée par le général Maissiat, qui, d'après les ordres du maréchal Randon, s'était rapproché, par la vallée de l'Oued-Sahel, du théâtre des opérations militaires.

Pour bien comprendre les difficultés que présentait l'expédition, il faut se rappeler que les villages kabyles sont édifiés, pour la plupart, au sommet des montagnes, protégés par des obstacles naturels et défendus par la population la plus belliqueuse de l'Algérie. Le maréchal Randon triompha cependant de tous ces obstacles. Ses troupes, habilement dirigées et vaillamment conduites, escaladèrent sous un feu continuel des positions qui semblaient inabordables, poursuivirent l'ennemi dans ses derniers retranchements, prirent d'assaut chaque village, et, après soixante jours de combats, forcèrent toutes les tribus à implorer l'*aman*. Pour raconter cette lutte, la plus glorieuse peut-être de notre histoire d'Afrique, il faudrait tout un volume. Nous n'en préciserons que les résultats. — La Kabylie entière déposa les armes.

Après avoir fait construire, sur le plateau central des Beni-Raten, le fort Napoléon, qui domine une partie du territoire et présente aux montagnards une barrière infranchissable, le maréchal Randon poursuivait avec vigueur l'œuvre de colonisation, lorsqu'un décret du 24 juin 1858 créa un ministère de l'Algérie et des colonies dont la direction fut confiée au prince Napoléon.

Le maréchal Randon résigna alors ses fonctions de gouverneur général; mais, peu de temps après, l'Empereur, qui l'avait d'abord nommé major général de l'armée d'Italie, l'appela de nouveau, par décret du 5 mai 1859, à diriger le ministère de la guerre.

Ce n'est pas sans de vifs regrets que l'armée et les habitants de l'Algérie ont vu le maréchal Randon quitter cette terre d'Afrique au moment où, grâce aux fondations qu'il a posées, elle semble appelée à rendre à la France tout le sang, tous les trésors qu'elle lui a coûtés.

VII

Le maréchal Canrobert.

Le général Canrobert, qui avait recueilli l'héritage du maréchal de Saint-Arnaud, était, comme lui, très-aimé du soldat.

Voici l'esquisse qu'en a faite, en Crimée même, M. de Bazancourt :

« Nature sympathique par essence, énergique par

instinct, ne pensant pas à jouer un rôle, mais bien plus à rester lui-même. Il entre volontiers en conversation sur les événements qui se passent, parlant franchement, sans réticence, et avec cette netteté d'accentuation qui dénote la franchise de la pensée. J'en ai été frappé ; l'expression chez lui est souvent heureuse, et se présente sous la forme d'une image. C'est ainsi que, l'autre jour, il disait à la cavalerie qu'il passait en revue : « *Vous êtes des boulets vivants que je lance à ma volonté.* »

C'est à l'expédition de Mascara que le lieutenant Canrobert attira sur lui, pour la première fois, l'attention de ses chefs supérieurs. Nommé capitaine en 1837, il fut blessé à l'assaut de Constantine à côté de l'héroïque colonel Combes.

Nommé chef de bataillon au 13e régiment d'infanterie légère, il passa en la même qualité au 5e bataillon des chasseurs à pied, et quitta le camp de Saint-Omer pour aller recommencer la guerre contre les Kabyles.

Colonel en 1848, il fut placé à la tête du régiment de la légion étrangère, avec lequel il battit les montagnards de l'Aurès et fit prisonnier le bey Achmed.

Le trait suivant, raconté par M. Pierre de Castellane, donne une idée parfaite de la présence d'esprit, de l'entrain qui ne font jamais défaut au maréchal, au milieu même des plus grands dangers.

« En 1848, devenu colonel des zouaves, il se rendait du poste d'Aumale à Zaatcha pour prendre part aux opérations du siége. Le choléra s'était mis dans sa colonne et la décimait pendant la marche. On avançait avec peine, et les bêtes de somme étaient encombrées de mourants. Au moment le plus pénible, on l'avertit que les tribus nomades du sud se disposaient à l'attaquer; il fallait, à tout prix, éviter l'engagement, car les transports eussent manqué pour les blessés. Le colonel aussitôt prend ses dispositions de combat, puis marche seul vers les nomades avec son interprète, et leur fait crier ces paroles :

« Vous autres, sachez-le, je porte la peste avec moi, et si vous ne me laissez passer, moi et les miens, je la jette sur vous. »

Les Arabes, qui, depuis quelques jours, pouvaient suivre la colonne aux tombes fraîchement creusées, saisis de terreur, n'osèrent attaquer, et laissèrent passer.

Général de brigade en 1849, après la prise de Narah, il fut appelé à Paris l'année suivante pour commander une brigade d'infanterie. En 1851, le prince-président l'attacha à sa personne en qualité d'aide de camp, et il conserva cette position comme général de division.

Dès son arrivée sur le théâtre de la guerre d'Orient, le général Canrobert s'était montré ce qu'il est partout : organisateur infatigable dans les préparatifs de la campagne, et intrépide soldat sur le champ de bataille. Blessé à l'Alma, blessé à Inkermann, une large part de succès lui revient dans ces deux affaires.

Mais ce qui lui vaut, selon nous, la meilleure part de sa popularité, c'est la prudence, l'activité, la sollicitude dont il a fait preuve sous les murs de Sébastopol durant ce long siége où nos soldats, dans la boue, dans la neige, en proie à la maladie, aux privations, sous une pluie de fer sans cesse grondante et battante, pouvaient tous périr misérablement s'ils avaient eu un chef moins paternel, moins dévoué.

Ainsi, dès qu'à la plus petite alerte le général Canrobert, lançant ses aides de camp de tous côtés, paraissait lui-même sur le lieu du danger, les soldats sortaient de leurs tentes pour le voir, et d'un bout à l'autre des lignes françaises partait un long cri d'affection plus encore que d'enthousiasme : « Vive Canrobert ! » Mais quel que fut son zèle, il ne pouvait lutter contre la situation même.

Ces difficultés, ces mésintelligences qui venaient surtout du camp anglais, ayant entravé sérieusement les opérations, le général Canrobert ne crut pas pouvoir porter plus longtemps la responsabilité et la direction de cette immense entreprise. Le 16 mai, il envoya par dépêche télégraphique au ministre de la guerre sa démission motivée sur le mauvais état de sa santé ; il écrivit en même temps à l'Empereur une lettre où il expliquait les motifs réels de sa résolution.

Le 26 juillet suivant, une dépêche télégraphique invita le général à rentrer en France ; sa démission était acceptée, et le général Pélissier était appelé à prendre le commandement en chef de l'armée française.

Avec une abnégation digne des temps antiques, le général Canrobert se remit à la tête de son ancienne division et continua de combattre jusqu'à ce qu'un nouvel ordre de l'Empereur lui eût enjoint de se rendre à Paris.

Envoyé à son retour de Crimée en mission diplomatique à Stockholm, le général Canrobert fut parfaitement accueilli par la population de ce pays. Il ne revint à Paris qu'après s'être arrêté à Copenhague.

La mission du général s'était accomplie avec succès. C'est en vain que le *Morning Post* avait affirmé que cette mission n'avait aucun caractère politique et qu'elle se bornait à la remise du grand cordon de la Légion d'honneur au roi Oscar Ier. Personne n'en crut rien. La vérité est que par un traité avec la Suède, la France avait obtenu tout ce qu'elle souhaitait : c'est-à-dire un concours moral en attendant mieux.

Élevé le 18 mars 1856, par la confiance de son souverain, à la première dignité de l'armée, le maréchal Canrobert, dans son extrême et sincère modestie, attendait avec impatience qu'une nouvelle occasion lui fût offerte pour justifier, disait-il, les hautes récompenses qui lui avaient été accordées. Cette occasion ne se fit pas attendre.

Dans la campagne d'Italie, le maréchal Canrobert commandait le 3e corps d'armée, qui prit une part si glorieuse à la bataille de Magenta, en venant appuyer la garde impériale, engagée seule contre toute l'armée ennemie. Le colonel de Senneville, son chef d'état-major, y fut tué à ses côtés; le capitaine Armand et un autre aide de camp du maréchal furent aussi grièvement blessés sous ses yeux.

Lors de l'entrée de l'armée d'Italie à Paris, le maréchal Canrobert fut littéralement acclamé et couvert de fleurs. Sa figure si martiale, si ouverte, inspirait à tous la plus vive sympathie. Les soldats qui le suivaient étaient heureux de ce triomphe : « *C'est notre père* qu'on fête, disaient-ils, et nous nous ferions tous tuer pour lui. » Ce mot du simple et obscur héros de nos grandes épopées militaires en dit plus que tous les commentaires.

VIII

Le maréchal Regnaud de Saint-Jean-d'Angély.

Digne héritier des vertus et des hautes qualités de son père, qui fut secrétaire d'État de la famille impériale sous le règne de Napoléon Ier, M. le comte Regnaud de Saint-Jean-d'Angély porte un nom vénéré de tous, parce qu'il représente au plus haut degré le symbole de la fidélité et du dévouement.

Admis au Prytanée de Saint-Cyr en 1811, il passa, le 30 mars 1812, à l'École militaire de Saint-Germain, qu'il quitta le 21 septembre suivant pour aller rejoindre, en Russie, le 8e régiment de hussards, en qualité de sous-lieutenant.

Lieutenant après Leipsick, où son régiment a été presque entièrement détruit, il fut attaché comme aide de camp au général Corbineau. Promu au grade de capitaine pendant la campagne de France, il fut choisi par l'Empereur pour être un de ses officiers d'ordonnance en 1815. Nommé chef d'escadron sur le champ de bataille de Waterloo, il fut licencié au retour des Bourbons, et partagea l'exil de son père, qui partit pour l'Amérique.

Rayé des contrôles de l'armée, M. Regnaud de Saint-Jean-d'Angély ne revint en France qu'en 1825, époque à laquelle il prit part, avec le colonel Fabvier, à la guerre de l'indépendance de la Grèce; puis, en 1828, il suivit comme volontaire l'expédition du général Maison, en Morée.

La révolution de 1830, qui avait arboré notre glorieux drapeau tricolore, replaçait en même temps à la tête de notre armée toutes les illustrations de l'Empire. Le comte Regnaud de Saint-Jean-d'Angély fut réintégré dans les cadres d'activité en qualité de lieutenant-colonel au 1er chasseurs, devenu depuis le 1er lanciers. Après l'expédition de Belgique, il fut nommé colonel de ce dernier régiment.

Maréchal-de-camp en 1844, il prit le commandement du département de la Meurthe, puis, en 1845, celui d'une brigade de cavalerie à Versailles. Après 1848, il fut nommé commandant du département d'Indre-et-Loire, et le 10 juillet de la même année, il était promu au grade de général de division et commandant de la cavalerie de l'armée des Alpes.

Élu à une immense majorité représentant du peuple à la Constituante, par le département de la Charente-Inférieure, le général Regnaud prit une part active aux travaux de l'Assemblée, et se fit remarquer, au sein du comité de la guerre, par sa parole énergique, par son caractère ferme et positif.

Réélu en 1849 par 75,000 voix à l'Assemblée nationale, il dut interrompre ses travaux parlementaires pour se rendre en Italie, où il commanda la première division des troupes envoyées à Rome.

Nommé ministre de la guerre le 9 janvier 1851, il cessa, le 24 du même mois, ces fonctions, qu'il n'avait acceptées que pour répondre à une auguste volonté, et pour accomplir des mesures que, dans son opinion et sa conscience, il jugeait indispensables.

Élevé à la dignité de sénateur, le général Regnaud de Saint-Jean-d'Angély fut reçu avec la plus vive sympathie par cet illustre corps qui se rappelait, en le voyant prendre place dans son sein, tous les services civils et militaires que résume son nom. Élu d'abord secrétaire du Sénat, il en est maintenant l'un des vice-présidents.

Un témoignage plus grand encore de l'estime toute particulière et de la confiance illimitée de l'Empereur était réservé au général Regnaud. C'est à la tête de sa garde que Napoléon III appela le fils de celui que Napoléon Ier avait placé à la tête de son conseil d'État, comme pour réunir en un seul faisceau les gloires de la paix et de la guerre.

Ce magnifique corps ne tarda pas, sous la main ferme et vigilante du brave général, à acquérir une grande force de cohésion. Tous ces soldats d'élite brûlaient du désir de marcher à l'ennemi. La Crimée et l'Italie leur fournirent des champs de bataille dignes de leur bouillante ardeur. Magenta surtout fut pour la garde impériale une journée des plus mémorables, et qui ne le cède en rien aux fastes de la Grande armée.

« Lorsque les Autrichiens, dit le rapport officiel, eurent appris, dans la nuit du 2 juin, que l'armée française avait surpris le passage du Tessin à Turbigo, ils firent repasser rapidement ce fleuve à Vigevano par trois de leurs corps d'armée, qui brûlèrent les ponts derrière eux. Le 4 au matin, ils étaient devant l'Empereur au nombre de 125,000 hommes, et c'est contre ces forces si disproportionnées que la division des grenadiers de la garde avait seule à lutter.

« Dans cette circonstance critique, le général Regnaud de Saint-Jean-d'Angély fit preuve de la plus grande énergie, ainsi que les généraux qui commandaient sous ses ordres. Le général de division Mellinet eut deux chevaux tués sous lui; le général Clerc tomba mortellement frappé; le général Wimpffen fut blessé à la tête; les commandants Desmé et Maudhuy furent tués; les zouaves perdirent un grand nombre d'hommes, et les grenadiers subirent des pertes non moins considérables. »

Pendant plus de quatre heures, la division de la garde, avec laquelle se trouvait l'Empereur, soutint sans reculer le choc de toute une armée.

Fait maréchal de France sur le champ de bataille, le général Regnaud de Saint-Jean-d'Angély a ajouté une illustration de plus à son noble héritage de famille.

Le commandant en chef de la garde impériale est un homme d'autant plus bienveillant dans les usages ordinaires de la vie qu'il a été forcé de déployer plus d'autorité dans l'exercice de ses différents commandements. Paternel pour ses subordonnés, il fait respecter la discipline par la pratique et l'exemple de toutes les vertus militaires. Ayant eu sous ses ordres, à la guerre comme pendant la paix, des troupes de toutes les armes, il en connaît le maniement et l'exerce avec une sage expérience.

C'est un guerrier d'une haute stature qui, dans la vie active des armes, a conservé une force et une jeunesse de corps remarquables.

IX

Le maréchal de Mac-Mahon,

DUC DE MAGENTA.

On a dit avec raison que « le maréchal de Mac-Mahon appartient à cette classe de héros qui portent sur le champ de bataille l'aisance qu'on pourrait avoir dans un salon, et qu'il a le courage aristocratique. Mais si, chez lui, le soldat se ressent toujours de l'homme du monde, on peut ajouter que l'homme du monde n'a rien du soldat. On aurait de la peine à comprendre tout ce qu'il y a de vraie modestie et de réserve aimable dans ce guerrier illustre qui, partout ailleurs qu'au milieu de la mousqueterie et de la mitraille, semble mettre sa gloire à s'effacer. A ce point de vue, son rapport à l'Empereur, sur la bataille de Magenta, restera comme un document exemplaire. Impossible de parler avec plus de dignité calme et d'*impersonnalité* d'une action à laquelle on vient de prendre soi-même une si magnifique part.

« Au dehors, la physionomie du maréchal répond exactement à l'idée qu'on peut s'en faire d'après ses qualités morales. Son visage a quelque chose d'austère et d'attrayant à la fois. On y sent tout de suite l'homme de devoir, le galant homme. »

C'est ainsi que l'auteur des *Hommes du jour*, parle du duc de Magenta, dont nous complétons le portrait par ces quelques lignes :

Blond, mince et bien pris de sa personne, d'une taille au-dessus de la moyenne, dans laquelle on remarque un peu de roideur aristocratique, M. de Mac-Mahon a l'air militaire et l'œil résolu. A cheval devant une ligne de bataille, son tempérament l'emporte ; l'homme se transforme et devient l'âme de tous ceux qui marchent derrière lui. Cavalier excellent, il se meut avec une aisance qui plaît à la troupe ; les paroles lui viennent rapides et bien frappées, il est alors chef dans toute l'acception du mot. Le feu est son élément, il y règne. Toutes ces qualités qui ne sont, en quelque sorte, que le côté plastique de l'état militaire, se trouvent réunies chez M. de Mac-Mahon à la science, à l'expérience et à la raison.

Né le 12 juin 1808, à Autun, M. de Mac-Mahon descend d'une ancienne famille catholique irlandaise qui s'attacha à la destinée des Stuarts. Fils de M. le comte de Mac-Mahon, pair de France, il entra à l'École de Saint-Cyr en 1825, et obtint aux examens de clôture un des premiers numéros.

C'est comme officier d'état-major qu'il prit part à l'expédition d'Alger ; il assista, comme aide de camp du général Achard, au siége d'Anvers, devint capitaine en 1833, et passa en Afrique, où il se distingua par plusieurs actions d'éclat, notamment en 1837, au siége de Constantine.

Commandant du dixième bataillon de chasseurs à pied le 30 octobre 1840, lieutenant-colonel du 2e régiment de la légion étrangère le 31 décembre 1842, colonel du 41e et du 9e de ligne les 24 avril 1845 et 20 septembre 1847, général de brigade le 12 juin 1848 et général de division le 16 juillet 1852, pendant 12 ans M. de Mac-Mahon n'a pas cessé de faire campagne ou d'exercer d'importants commandements en Afrique. Pendant les dernières années de son séjour dans ce pays, il avait été appelé à commander la province de Constantine et à diriger une expédition en Kabylie.

Partout où se montrait le général de Mac-Mahon, l'effet de son nom était tel, parmi les indigènes, qu'ils fuyaient ou se soumettaient sans *faire parler la poudre*. *Son invulnérabilité*, dans laquelle les Arabes voyaient sans doute un signe manifeste de prédestination, lui donnait un prestige presque surnaturel à leurs yeux. En effet, malgré sa téméraire bravoure, M. de Mac-Mahon n'a reçu, jusqu'à ce jour, qu'une seule blessure : un coup de feu à la poitrine, à Constantine, le 10 novembre 1837; et cependant que de fois il a vu la mort en face !

Un jour, lorsqu'il n'était encore que capitaine d'état-major en Algérie, il pénètre dans une cabane qu'il croyait abandonnée et se trouve tout à coup en présence d'un Arabe qui le couche en joue à bout portant. La mort paraît inévitable; mais le fusil fait long feu et M. de Mac-Mahon est sauvé; d'un coup de pistolet il fait mordre la poussière à ce malheureux.

Une autre fois, le général Achard, dont il était

l'aide de camp, lui ordonne de porter un ordre à un chef de colonne séparé de lui par un parti d'Arabes. — « Vous prendrez avec vous un escadron de chasseurs, lui dit le général. — C'est trop ou trop peu, répond aussitôt l'aide de camp; trop pour passer sans être aperçu; trop peu pour battre l'ennemi. » Et il s'élance seul. — Les Arabes le voient et se mettent à sa poursuite. Un torrent lui ferme la route; il le franchit par un suprême effort de son cheval, qui roule, les jambes brisées, sur le côté opposé de l'obstacle. Les Arabes n'osent le suivre dans cette route périlleuse, et se contentent de le saluer de leurs coups de fusil, tandis qu'il accomplit sa mission.

Enfin, lorsque, parvenu aux plus hauts grades, le général de Mac-Mahon, qui commandait une division au camp du Nord, est désigné pour aller prendre, en Crimée, le commandement de la première division, laissée vacante par le général Canrobert, là encore, sur cette terre inhospitalière qui a vu tomber tant de chefs illustres, tant de braves officiers, tant de valeureux soldats, cette chance incroyable, qui faisait de M. de Mac-Mahon pour les Arabes un homme protégé de Dieu, ne l'abandonne pas.

A peine arrivé en Crimée, il reçoit l'ordre de se préparer à l'assaut de Malakoff.

Malgré les difficultés inouïes que présente l'exécution de cet ordre, il pénètre dans la forteresse, et, placé sur le point le plus culminant du parapet, M. de Mac-Mahon dirigeait sa division; son sang-froid et son calme étonnaient jusqu'aux zouaves du 1er régiment. « Il est impossible d'être plus beau sous le feu, s'écriait le général Pélissier en lui envoyant dire de descendre de son observatoire trop exposé aux coups de l'ennemi. Une première fois le général répondit à l'aide de camp qui lui transmettait cette injonction qu'il remerciait le général en chef. Mais l'ordre s'étant répété cinq fois dans la journée, M. de Mac-Mahon coupa énergiquement court à toutes nouvelles observations de ce genre.

On sait comment il entra dans le bastion, et comment il s'y maintint malgré la défense vigoureuse et désespérée des Russes.

Peu après son retour de Crimée, M. de Mac-Mahon partit de nouveau pour l'Algérie, et commanda la 2e division, sous les ordres du maréchal Randon, dans sa dernière expédition de Kabylie. Enfin, lors de la création du ministère de l'Algérie et des colonies, il fut nommé commandant supérieur des forces militaires de terre et de mer de notre colonie, fonctions qu'il occupa avec autant de tact que de fermeté au milieu de toutes les difficultés inhérentes au nouveau régime qui se substituait à l'ancien mode d'administration.

Mais il n'allait pas tarder, du reste, à être appelé à d'autres combats, et avant même que l'armée d'Italie eût été formée, chacun désignait M. de Mac-Mahon comme devant y exercer un commandement important.

Il fut nommé chef du 2e corps, et c'est lui qui, le 3 juin 1859, à huit heures et demie du matin, a eu l'honneur de passer le premier le Tessin à la hauteur de Turbigo. Arrivé avec son état-major sur les hauteurs de Robechetto, le général avisa une église. Il descend de cheval, gravit les degrés du clocher, et reconnaît la campagne.

« Je m'aperçus tout à coup, dit le général dans son rapport, que j'avais, à quelque cinq cents mètres de moi, une colonne autrichienne qui, paraissant venir de Buffalora, marchait sur Robechetto avec l'intention évidente d'occuper ce village. »

M. de Mac-Mahon remonte aussitôt à cheval, lance les tirailleurs algériens sur l'ennemi, les fait appuyer par le reste de la division de La Motte-Rouge, et à trois heures du soir il n'y avait plus d'Autrichiens sur la rive lombarde.

Le 4 juin, le général descendait du côté de Magenta, lorsque non loin du pont de Buffalora, où l'Empereur, avec les grenadiers et les zouaves de la garde, tenait tête à l'ennemi, il fut assailli par de nombreux bataillons qu'il dut tailler en pièces pour opérer sa jonction avec la garde. Cette manœuvre décisive emporta le succès de cette rude journée.

« L'Empereur attendait, dit le rapport officiel, le signal de l'arrivée du corps de Mac-Mahon à Buffalora lorsque, vers les deux heures, il entendit, de ce côté, une fusillade et une canonnade très-vives ; le général arrivait.

...... « Dans ce moment d'attaque générale, le général Auger, commandant l'artillerie du 2e corps, fit mettre en batterie sur la chaussée du chemin de fer quarante bouches à feu qui, prenant en flanc et d'écharpe les Autrichiens défilant en grand désordre, en firent un carnage affreux.

« A Magenta le combat fut terrible. L'ennemi défendit ce village avec acharnement. On sentait de part et d'autre que c'était la clef de la position. Nos troupes s'en emparèrent, maison par maison, en faisant subir aux Autrichiens des pertes énormes. Plus de dix mille des leurs furent mis hors de combat, et le général de Mac-Mahon leur fit environ cinq mille prisonniers, parmi lesquels un régiment tout entier, le 2e chasseurs à pied, commandé par le colonel Hauser. »

Élevé à la dignité de maréchal de France et créé duc de Magenta après cette grande bataille où il s'était couvert de gloire, M. de Mac-Mahon est devenu plus que jamais le héros des légendes du soldat. Avoir traversé tant de périls, tant de sanglantes mêlées, et être resté debout, intact, cela tient vraiment du prodige! Les zouaves sont de l'avis des Arabes.

Un honneur suprême lui était réservé : celui de représenter la France dans les imposantes cérémonies du couronnement de Guillaume Ier, roi de Prusse.

A peine le maréchal de Mac-Mahon eut-il passé la frontière que, partout où il fut reconnu sur la route, il devint l'objet de l'empressement le plus sympathique; mais c'est surtout dans le trajet de Berlin à Kœnigsberg qu'il en reçut les plus vifs témoignages. La cour de Prusse avait fait préparer un train spécial pour les invités à Kœnigsberg. Un wagon, désigné par une étiquette attachée aux portières, y était réservé pour chacune des ambassades extraordinaires. Dans toutes les stations la foule se pressait autour du wagon sur lequel on lisait le nom de la France, afin de mieux distinguer son illustre représentant.

Cependant un accueil encore plus flatteur attendait à Kœnigsberg l'ambassadeur de l'Empereur des Français ; à diverses reprises le roi et la reine de Prusse causèrent longtemps avec le duc de Magenta : le roi parla de Compiègne, de la France et de l'Empereur, en termes qui ne pouvaient qu'inspirer à l'ambassadeur de Sa Majesté une respectueuse reconnaissance.

Un incident survenu pendant l'une des brillantes soirées qui précédèrent la cérémonie du couronnement mérite d'être rapporté. S. A. I. le grand-duc Nicolas, frère de l'empereur de Russie, s'approcha spontanément du duc de Magenta et s'entretint longuement avec lui dans un langage qui ne pouvait que flatter vivement son patriotisme et son dévouement à l'Empereur. Cet empressement bienveillant du prince était d'autant plus remarquable, que notre ambassadeur ne s'était pas encore fait présenter à S. A. I. le grand-duc Nicolas.

Quelques instants après, l'archiduc d'Autriche, frère de l'empereur François-Joseph, alla également se mettre en relation avec le maréchal de Mac-Mahon et lui exprima les mêmes sentiments.

Lorsque le duc de Magenta se disposait à se rendre à la chapelle du château, où allait s'accomplir la cérémonie religieuse du couronnement, il reçut de la part du roi les insignes de la grand'croix de l'ordre de l'Aigle-Noir. C'est le prince de Hohenlohe, l'un des principaux personnages de la cour de Prusse, qui fut chargé par S. M. Guillaume Ier de porter ces insignes au maréchal.

A son entrée dans la chapelle, le duc de Magenta fut invité à revêtir le manteau de l'ordre en velours écarlate, avec lequel il assista à la cérémonie.

Puis, à la fête donnée dans les salons magnifiquement décorés de l'ambassade française, le roi de Prusse ouvrit le bal avec Mme la duchesse de Magenta, et le maréchal dansa avec la reine. Le souper fut servi dans une salle si splendidement décorée, que le roi complimenta à plusieurs reprises le maréchal de Mac-Mahon pour le luxe qu'il avait déployé à l'occasion de cette fête. Enfin, le départ de la cour fut marqué par un incident qui témoigne à la fois de la satisfaction de ce souverain et de sa courtoisie à l'égard de la France : le roi Guillaume a adressé à l'Empereur une dépêche télégraphique, datée de l'hôtel même de l'ambassade, par laquelle il exprime à S. M. Napoléon III combien il est heureux de la belle fête qui lui a été offerte par le duc de Magenta.

Jusqu'au moment de son retour en France, notre ambassadeur fut l'objet de l'attention toute particulière de LL. MM. le roi et la reine de Prusse. Ces témoignages d'estime et de vive sympathie ont la plus haute signification pour l'illustre représentant de notre pays.

Aussi affable, aussi distingué dans les relations ordinaires de la vie, qu'intrépide guerrier sur le champ de bataille, on a dit avec raison du maréchal de Mac-Mahon qu'il alliait la mâle énergie d'un Cambronne à la valeur élégante d'un Richelieu.

X

Le maréchal Niel.

Né en 1802, le maréchal Niel fit ses études militaires à l'École polytechnique, d'où il sortit pour être attaché comme sous-lieutenant au corps d'ingénieurs à Metz.

Lieutenant du génie en 1827, capitaine en 1835, il s'embarquait pour l'Afrique l'année suivante, et faisait partie, en 1837, de l'état-major général de l'expédition contre Constantine. Nos troupes avaient essuyé un premier échec devant les murs de cette place construite comme un nid d'aigle sur la pointe de rochers à pic. Il s'agissait donc de prendre une éclatante revanche, et l'entreprise était difficile, car Constantine n'était accessible que par un seul côté, où les Arabes avaient accumulé de formidables moyens de défense.

Le capitaine Niel fut choisi pour commander l'une des sections du génie qui devaient monter en tête de chaque colonne d'assaut. Il se distingua tellement dans ces périlleuses circonstances qu'il fut complimenté par le ministre de la guerre et plus tard nommé chef de bataillon.

Rentré en France, il servit à Metz dans le 3e régiment du génie, et devint colonel du 2e régiment de la même arme en 1846.

En 1849, il fut adjoint à l'expédition de Rome comme chef d'état-major du génie. Il rendit d'immenses services durant ce siége difficile et y gagna les étoiles de général de brigade.

Après la prise de Rome, il fut chargé de porter les clefs de cette ville au Pape, qui s'était réfugié à Gaëte.

Au retour de cette expédition, il fut attaché au ministère de la guerre comme directeur du service du génie, et plus tard il devint membre du comité des fortifications. Il était général de division depuis une année lorsque, en 1854, il fut désigné par l'Empereur pour commander le génie du corps d'armée envoyé dans la Baltique, sous les ordres du général Baraguey-d'Hilliers.

Le journal du siége de Bomarsund témoigne de la merveilleuse promptitude qui fut apportée dans tous les travaux. La première reconnaissance eut lieu le 1er avril ; le 13, la première batterie de brèche ouvrait son feu, et, le 18, notre drapeau flottait sur la forteresse.

Le général Niel n'avait voulu laisser à personne le soin de reconnaître et de dessiner les ouvrages ennemis; il avait indiqué lui-même les batteries à construire; son calepin et son crayon à la main, accompagné d'une faible escorte de chasseurs, il rampait dans les broussailles et refaisait son métier de capitaine avec tout l'entrain et toute l'insouciance d'un débutant dans la carrière.

Cette rapide et brillante expédition de Bomarsund ne fit qu'accroître dans l'armée le renom du général Niel; aussi, dès 1855, l'Empereur l'attachait à sa personne en qualité d'aide de camp et lui donnait, quelque temps après, la mission d'aller étudier la situation du siége de Sébastopol.

« Depuis son arrivée, écrivait le général en chef « dans l'un de ses rapports, le général Niel n'a cessé « d'étudier de près la place qui, dans son immense « étendue, tient de la ville forte et du camp retran- « ché; il a pu, avec son expérience, apprécier les « difficultés et l'accroissement que ces difficultés ont « emprunté à l'affaiblissement si regrettable de cette « vaillante armée anglaise, avec laquelle nous avons « commencé à demi le siége de Sébastopol. »

« On était alors au mois de février 1855 — dit aussi M. Hippolyte Castille — le siége de Sébastopol durait depuis quatre mois. Un séjour de trois semaines convainquit le général Niel que l'attaque ferait fausse route, et qu'au lieu de se diriger contre la ville de Sébastopol, c'était contre le faubourg de Karabelnaïa que tous les efforts devaient tendre, car là se trouvait le chemin qui menait au bastion Malakoff, le point le plus fort et le plus important de la défense.

..... « Le général Niel était à Constantinople, au moment de s'embarquer pour la France, lorsqu'il reçut l'ordre de retourner en Crimée. L'Empereur voulait que le général fût présent au siége, et lorsque, le 7 avril, le général Bizot tomba frappé à mort d'une balle, le général Niel prit à sa place le commandement du génie et la direction supérieure des travaux d'attaque.

..... « Le général Pélissier, qui avait remplacé le général Canrobert, trouva dans le général Niel l'homme de son système, système d'énergie à outrance qui devait infailliblement amener la chute de la forteresse. La canonnade ne cessa plus ; par une suite ininterrompue de bombardements et d'assauts, l'on emporta l'une après l'autre toutes les positions de l'ennemi, et les troupes du génie s'établissant à l'heure même dans ces positions, au lieu de suivre les préceptes de Vauban, et de s'avancer avec lenteur et méthode, ne firent plus, en quelque sorte, que procéder par bonds impétueux, prenant pour dernier point de mire le front de ce réduit de Malakoff, où nos colonnes victorieuses devaient planter leur drapeau. »

La position du général Niel, déjà si haute dans l'armée, devait s'élever encore par la haute confiance dont l'Empereur allait lui donner de nouvelles preuves. C'est ainsi que le général Niel fut appelé à accompagner le prince Napoléon-Jérôme à Turin. Cette mission avait le double but de représenter l'Empereur à la cérémonie du mariage de Son Altesse Impériale et, en même temps, d'étudier la ligne de défense et de fortification du Piémont.

Enfin, en confiant au général Niel le commandement du 4e corps d'armée, lors de la campagne d'Italie, l'Empereur savait bien qu'il fournissait ainsi à son aide de camp l'occasion de gagner sur le champ de bataille le bâton de maréchal de France.

En effet, Solférino ne tarda pas à venir s'inscrire à côté de Constantine, Rome, Bomarsund et Sébastopol sur les glorieux états de services du général Niel, qui passe à juste titre aujourd'hui pour l'une de nos plus grandes célébrités militaires.

Homme de science et homme d'action, le maréchal Niel réalise par sa taille élevée, par son attitude martiale, par sa noble physionomie, le type le plus parfait du chef militaire.

XI

Le maréchal d'Ornano.

Né à Ajaccio, le 17 janvier 1784, le maréchal comte d'Ornano appartient à l'une des plus anciennes et des plus illustres familles de la Corse. Sa mère, Isabelle Bonaparte, était cousine germaine de Charles Bonaparte, père de l'empereur Napoléon Ier.

A l'âge où d'ordinaire on est encore sur les bancs du collége, le comte d'Ornano tenait déjà une épée. Sous-lieutenant, à 16 ans, au 9e régiment de dragons, il fit la campagne de Marengo; puis il prit part à l'expédition de Saint-Domingue, en qualité d'aide de camp du général Leclerc, son parent.

En 1805, il commandait à Austerlitz un bataillon de chasseurs corses, à la tête duquel il fit des prodiges de valeur.

Après la bataille d'Iéna, il fut nommé colonel du 25e dragons et fit, à la tête de ce régiment, les campagnes de Prusse et de Pologne, en 1807. Employé ensuite à l'armée d'Espagne sous les ordres du maréchal Ney, son nom fut souvent cité à l'ordre du jour dans les rapports de cette guerre.

Le 26 juin 1809, il força le passage de la Novia,

défendu par les Espagnols, et au combat d'Alba de Tormès il prit quatre pièces de canon. Promu au grade de général de brigade après la bataille de Fuentès de Onoro, il ne tarda pas à quitter l'Espagne et se rendit ensuite auprès de l'Empereur au début de la campagne de Russie.

Chargé du commandement d'une brigade de cavalerie d'avant-garde sous les ordres du prince Eugène, il fut cité dans le bulletin du combat d'Ostrowno.

Nommé général de division deux jours avant la bataille de la Moskowa, il commanda dans cette journée mémorable toute la cavalerie du 4e corps, et fit preuve d'autant d'intrépidité que de présence d'esprit. Au moment où la cavalerie de la garde italienne se disposait à charger, un corps nombreux de cavalerie russe et de cosaques, débouchant par Sacharisi et Narvaé-Sélo, tourna le bois auquel s'appuyait le corps que commandait le comte d'Ornano, l'attaqua et le força de se replier derrière la rivière de Borodino. Le prince Eugène s'était placé au milieu d'un carré formé par le 84e régiment et se disposait à le faire mouvoir, lorsque sa garde, formée également en carré, arriva devant l'ennemi et l'arrêta court. A ce moment, la cavalerie du général d'Ornano, s'étant reformée derrière les carrés, chargea à son tour les Russes, les renversa et força toute la cavalerie qui menaçait l'aile gauche des Français à repasser la Kologha. Plus tard, pendant la retraite, un convoi important, abandonné par son escorte italienne, fut repris avec intrépidité par la cavalerie que guidait le comte d'Ornano. Le maréchal Ney, en rendant compte des opérations de cette journée, s'exprimait ainsi dans son rapport : « La cavalerie du général d'Ornano a rendu les plus grands services, et aucun officier général n'a fait, en cette circonstance, son devoir mieux que lui. »

Le général d'Ornano ne se signala pas moins à la bataille de Maëroslawitz, où la cavalerie légère qu'il commandait soutint avec vigueur le choc de l'ennemi. Le lendemain, en parcourant le champ de bataille, l'Empereur, s'adressant au prince Eugène et au comte d'Ornano, leur dit : « Messieurs, l'honneur de cette journée vous appartient tout entier. »

Blessé, quelques jours plus tard, à Krasnoë, par un boulet de canon qui le renversa de son cheval, il fut laissé pour mort sur le champ de bataille. Il allait être enterré sous la neige lorsque son aide de camp, M. Delaberge, s'écria qu'il ne voulait pas laisser en Russie le corps de son général, et le mit en travers sur son cheval. Au même instant un boulet frappe le cheval sans atteindre le général ni son aide de camp. Quelques soldats prennent alors le général; un chirurgien militaire s'aperçoit qu'il donne quelques signes de vie et le fait placer sur la charrette d'une cantinière. Quand l'Empereur apprit que le comte d'Ornano respirait encore, sa joie fut si vive qu'il donna sur-le-champ l'ordre de placer le général dans la seule et unique voiture qui lui restât.

A peine en convalescence, le comte d'Ornano fut appelé au commandement des dragons de la garde, à la tête desquels il fit la campagne de 1813, et à Bautzen, il fut admirable de sang-froid et de courage.

Lors de l'armistice de Dresde, la première division de la garde fut confiée à son commandement. Chargé, en 1814, du commandement en chef de toutes les troupes de la garde impériale à Paris, il concourut énergiquement à la défense de la capitale.

Puis, ayant rejoint l'Empereur à Fontainebleau, au

moment où Sa Majesté réorganisait l'armée dans le but de marcher sur Paris, toute la cavalerie de la garde fut placée sous le commandement du général d'Ornano par un ordre du jour du 4 avril 1814.

Le comte d'Ornano fut du petit nombre des fidèles qui reçurent les derniers adieux de Napoléon ; aussi figure-t-il dans le beau tableau d'Horace Vernet, qui retrace cette scène mémorable.

Le jour même de l'abdication de l'Empereur, le comte d'Ornano parcourait les galeries du château de Fontainebleau, quand il aperçut plusieurs officiers jouant aux dés avec insouciance : « Ah ! messieurs, s'écria-t-il avec indignation, en s'arrêtant devant eux, ne croirait-on pas, dans un pareil moment, voir les soldats romains jouer au pied de la croix de Jésus-Christ ! » Ces sévères paroles firent monter la rougeur au front des officiers, qui jetèrent leurs dés et s'inclinèrent avec une respectueuse émotion.

Une grave blessure, reçue dans un duel qu'il eut avec le général Bonnet, empêcha le comte d'Ornano de faire la campagne de 1815 à la tête des dragons de la garde, dont il avait repris le commandement au retour de l'Empereur.

Il n'était pas encore rétabli lorsque, à la seconde restauration, il fut arrêté et conduit à la prison de l'Abbaye, d'où il ne put sortir qu'à la condition de se rendre immédiatement en Belgique.

Rentré en France à la fin de 1817, il resta en disponibilité jusqu'en 1828, époque à laquelle il fut chargé d'une inspection générale de cavalerie.

Nommé, après 1830, commandant de la 4e division militaire, il fut élevé en 1832 à la dignité de pair de France.

Élu successivement, après 1848, membre de l'Assemblée constituante et du Corps législatif, le comte d'Ornano fut ensuite appelé au Sénat, à la Grande Chancellerie de la Légion d'honneur et au gouvernement des Invalides.

En le nommant maréchal de l'Empire, le 2 avril 1861, l'empereur Napoléon III a ajouté une dernière consécration à cette série de dignités et d'honneurs bien dus aux longs et éclatants services du digne héritier de cette grande maison d'Ornano, qui compte aujourd'hui trois maréchaux de France dans sa famille.

XII

Nous regrettons que les limites de notre travail ne nous permettent pas de consacrer quelques pages aux chefs illustres de notre armée de mer, comme nous l'avons fait pour ceux de notre armée de terre.

Si la marine impériale n'a pas occupé le premier plan dans nos guerres d'Orient et d'Italie, elle n'en a pas moins rendu d'éclatants services.

Nommer les amiraux Bruat, Parseval-Deschênes, Hamelin, Romain-Desfossés, c'est rappeler les gloires les plus pures de ce brillant état-major de notre flotte qui est un des plus beaux fleurons de la couronne impériale. Bornons-nous à dire que, par une mesure tout à fait exceptionnelle, l'Empereur a voulu accorder à l'amiral Hamelin un témoignage public de son estime toute particulière, en le nommant Grand Chancelier de la Légion d'honneur. C'est la première fois qu'un de nos chefs de l'armée de mer est appelé à ce poste éminent qui est le symbole de toutes les gloires de la France.

Cette suprême récompense était bien due au commandant en chef de l'escadre française dans la mer Noire, au Ministre de la marine qui, outre son mérite personnel, a eu le rare bonheur d'avoir pour modèle et pour prédécesseur dans la carrière l'amiral baron Hamelin, son oncle, qui a laissé un de ces noms dont s'honore à juste titre la marine française.

Les amiraux Parseval et Bruat n'existent plus; mais le nom de ce dernier, resté si cher entre tous, est devenu plus populaire encore depuis que l'Empereur a nommé Mme Bruat, sa veuve, gouvernante des Enfants de France. D'ailleurs, les traditions laissées par ces deux vaillants marins sont là, debout, vivantes, immortelles. Elles enfanteront des successeurs dignes de continuer leur grande renommée en portant haut dans toutes les mers le pavillon de la France.

Les services éclatants que nous venons de retracer à grands traits forment l'un des plus magnifiques trophées de la nouvelle ère impériale. Les gloires militaires sont celles que le peuple connaît le mieux en France, et dans ce palais des Tuileries, où S. M. Napoléon III, aux jours de grandes réceptions, compte autour de lui tant d'illustrations appartenant aux rangs les plus élevés des divers corps de l'État, tous les regards se fixent de préférence sur ces visages qu'éclaire le reflet du champ de bataille.

L'Empereur, dans un sentiment de noble fierté, et suivant en cela les traditions du chef de sa race, a voulu que le symbole de l'élite de ses légions reposât au sein même de sa demeure.

Dans le salon des aides de camp de service, sont rangés en faisceaux les drapeaux de la garde impériale; sur ces aigles victorieuses plane la grande figure de Napoléon Ier, représenté, par David, dans son cabinet de travail à Fontainebleau..... Fontainebleau! Quel lieu! Quel souvenir! Puis un magnifique portrait de l'impératrice Joséphine, peint par Prud'hon, apparaît tout radieux de l'auréole populaire que la France a attachée au front de la meilleure des mères, de la meilleure des femmes!

La salle du conseil fait suite au salon des aides de camp. Le portrait en pied de l'impératrice Eugénie, par Winterhalter, ceux du roi Louis et de la reine Hortense forment, avec une grande table ronde recouverte d'un tapis de drap vert, les principaux ornements de cette pièce.

Après la salle du conseil vient la bibliothèque de l'Empereur, puis enfin son cabinet et un arrière-cabinet. A la suite se trouvent les appartements particuliers.

Le cabinet de l'Empereur est situé au rez-de-chaussée, entre le pavillon de l'Horloge et le pavillon de Médicis; il donne sur le jardin des Tuileries.

Le caractère principal de cette pièce est la sévérité. A peine y est-on entré, que les regards se portent tout d'abord sur un plan grandiose de Paris; il occupe tout le panneau du fond et fait face au jardin. C'est sur ce plan que l'Empereur trace ses idées, ses projets d'amélioration et d'embellissement des divers quartiers de Paris.

Sur les autres panneaux sont appendus des portraits, des souvenirs des membres de la famille de l'Empereur, et quelques objets dont Sa Majesté ne s'est jamais séparée.

Çà et là on aperçoit des modèles d'armes de toute espèce. Les siéges sont d'une extrême simplicité: fauteuils en maroquin, chaises en canne, tenture en soie grise, tapis de Smyrne. Au milieu de la pièce un grand bureau en acajou, avec tiroirs de chaque côté et casiers au-dessus. Devant la fenêtre, une grande table carrée, couverte de cartes, de livres et de papiers divers. Tel est l'ameublement du cabinet de l'Empereur.

Si nous avons cherché à décrire en peu de mots la physionomie de cette pièce, c'est que, toute digne qu'elle est d'un palais impérial, elle rappelle par certains détails le cabinet si noble et si austère tout à la fois de la forteresse de Ham. Là, au milieu d'un amas de livres, de papiers, de sphères, le prince méditait, et quand il levait les yeux sur les murs de la prison, si un soupir s'exhalait de ses lèvres, une parole touchante s'en échappait, une parole qui a remué les entrailles de la France tout entière : « A « travers ces barreaux, avait dit l'illustre prisonnier, « je sens passer l'air du pays, le seul qui fasse vivre. »

Aujourd'hui, des fenêtres de son palais, l'Empereur voit passer ses soldats, ses enfants, comme il les appelle, qui l'acclament avec enthousiasme. Aux jours de deuil ont succédé les jours de triomphe; mais, dans le cabinet des Tuileries comme dans la cellule de Ham, tout révèle que la pensée unique, constante de Napoléon III est attachée à la grandeur, à la prospérité de la France.

Puis, quand de rares loisirs laissent à Sa Majesté quelques heures de libres, c'est à l'étude encore que l'Empereur demande le repos.

C'est là, dans ce même cabinet, devant un casier spécial qui renferme son travail sur la *Vie de César* que Napoléon III se plaît à étudier toutes les phases de cette existence si bien faite pour captiver ses réflexions.

Comme lui, César aimait tendrement sa mère; comme lui aussi, César aimait tendrement son peuple. Il avait reçu de la nature une âme fortement trempée, une valeur à toute épreuve, un esprit vaste, une parole persuasive et éloquente, l'intelligence claire de toute chose, le discernement sûr, le coup d'œil infaillible, et par-dessus tout cela le pouvoir de se dominer et d'attendre.

Les soldats de César savaient qu'il avait gagné cinq cents batailles et pris mille villes d'assaut. Le peuple de Rome savait, lui, de son côté, que César avait trouvé, en montant au pouvoir, près de quatre cent mille citoyens qui vivaient de la charité publique et qu'il avait réduit ce nombre à cent vingt-cinq mille. Le peuple savait encore que son demi-dieu ne s'occupait pas seulement de faire Rome grande au dehors, mais grande aussi au dedans.

Lorsque César tomba sous le poignard des conjurés devant la statue de Pompée qu'il avait fait relever, la mort le surprit au milieu des plus vastes projets d'administration intérieure : il se proposait d'embellir, de reconstruire la plupart des villes, de former une bibliothèque publique, de faire un corps de droit civil, de dresser la carte immense de l'empire, de creuser, à l'embouchure du Tibre, un port capable de recevoir les plus forts vaisseaux, de dessécher les marais Pontins, de creuser l'isthme de Corinthe pour réunir la mer Égée et la mer Ionienne, de relever enfin de leurs ruines Corinthe et Carthage !

Esprit infatigable dans la paix comme dans la guerre, impassible devant les menaces, poursuivant son but avec une souveraine autorité, tel était l'homme dont l'inscription si brève : *veni, vidi, vici* (je suis venu, j'ai vu, j'ai vaincu), peint admirablement l'énergique caractère.

On comprend que la vie de César ait tenté les savantes recherches d'un autre esprit infatigable aussi; mais infatigable à poursuivre le bien, à chasser ou à effacer le mal!

Si l'on dégage des vices de son époque cette belle figure de César, on la voit debout sur un socle indestructible, traversant les siècles, le laurier au front, jusqu'à ce qu'à côté d'elle vienne surgir un autre immortel, le fondateur de la dynastie napoléonienne, le héros d'Arcole, des Pyramides, de Marengo, de Wagram, d'Austerlitz, le captif de Sainte-Hélène!

Inclinons-nous, aujourd'hui, devant la visible intervention de la Providence, qui, dans la tombe et dans l'exil, a fait refleurir la couronne impériale pour la placer sur la tête de l'élu du peuple, du vainqueur de Magenta et de Solférino, du neveu et de l'héritier de Napoléon Ier.

FIN.

TABLE DES MATIÈRES.

FIN.

www.ingramcontent.com/pod-product-compliance
Ingram Content Group UK Ltd.
Pitfield, Milton Keynes, MK11 3LW, UK
UKHW020201250726
13967UKWH00003B/1196

9 782012 885134